U0497916,

# 東亞文獻學

王勇　葛繼勇　主編

第一輯

商務印書館
創于1897　The Commercial Press

**圖書在版編目（CIP）數據**

東亞文獻學 . 第 1 輯 / 王勇，葛繼勇主編 . -- 北京：
商務印書館 , 2024. -- ISBN 978-7-100-24228-8

I . G256

中國國家版本館 CIP 數據核字第 2024VD7820 號

東亞文獻學

第一輯

王　勇　葛繼勇　主編

商　務　印　書　館　出　版
（北京王府井大街 36 號　郵政編碼 100710）
商　務　印　書　館　發　行
北京虎彩文化傳播有限公司印刷
ISBN　978-7-100-24228-8

2024 年 12 月第 1 版　　　開本　700×1000　1/16
2024 年 12 月第 1 次印刷　　印張　19¾

定價：118.00 元

本書依托三大國家社科基金重大項目：

東亞筆談文獻整理與研究

中日合作版《中日文化交流史叢書》

日藏近代中日外交珍稀資料研究


由浙江大學亞洲文明研究院、鄭州大學亞太研究中心資助出版

# 編 委 會

# 《東亞文獻學》發刊詞

　　《東亞文獻學》由浙江大學與鄭州大學從事東亞文獻研究的學者聯合主辦，本着開放式、包容性、國際化宗旨，依托開枝散葉至各地高校的學友，聯合海內外志同道合的學者，共同搭建高水準、跨學科的學術交流平臺。

　　早在上世紀 80 年代，浙江大學研究團隊已經開展中國典籍傳播與域外漢籍研究，出版《中國典籍在日本的流傳與影響》《中日漢籍交流史論》諸書，爾後在此基礎上提出"書籍之路"概念，研究範圍漸次從中日擴延至朝鮮、琉球、越南等。然而，真正從東亞全局動態關照漢文典籍，始自國家社科基金重大項目"東亞筆談文獻整理與研究"。從 2014 年項目啓動到 2022 年結項的八年間，我們共編輯了十期《東亞筆談》（內刊），在《浙江大學學報》《鄭州大學學報》《河南大學學報》《東疆學刊》《甘肅社會科學》《山東社會科學》等學刊組織多期相關專欄，出版了"東亞筆談文獻研究叢書"七卷，借此積纍了豐富的學術資源，開拓了國際交流渠道，凝聚了海內外學界人脉，亦培養了一批年輕學子，本刊主編之一、鄭州大學葛繼勇教授即是其中的佼佼者。繼勇教授近年來在金石簡牘、域外漢籍等領域取得了豐碩成果，會集了諸多青年才俊，成爲中原地區東亞文獻研究的標杆。

　　我從日本早稻田大學、美國哥倫比亞大學、英國劍橋大學游歷一圈歸國，并於 2016 年回歸浙江大學古籍研究所。浙大古籍所不僅有姜亮夫、郭在貽等前輩打下的雄厚基業，更有張涌泉、王雲路等在敦煌文獻、漢語詞彙、禮學等多個領域撑起的光環。最令我感佩的是，歷屆所長在堅守傳統學脉的同時，鼓勵大家與時俱進、鋭意創新。我的"東亞文獻研究"，肇始於北京大學中文系工作期間，扎根在浙江大學土壤而獲開創新局的生機。

　　2023 年我申報的國家社科基金冷門絶學研究專項團隊項目"日藏近代

中日外交珍稀資料研究"獲得立項,"浙江大學東亞文獻研究團隊"應運而生,於是萌發創辦一本學術集刊的設想,古籍研究所校友、鄭州大學葛繼勇教授等團隊成員紛紛表示讚同,在浙江大學社會科學研究院、亞洲文明研究院、古籍研究所以及鄭州大學外國語與國際關係學院、亞太研究中心、亞洲研究院的領導和師生的共同支持下,創刊號呱呱落地。

千餘年前漢字承載着中華文明傳播到周邊各國,造就了蔚爲壯觀的"東亞書同文"盛況,漢字書寫的文獻在各國之間暢通無阻地環流。這些文獻,有的淡化了"國籍"印記,有的在跨國交流中生成,有的則由多國人士共同創製……若將其肢解爲中國文獻、朝鮮文獻、日本文獻、越南文獻等,似有以偏概全之嫌。唯有以漢字文本爲基礎、多元文明爲視域、跨國交流爲方法架構"東亞文獻學",方能揭示此類文獻的意蘊内涵,故本刊名之以"東亞文獻學"。

浙江大學古籍研究所　王勇

2024 年 7 月吉日　於游於藝齋

# 目　　録

# 文化環流

# 學術動態

前沿视角

# "東亞文獻學"發凡（上）*

## "文獻"詞源及《文獻通考》東傳

## 王　勇

**摘　要**　"文獻"典出《論語·八佾》，漢儒訓"文"爲"文章"、"獻"爲"賢人"，宋至清釋"獻"爲"夫子""秉禮之賢士大夫"。然《禮記·禮運》對應"文獻"的是《夏時》《坤乾》，且稱"《坤乾》之義，《夏時》之等"，依據孔子視"夏之時"爲夏禮最善者、馬融釋"文"爲"古之遺文"、《隋書·經籍志》稱《歸藏》（《坤乾》遺文）"不似聖人之旨"，稽考"等（簡册）""義（議論）"字義，認爲"文"與"獻"係不同等次的文字資料。

宋元之際，馬端臨《文獻通考》首次把"文獻"用作書名，并豐富其内涵、擴容其外延，似循古代"左史記事，右史記言"規矩，以"敍事"置换"記事"對應"文"，以"論事"置换"記言"對應"獻"，自此既承續古義又開拓新境的"文獻"概念，依托《文獻通考》而流傳後世、廣被東亞。

"文獻"一詞大約在元末傳到日本，楊維楨《送僧歸日本》云"我欲東夷訪文獻，歸來中土校全經"，日本僧人應該攜此詩回國，但流布情況不詳。馬端臨《文獻通考》、王圻《續文獻通考》闕本享保十三年（1728）傳入日本，幕府將軍德川吉宗令大學頭林信允補足闕本，次年（1729）上呈天皇，自此在日本開始自上而下傳播。《文獻通考》至遲在李朝初期傳入朝鮮，壬辰戰爭（1592—1598）期間朝鮮視其爲趨福避禍、安撫人心之寶典。明朝、朝鮮更以"文獻"評判東亞各國文明程度高低，是"文獻"意藴在文明史上的拓展。"文獻"概念的早期傳播，爲後續"文獻學"自西方傳入日本，再

---

\* 王勇，浙江大學求是特聘教授、文學院博士生導師。

本文係國家社科基金冷門絕學團隊項目"日藏近代中日外交珍稀資料研究"（23VJXT023）的階段性成果。

傳往中國、朝鮮，奠定了基礎。

**關鍵詞**　《論語・八佾》的“文獻”，《禮記・禮運》的《夏時》《坤乾》，《文獻通考》傳播朝鮮及日本

本文“東亞文獻學”之名，取自我開設的一門研究生課程。這門課從 2017 年開講，已經講授了 7 年。每輪講課努力不炒舊飯，或更新內容，或另闢新章，一方面是顧及連續多年旁聽的研究生及年輕教師，另一方面也是對自己的一種挑戰。畢竟這是個新領域，需要通過不斷摸索，探究其内涵、釐清其外延。

“文獻學”作爲我國現行的一個學科，其定位模糊不清、搖擺不定。根據教育部歷年的學科目錄，“古典文獻學”歸在“中國語言文學”一級學科下，屬於“文學”門類；“歷史文獻學”納入“歷史學”一級學科，屬於“歷史”門類。教育部學科目錄在“歷史文獻學”下注明“含：敦煌學、古文字學”，新版目錄則改而加注“文物與博物館學”。

由此可見，“文獻學”在“文學”與“歷史”之間游離，具有諸多不確定因素。常言“文史不分家”，文獻學作爲“文史”交叉學科，某種程度上還是能夠接受的。然而，無論“古典文獻學”還是“歷史文獻學”，這些專業的師生所申請的課題、申報的獎項卻往往被放到“圖書情報與檔案管理”一級學科（已經屬於“管理學”門類了！）下進行評審，所謂“隔行如隔山”，這實在令人困惑、無奈、歎息！

我本人就有過這方面的經歷。1994 年國家教育委員會（教育部的前身）下發《關於進行國家教委 1995 年人文社會科學研究優秀成果獎評獎工作的通知》，啓動國家層面首次人文社科領域的評獎活動。1995 年《中國教育報》公布評選結果，全國共有一等獎 103 項、二等獎 394 項。其中，浙江省獲一等獎 3 項、二等獎 8 項，我主編的《中日漢籍交流史論》（杭州大學出版社，1992）忝列二等獎。30 多歲的年輕學子獲此殊榮，自然歡喜雀躍。然而細看獲獎名單，我的獎項竟歸在“圖情”——“圖書情報與檔案管理”學科，當時就有點茫然。如果歸於“文學”門類的“古典文獻學”最好不過，

即使"歷史"門類的"歷史文獻學"也能接受，問題是我對"管理學"門類的"圖書情報與檔案管理"從無涉足，遂有"無功受禄"的忸怩感。

"文獻"是漢語固有詞彙，承載着數千年積澱下來的文字資料，浩瀚博大；自馬端臨《文獻通考》問世，漸次傳播到朝鮮、日本、越南等地，成爲東亞各國共享的知識體系，蔚爲壯觀。然而，"文獻學"概念却是近代從日本傳入的譯語，其源頭是英語的 Philology（確切地説，詞源是德語 Philologie）；20 世紀 30 年代張舜徽《中國文獻學》（上海商務印書館，1930）問世，標誌着中國"文獻學"呱呱落地。

如上所述，文獻學是在近代知識體系中形成的學科領域，而且帶着些許西方乃至日本的元素，但其研究的對象却是傳統知識體系中積澱數千年的文字遺産。換言之，傳統知識體系與近代知識體系相互交織，形成兩股時而衝撞時而融合的引力與張力，造成該學科內涵模糊、外延搖擺的尷尬境況。

本文無意深入探討"文獻學"的學科歸屬問題，而是從"東亞"的廣域視角，解析"文獻"所藴含的豐富且特有的內涵：追蹤這一知識體系的生成過程、傳播路徑、影響層面，進而探討《文獻通考》對"文獻"古義的揚棄及傳播東亞的軌跡，以期在此基礎上架構以漢字文本爲基礎、多元文明爲視域、跨國交流爲方法的"東亞文獻學"。

## 一 "文獻"詞源

衆所周知，"文獻"是古漢語中來源可稽、傳承有序的固有詞彙，典出《論語・八佾》："子曰：夏禮吾能言之，杞不足徵也；殷禮吾能言之，宋不足徵也。文獻不足故也，足則吾能徵之矣。"[1]然而，此二字應該看作一個詞彙，還是分拆爲"文"與"獻"來理解，至今衆説紛紜，莫衷一是。

《漢語大詞典》"文獻"條云："有關典章制度的文字資料和多聞熟悉掌故的人。"所依據的是宋代大儒朱熹《論語集注》之言："文，典籍也；獻，

---

[1] 阮元校刻，《十三經注疏》，中華書局，1980 年，第 2466 頁。

賢也。"[1]其實把"文獻"拆分爲二詞，釋"文"爲"文章"、"獻"爲"賢才"的始作俑者，是東漢末年的經學家鄭玄。何晏《論語集解》引鄭玄《論語注》："獻，猶賢也。我不以禮成之者，以此二國之君文章賢才不足故也。"[2]

鄭玄無疑是中國歷史上最博學的訓詁學家之一，他的觀點對後世影響既深且鉅。到了宋代，朱熹雖然注重義理、倡導新學，但對"文獻"的詮釋基本套用漢儒之説；鄭汝諧《論語意原》釋"文獻"，雖因漢儒，亦稍有發揮：

> 杞，夏之後；宋，商之後；魯，周之後。杞、宋亡夏、商之禮，以無文獻可證也。若魯則不然，以"文"則有典籍，以"獻"則有夫子。魯之君臣莫之考證，何也？夫子意不在杞、宋，托杞、宋以見其意，特於魯則微其辭爾。[3]

鄭玄訓"獻"爲"賢"或"賢才"，均屬泛泛而指。鄭汝諧則特指"夫子（孔子）"，創一家之説而後世多承襲之。到了清代，劉寶楠著《論語正義》在何晏、邢昺注疏基礎上有所發明，結合禮學而釋"文獻"："'文'謂典策，'獻'謂秉禮之賢士大夫。"[4]

進入近現代，漢儒訓詁之説依然是主流，上世紀50年代，王欣夫（1901—1966）在復旦大學講授中國古典文獻學，他根據《春秋公羊傳疏》引《閔因敘》"昔孔子受端門之命，制《春秋》之義，使子夏等十四人求周史記，得百二十國寶書"，推斷"文"指"百二十國寶書"，"獻"即"子夏等十四人"。[5]1989年武漢大學吳林伯教授出版《論語發微》，也持類似觀點：

> 孔子雖觀《坤乾》之義、《夏時》之等，然以文獻不足之故，未及筆削成書，以齊《六經》之列。周有百二十國之寶書，文也。使子夏等

[1] 漢語大詞典編輯委員會漢語大詞典編纂處編纂，《漢語大詞典》第6卷，上海辭書出版社，2008年，第1546頁。原文出自朱熹，《四書章句集注》，中華書局，1983年，第60頁。
[2] 阮元校刻，《十三經注疏》，中華書局，1980年，第2466頁。
[3] 程樹德撰，程俊英、蔣見元點校，《論語集釋》卷五，中華書局，1990年，第162頁。
[4] 劉寶楠撰，高流水點校，《論語正義》，中華書局，1990年，第93頁。
[5] 王欣夫，《文獻學講義》，上海古籍出版社，2005年，第2頁。

十四人求之，獻也。文獻足而《春秋》成，故能據魯親周故殷紃夏，運之三代。[1]

《論語·八佾》所載孔子之言，是爲修《春秋》訪求文獻時有感而發，孔子是感歎杞、宋二國之文獻"不足徵"夏禮、殷禮，把二國之文獻置換爲"百二十國寶書"缺乏理據。王欣夫解釋說："周代的'文獻'都備，不能不感歎到夏殷'文獻'的不足了。"[2]如此的話，孔子所言"文"不當是周朝的"百二十國寶書"。至於"獻"字，鄭玄只說"二國之君……賢才不足"，將之理解爲孔子所派"子夏等十四人"，頗有曲解原文之嫌。

自鄭玄以來，加之朱熹背書，"文獻"拆分成二字，前者解爲"典籍"、後者訓作"賢才"，幾乎成爲主流，以至於《漢語大詞典》採納此說，由此似成定論。然而，體味《論語·八佾》原文，"文獻"即使不是一個單詞，"文"與"獻"也應該是近義字，倘若一個指物、一個指人，難以通釋文義。

值得注意的是，《論語·八佾》所載孔子之言，還有另外一個版本。成書於戰國至漢初的《禮記·禮運》記載："孔子曰：'我欲觀夏道，是故之杞而不足徵也，吾得《夏時》焉；我欲觀殷道，是故之宋而不足徵也，吾得《坤乾》焉。《坤乾》之義，《夏時》之等，吾以是觀之。'"[3]

根據《禮記》所傳的版本，孔子在杞國得《夏時》，赴宋國獲《坤乾》，然猶不足以"觀夏道""觀殷道"。這裏的《夏時》《坤乾》應該對應《論語·八佾》中的"文獻"，但沒有出現絲毫"人"的痕迹。那麼"文"與"獻"的字義，只能通過《夏時》與《坤乾》來解讀。

## 二　《夏時》與《夏小正》

首先，我們來探討得自杞國（夏人後裔所立之國）的《夏時》。《漢

---

[1]　程樹德撰，程俊英、蔣見元點校，《論語集釋》卷五，中華書局，1990年，第163頁。
[2]　王欣夫，《文獻學講義》，上海古籍出版社，2005年，第2頁。
[3]　阮元校刻，《十三經注疏》，中華書局，1980年，第1415頁。

語大詞典》“夏時”條簡單釋作“夏代的曆法”，引《禮記・禮運》及鄭玄注爲證，未涉及具體内容。[1]夏朝的文獻屢屢出現在周代以來史籍中，或云《夏時》《夏令》，或稱《夏書》《夏禮》，雖名稱不一，但確實是存在的，僅《左傳》援引《夏書》即達十五次之多。如《左傳・昭公十七年》：“故《夏書》曰：‘辰不集于房，瞽奏鼓，嗇夫馳，庶人走。’”[2]這大概是人類歷史上首次日食記録，發生在夏朝第四任君主仲康之時（約前 20 世紀），《夏書》記録了天顯異象時，樂官擊鼓、農官駕車、百姓奔走的慌亂景象。

孔子在杞國所得《夏時》，是一部什麽書呢？西漢戴德《大戴禮記》第四十七篇爲《夏小正》，記載天象、物候、節令、農事等。《夏時》與《夏小正》，二者都帶個“夏”字，内容皆關涉月令時訓，是否爲同一本書呢？

鄭玄注《禮記・禮運》曰：“得夏四時之書也。其書存者有《小正》。”[3]這肯定了《夏時》與《夏小正》具有關聯。司馬遷在《史記・夏本紀》中説：“孔子正夏時，學者多傳《夏小正》云。”[4]這段話與《論語》《禮記》所載孔子赴杞國訪求夏文獻敘述的是同一件事，即《論語》之言“夏禮”、《禮記》之“觀夏道”、《史記》之“正夏時”。詞異而義同，皆爲孔子赴杞之目的，即爲了復原夏朝的禮制，以備書寫《春秋》之用。

孔子此行取得的成果，《論語》模糊地説文獻“不足徵”，言下之意，獲得了部分“文獻”；《禮記》説得到了《夏時》，那麽《夏時》是可助“觀夏道”的；《史記》提到《夏小正》，這或是“正夏時”的收穫，“正”者，去僞存真之意也。歸納起來，筆者推測：孔子在杞國訪求夏朝“文獻”，得到杞國所傳先世舊籍《夏時》，經過修訂復原而成《夏小正》。現行的《夏小正》分“經”與“傳”兩部分，“經”文主體應該是《夏時》；“傳”是對“經”的詮釋，或許出自孔子及其門生的手筆。

---

[1]　漢語大詞典編輯委員會漢語大詞典編纂處編纂，《漢語大詞典》第 3 卷，上海辭書出版社，2008 年，第 1202 頁。
[2]　阮元校刻，《十三經注疏》，中華書局，1980 年，第 2082 頁。
[3]　阮元校刻，《十三經注疏》，中華書局，1980 年，第 1415 頁。
[4]　司馬遷，《史記》，中華書局，1982 年，第 90 頁。

## 三　《坤乾》與《歸藏》

接着，繼續探討獲自宋國（殷人後裔所立之國）的《坤乾》。《漢語大詞典》"坤乾"條僅言"古書名"，出典引《禮記·禮運》"我欲觀殷道，是故之宋，而不足徵也。吾得《坤乾》焉"并鄭玄注"得殷陰陽之書也，其書存者有《歸藏》"。[1]

如同《夏時》一般，《坤乾》也是千古難解之謎，未見《漢書·藝文誌》著録，後世史籍偶有提及也語焉不詳，因此引發學者萬般猜測。有些人認爲是"乾坤"的顛倒，也有人推斷是"歸藏"的音轉。[2]如此種種，莫衷一是。

"坤乾"即"乾坤"之説史無明證，或因《周易》以"乾"爲首，世人類推"殷易"也當如此。此處，孫詒讓《周禮正義》引孔穎達疏中的熊氏之言，説得很明白："《殷易》以《坤》爲首，故先坤後乾。"[3]相比之下，《坤乾》與《歸藏》的關聯則值得深入考究。

《歸藏》之名見於《周禮·春官·大卜》："掌《三易》之法，一曰《連山》，二曰《歸藏》，三曰《周易》。其經卦皆八，其別皆六十有四。"賈公彦疏："此《歸藏易》以純坤爲首，坤爲地，故萬物莫不歸而藏於中，故名爲《歸藏》也。"[4]賈公彦認爲《歸藏》與《周易》不同，以"坤"爲本，當屬殷易一脉。

據上可以做出如下推論：（1）孔子得《坤乾》而"觀殷道"（《禮記·禮運》），説明《坤乾》多少傳承了殷代卦書内容；（2）《歸藏》以"坤"爲首，迥異於《周易》以"乾"爲本，故漢儒斷其爲"殷易"；（3）鄭玄注《禮記·禮運》時説"得殷陰陽之書也，其書存者有《歸藏》"，此鄭注可以這

---

[1]　漢語大詞典編輯委員會漢語大詞典編纂處編纂，《漢語大詞典》第 2 卷，上海辭書出版社，2008 年，第 1076 頁。

[2]　任俊華、梁敢雄，《〈歸藏〉、〈坤乾〉源流考——兼論秦簡〈歸藏〉兩種摘抄本的由來與命名》，《周易研究》，2002 年第 6 期。

[3]　孫詒讓著，汪少華整理，《周禮正義》卷四十七，中華書局，2015 年，第 2321 頁。

[4]　孫詒讓著，汪少華整理，《周禮正義》卷四十七，中華書局，2015 年，第 2319—2324 頁。

樣解讀，即孔子赴宋國得到的"殷陰陽之書"，漢代時《坤乾》已經不傳，存世的《歸藏》與《坤乾》同屬"殷陰陽之書"，兩者在內容、屬性、體裁上具有一定關聯。

## 四 《夏時》與《坤乾》

自東漢鄭玄以來，經學家多將"文獻"訓作"文章（文）"與"賢才（獻）"，至南宋鄭汝諧將"獻"指向了具體的人（或群體）；然《禮記·禮運》所列與"文獻"對應的是《夏時》與《坤乾》，完全看不到"賢才"抑或"人"的蹤影，因此"文"與"獻"的差異應該體現在此二書之上。

《夏時》即"夏之時"，從《夏小正》來看，是一部夏代的曆書，接近流行東亞數千年的農曆，代表中國最正統的時間觀——所謂"正朔"。《論語·衛靈公》顏淵問"爲邦"，子曰："行夏之時，乘殷之輅，服周之冕，樂則《韶》舞。"[1]孔子把"夏之時"與"殷之輅""周之冕""《韶》舞"并列，視作虞、夏、商、周四代禮之最善者，乃後世復禮之圭臬。與《夏時》一脈相承的《夏小正》，西漢時被戴德編入《大戴禮記》，成爲儒家經典。

《坤乾》即"殷之易"，孔子得自宋國，鄭玄説是"殷陰陽之書"，漢代所存《歸藏》當是其殘本。《歸藏》不見於《漢書·藝文誌》，《隋書·經籍誌》始著錄《歸藏》十三卷，晉太尉參軍薛貞注，并記云："《歸藏》，漢初已亡，案晉《中經》有之，唯載卜筮，不似聖人之旨。以本卦尚存，故取貫於《周易》之首，以備《殷易》之缺。"[2]宋以後的輯佚本、出土簡牘等，雖真偽尚存爭議，但可以推定《歸藏》彙集龜蓍之言，故《隋書》云"不似聖人之旨"。

孔子於杞所得《夏時》、於宋所得《坤乾》，至漢代均已亡逸。然《夏

---

[1] 阮元校刻，《十三經注疏》，中華書局，1980年，第2517頁。
[2] 魏徵等，《隋書·經籍誌》，中華書局，2011年，第913頁。

時》殘留下《夏小正》、《坤乾》殘留下《歸藏》，爲我們揣摩考究"文獻"詞源提供些許綫索。我們先來梳理"文"與"獻"的字義，順次探討此二字與《夏時》《坤乾》的關聯。

"文獻"的"文"字，鄭玄訓作"文章"，朱熹、鄭汝諧作"典籍"，劉寶楠釋爲"典册"，吳林伯、王欣夫則作"百二十國寶書"。"文"的意蘊極爲豐富，《論語·學而》"行有餘力，則以學文"，何晏《論語集解》引漢馬融曰："文者，古之遺文。"邢昺疏："'古之遺文'者，則《詩》《書》《禮》《樂》《易》《春秋》六經是也。"[1]如此説來，孔子所言之"文"，指"古之遺文"、不易之經典，與孔子奉爲夏禮之最善者的"夏之時"正可匹配。由此推論，《禮記·禮運》對應《論語·八佾》"文獻"的《夏時》《坤乾》，"文"與《夏時》正當契合。

"文獻"的"獻"字，鄭玄訓爲"賢""賢人"，朱熹承其説，鄭汝諧解作"夫子"，劉寶楠釋爲"秉禮之賢士大夫"，吳林伯、王欣夫則作"子夏等十四人"。先秦典籍有訓"獻"爲"賢""善"者，如《尚書》中的"獻臣""黎獻""獻民"，《傳》《疏》皆訓"獻"爲"賢""善"；此外，"獻""儀"二字古通假，《周禮·春官·司尊彝》"郁齊獻酌"，鄭玄注"獻，讀爲儀"，[2]是其例。近人劉師培《文獻解》説："儀獻古通……書之所載謂之文，即古人所謂典章制度也；身之所習謂之儀，即古人所謂動作威儀之則也。"[3]無論"獻"訓作"賢"，還是"獻"通"儀"，皆與對應"獻"的《坤乾》無甚關聯。

如前所述，《論語·八佾》中的"文獻"，《禮記·禮運》表述爲《夏時》與《坤乾》，并云"《坤乾》之義，《夏時》之等，吾以是觀之"，《夏時》用"等"，《坤乾》用"義"，當有區別之意。從字義看，"等"有簡册之義，《説文》"等，齊簡也"，[4]意思是整理成册的竹簡；"義"古通"議"，《韓非子·揚權》"上不與義之，使獨爲之"，王先慎集解"'義'，讀爲

---

[1]　阮元校刻，《十三經注疏》，中華書局，1980年，第2458頁。

[2]　孫詒讓著，汪少華整理，《周禮正義》卷三十八，中華書局，2015年，第1828頁。

[3]　劉師培，《文獻解》，《劉申叔遺書（下）》，江苏古籍出版社，1997年，第1222頁。

[4]　許慎撰，陶生魁點校，《説文解字》，中華書局，2020年，第147頁。

'議'",[1]《隋書・經籍誌》稱《歸藏》"不似聖人之旨",則與"獻"對應的《坤乾》似爲時人言説之辭。

孔子作《春秋》依據的史料,除《夏時》《坤乾》等先代遺文,主要是"百二十國寶書"等周代文獻。查啓森指出,周之文獻藏之天府(廟堂),包含下行文書與上行文書,前者稱"文",後者稱"獻";[2]張漢東則認爲,"文"是廟堂原有文字資料,"獻"是下情上達至廟堂的文字資料。[3]上述學者對"獻"的詮釋頗有新意,擺脱了漢儒以來訓"獻"爲"人"的傳統,强調"文"與"獻"同爲文字資料。

古代的上行文書,確實使用"獻"字。如《周禮・春官・鄉大夫》所載:"鄉老及鄉大夫、群吏獻賢能之書于王,王再拜受之,登於天府,内史貳之。"[4]此指王以上獻之賢人之書藏於天府,内史則抄録副本收藏。又如《國語・周語上》載:"故天子聽政,使公卿至於列士獻詩,瞽獻曲,史獻書,師箴,瞍賦,矇誦,百工諫,庶人傳語,近臣盡規,親戚補察,瞽史教誨,耆艾修之,而後王斟酌焉,是以事行而不悖。"[5]

歸納起來即是:(1)《論語・八佾》首次出現"文獻",《禮記・禮運》與此對應之處使用《夏時》《坤乾》,漢儒釋"文"爲"古之遺文",孔子視"夏之時"爲夏禮之最善者,《禮記・禮運》又稱"《夏時》之等",意謂"古之遺文"編爲簡册傳世,故"文"與《夏時》恰可對應;(2)《禮記・禮運》説"《坤乾》之義","義"古通"議",當指口舌之辭,則"獻"及《坤乾》似是時賢言説的記録,故《隋書・經籍誌》稱《歸藏》"不似聖人之旨";(3)"獻"本義進獻之物,《説文》"獻,宗廟犬,名羹獻",而公卿、士人、百官的上行文書多表述爲"獻","賢"又爲聖之次,或爲次"文"一等的文字資料。

---

[1] 王先慎撰,鍾哲點校,《韓非子集解》,中華書局,1998年,第48頁。
[2] 查啓森,《"文獻"新解》,《圖書情報知識》,1993年第2期。
[3] 張漢東,《〈論語・八佾〉"文獻"考釋》,《古籍整理研究學刊》,2002年第1期。
[4] 孫詒讓著,汪少華整理,《周禮正義》卷三十八,中華書局,2015年,第1026頁。
[5] 徐元誥撰,王樹民、沈長雲點校,《國語集解》,中華書局,2002年,第11—13頁。

## 五　馬端臨之説

宋元之際的碩學馬端臨，所著《文獻通考》首次使用"文獻"作爲書名，顛覆了漢儒將"文獻"分釋爲"文章"與"賢才"的傳統觀點，具有劃時代意義。全書凡三百四十八卷，記載了自上古時期到宋寧宗期間的典章制度發展史。

馬端臨編撰《文獻通考》，與孔子歎息文獻"不足徵"有關，他在《自序》中述其緣由："昔夫子言夏、殷之禮，而深慨文獻之不足徵，釋之者曰：'文，典籍也。獻，賢者也。'生乎千百載之後，而欲尚論千百載之前，非史傳之實録具存，何以稽考？儒先之緒言未遠，足資討論，雖聖人亦不能臆爲之説也。"於是起意"業紹箕裘，家藏墳索，插架之收儲，趨庭之問答，其於文獻蓋庶幾焉。嘗恐一旦散軼失墜，無以屬來哲，是以忘其固陋，輒加考評，旁搜遠紹，門分彙別……命其書曰《文獻通考》"，又論及採録文獻的標準與原則：

> 凡敘事，則本之經史而參之以歷代會要，以及百家傳記之書，信而有證者從之，乖異傳疑者不録，所謂文也；凡論事，則先取當時臣僚之奏疏，次及近代諸儒之評論，以至名流之燕談，稗官之紀録，凡一話一言，可以訂典故之得失，證史傳之是非者，則採而録之，所謂獻也。[1]

馬端臨以"敘事"與"論事"來區分"文"與"獻"，摒棄了"獻"爲"人"的陳説，從兩個層面的文字資料重新詮釋"文獻"意蘊。具體而言，"文"爲"敘事"之文，其核心是先代傳承下來的經史，輔以"歷代會要、百家傳記"之書中"信而有證者"，強調其體裁是書册；"獻"爲"論事"之文，涵

---

[1]　馬端臨，《文獻通考·自序》，中華書局，1986年，第3頁。

蓋 "當時臣僚之奏疏、近代諸儒之評論、名流之燕談、稗官之紀録"，相比先代傳承而來的書册，是次一等文字資料，採擇的標準是 "可以訂典故之得失，證史傳之是非者"。也就是説，"文"的載體是編排成册的 "書"，"獻"的特點是不拘 "一話一言"；不論 "文" 還是 "獻"，皆是文字記録的資料。

孔子奉爲夏禮之最善者且編爲簡册的《夏時》當是 "文"，"不似聖人之旨" 且爲卜筮之辭的《坤乾》當是 "獻"。由此來看，孔子所言 "文獻" 與馬端臨所説 "文獻" 并没有詞義上的斷層，只不過到了宋元之際，歷代傳承的文字資料愈加豐富、文獻體裁愈加多樣，因此馬端臨説得比孔子更具體而已。

## 六　左史與右史

如上所述，馬端臨對 "文獻" 的詮釋與分類，并非完全是其獨創，與中國自古以來文獻生成的機制有密切關聯。中國歷代王朝均有書寫歷史、保存史料的傳統，而且形成頗爲完善的史官制度，這便是 "左史" 與 "右史" 的分工合作。

《漢書·藝文誌》有一則經典論述："古之王者世有史官，君舉必書，所以慎言行，昭法式也。左史記言，右史記事，事爲《春秋》，言爲《尚書》，帝王靡不同之。"[1] 班固認爲古代史官是分左史、右史的，左史負責 "記言"，集大成者是《尚書》；右史 "記事"，傳承下來的便是《春秋》。班固這段經典斷語影響深遠，歷代學者援引不衰，視爲不易之則。然而早有學者對此存疑，稽考古籍得出結論，正確的應該是 "左史記事，右史記言"。[2]

唐代徐彦爲《春秋公羊傳》作疏，以問答形式討論 "左史" 與 "右史" 的關係，引《禮記·玉藻》論證 "左史記事，右史記言"，推翻了班固以來

---

[1]　班固，《漢書·藝文誌》，中華書局，2013 年，第 1715 頁。
[2]　吳淑玲，《"左史記言，右史記事" 考辨》，《沈陽師範大學學報（社會科學版）》，2006 年第 2 期。

的陳説：

> 問曰：“《春秋》據史書而爲之，史有左右，據何史乎？”
>
> 答曰：“《六藝論》云：‘《春秋》者，國史所記人君動作之事，左史所記爲《春秋》，右史所記爲《尚書》。’是以《玉藻》云：‘動則左史書之，言則右史書之。’鄭注云：‘其書《春秋》《尚書》其存者。’……故孔子曰：‘我欲托諸空言，不如載諸行事。又聞端門之命，有制作之狀，乃遣子夏等求周史記，得百二十國寶書，修爲《春秋》。”[1]

徐彦疏所引《禮記·玉藻》，係西漢初禮學家戴聖編定，爲區别其叔父戴德所編《大戴禮記》而稱作《小戴禮記》。據《漢書》等記載，《禮記》成書於建初七年（80），略早於《漢書》，則左右史的原態或是“左史記事，右史記言”。

《禮記·玉藻》云“動則左史書之”，這個“動”，《六藝論》詮釋爲“人君動作之事”，即君王遵照禮儀規範之行事，載爲文字便是《春秋》；《禮記·玉藻》又云“言則右史書之”，君臣之言辭載爲文字，便是《尚書》。

《尚書》是右史“記言”的古史，記録虞、夏、商、周各代典、謨、訓、誥、誓、命等，虞、夏及商代部分文獻採録自傳聞，周代則基本出自右史手筆。“典”最接近於“史”，涉及當朝重要的史實，但未必是君王依禮儀的行事實録；“謨”記載君臣謀略，《説文》釋作“議謀也”，係君臣議論計謀的言論記録；“訓”原義告誡、開導，多爲人臣開導君主之言；“誥”“誓”“命”皆爲君主勉勵、訓誡、命令臣下之記録。

左史記録的“事”，指君主遵循先代禮制行事，孔子彙編爲《春秋》，馬端臨稱之爲“文”；右史記載的“言”，指君臣一時一事的議論或下行之言、上行之辭，孔子彙編爲《尚書》，馬端臨稱之爲“獻”。左史、右史雖有分工，事實上是“分工不分家”，“事”中有“言”，“言”中有“事”。

---

[1]　阮元校刻，《十三經注疏》，中華書局，1980年，第2195頁。

《禮記正義》曰：

> 經云"動則左史書之"，《春秋》是動作之事，故以《春秋》當左史
> 所書。左陽，陽主動，故記動。經云"言則右史書之"，《尚書》記言誥
> 之事，故以《尚書》當右史所書。右是陰，陰主靜故也。《春秋》雖有言，
> 因動而言，其言少也。《尚書》雖有動，因言而稱動，亦動爲少也。[1]

綜上所述，孔子所言"文獻"，應該是分稱兩個層次的文字記錄，左史
所記君主動作行事，於杞所得《夏時》即爲此類，作爲"古之遺文"編爲簡
册，故《禮記·禮運》稱作"《夏時》之等"，此爲"文"之層次；右史所
記君臣言辭，於宋所得《坤乾》當屬此類，故《禮記·禮運》稱作"《坤乾》
之義"，此爲"獻"之層次。

## 七　"文獻"東傳朝鮮

漢儒訓"獻"爲"賢""賢人"，其實不算大謬，如果理解爲"賢人之
言""智者之辭"也是可以的；但宋儒如鄭汝諧釋作"夫子"，清代劉寶楠解
爲"秉禮之賢士大夫"，近人吳林伯、王欣夫框定爲"子夏等十四人"，只
能説離孔子原義漸行漸遠。

到了宋元之際，史官制度屢經變遷，隨着文字的普及，文獻體裁及種類愈
加豐富，已非"左史記事，右史記言"所能包含。於是馬端臨揚棄傳統的"文
獻"概念，將"文"從"經史"擴容到歷代會要、百家傳記等，將"獻"從
"當時臣僚之奏疏"，擴容到諸儒之評論、名流之燕談、稗官之紀録等，對"文
獻"做出符合時宜的定義。經過馬端臨擴容并重新界定的"文獻"概念，突
破了左史右史的框架和儒學經典的束縛，作爲漢字書寫載體向周邊國家傳播。

---

[1]　阮元校刻，《十三經注疏》，中華書局，1980 年，第 1474 頁。

　　“文獻”一詞何時東傳朝鮮，難以精確考定。但不晚於李朝初期，已經有《文獻通考》相關記載，該書對朝鮮王朝的典章制度、文教事業影響巨大。兹以《宣祖實録》爲例，萬曆二十三年（1595）九月十七日，朝鮮國王李昖聽講《周易》，侍臣鄭經世報告南方水域突發“鱉魚之變”，人員傷亡慘重，因引經據典獻應對之策：

> 嘗考《文獻通考》，則唐貞元三年，於潤州地，魚鱉蔽江而下，皆無首云。考其年事，則吐蕃與渾瑊劫（結）盟之時也。雖不知其某事之應，而變怪如此，寧不惕然動念，思免厥愆？且此事一可憂而一可喜。天命已絶，則災異不見，天心尚眷我國，故仁愛而示變。使之反躬修省，自上宜思天命之未絶，益加警懼之念，不勝幸甚。[1]

　　萬曆二十四年（1596）六月二十六日，又到了李昖在別殿聽講《周易》的日子，大臣申渫報告天生異象：“天使既已脅去，我國事勢，極爲難矣。近者天變屢出，彗星亦見。唐時畢星之傍，彗星生，故高句麗亡云云。”話中之意是，唐朝時也出現類似異象，結果兆示高句麗滅亡。李昖急忙問：“其言在於何書乎？”申渫回答説：“《文獻通考》有之矣。”[2]

　　由此可見，《文獻通考》成爲君臣應對危局、趨福避禍之指南。不唯如此，“文獻”還成爲判定文明程度高低的標準。16 世紀末，豐臣秀吉入侵朝鮮引發東亞區域戰爭，明軍提督李如松率軍先克平壤，再收開城，萬曆二十一年（1593）八月，準備一鼓作氣拿下首都王京，當月十四日躊躇滿志地對朝鮮接伴使李德馨説：“爾國文獻之邦也。上下、大小各賦一言贈我，則當誇示於中國。須啓達國王，作册四卷以送。”李如松讚揚朝鮮文教廣被，稱之爲“文獻之邦”，請李德馨轉達國王，動員朝野上下賦詩相贈，以便衣錦還鄉“誇示於中國”。[3]明朝與朝鮮歷來有此傳統，奉使朝鮮的使臣多編

---

[1]　末松保和編，《李朝實録（第二）》，學習院東洋文化研究所，1961 年，第 361—362 頁。
[2]　末松保和編，《李朝實録（第二）》，學習院東洋文化研究所，1961 年，第 544 頁。
[3]　末松保和編，《李朝實録（第一）》，學習院東洋文化研究所，1961 年，第 632 頁。

有《皇華集》傳世。

萬曆二十四年（1596），明朝決定派册封使赴日，以結束這場撼動東亞秩序的區域戰争。同年正月初五，慶尚道觀察使徐渻接兵使金應瑞馳報，日本人透露"關白不於國都迎敕，而别來近北一島，創立館宇，以迎天使"。徐渻認爲這不符合君臣禮儀："臣據此參詳，外夷君長，祇受肇封敕命，則當於其國之都，告之廟社，布之臣民，以頒示國中，無有不遍，以共承皇上寵命，可也。日本雖强暴無禮，文獻不足，而天使往來，自唐伊始，必非不知此禮而妄行者矣。其北出相會，不令天使見其國中之意，實爲叵測。"[1] 話中之意是，日本雖"文獻不足"而不知禮儀，但唐代以來接待敕使的規矩應該是知道的，避開國都迎接敕使，或存有"叵測"之心。

萬曆二十六年（1598）正月，豐臣秀吉第二次入侵朝鮮，朝鮮稱"丁酉再亂"，日本稱"慶長之役"。明朝與朝鮮聯軍英勇抗擊，日本侵略軍感到巨大壓力，通過各種途徑尋求和談。當年六月二日，朝鮮官員梁布政接見名叫朱元禮的講和使者，問曰："爾是何地方人？"答曰："浙江人，萬曆十二年被擄。"原來朱元禮是被倭寇擄掠的華人，梁布政聽後憤慨不已："浙江乃文獻之地，人知禮義，爲天下最。汝何生於其地，甘爲俘擄，敢背本國爲？"朱元禮被脅迫而來暫且不論，至少在朝鮮人眼中浙江是禮儀敦厚、文明昌盛的"文獻之地"。

如前所述，"文獻"概念很有可能是伴隨着《文獻通考》的傳播進入朝鮮，在萬曆年間東亞大戰期間，朝鮮視之爲解釋天地異象、安撫人心的寶典，明朝與朝鮮還把"文獻"作爲衡量文明程度之標杆，可以説是"文獻"概念在文明論中的拓展。

## 八　"文獻"東傳日本

《漢語大詞典》釋"文獻"爲"專指有歷史價值或參考價值的圖書資料"，

---

[1]　末松保和編，《李朝實録（第二）》，學習院東洋文化研究所，1961 年，第 442 頁。

引楊維楨《送僧歸日本》詩爲證："我欲東夷訪文獻，歸來中土校全經。"[1]

　　楊維楨（1296—1370）爲元末明初著名詩人、書畫家，字廉夫，號鐵崖、東維子，又號鐵篷簑道人、抱遺老人，元紹興路諸暨州（今浙江諸暨）人。此詩大概作於元末，其時中日雖無交通，但僧侶往來海途不絕，而浙江又是日本天台宗、禪宗僧侶視爲祖庭之地，楊維楨有緣結識其中一位，在其歸國之際賦詩餞別。全詩如下：

　　　　東風昨夜來鄉國，又見階前吳草青。
　　　　金錫躑空靈鳥逝，寶珠嗅海毒龍腥。
　　　　車輪日出扶桑樹，笠蓋天傾北極星。
　　　　我欲東夷訪文獻，歸來中土校全經。[2]

這是首贈別詩，不出意外的話，那位日本僧人會把這首詩帶回本國，這意味着"文獻"東傳日本的重要時間節點。詩後有《經書考》注文："歐陽公《日本歌》云：'徐福行時書未焚，逸書百篇今尚存。令嚴不許通中國，舉世無人識古文。'按：今世經書往往有外國本，則書之獨全於日本者，本可知也。"[3]歐陽修《日本刀歌》提到《尚書》完本遺存日本，誘發歷代文人無限想象，所以楊維楨起了"我欲東夷訪文獻"念頭，爲的是回國校勘殘損嚴重的"全經"。

　　詩中的"文獻"指的是儒學經典，屬於"文"的層次，似未包括"獻"的文字資料。馬端臨確立的"文獻"概念，當隨《文獻通考》東傳日本。商人、僧侶的傳播渠道無法細究，但日本官方接受《文獻通考》有稽可查。

　　《御代代文事表》記載："享保十四年月日，向禁裏進獻《文獻通考》百二十册、《續文獻通考》百册。"[4]享保十四年（1729），將軍德川吉宗向中

[1] 漢語大詞典編輯委員會漢語大詞典編纂處編纂，《漢語大詞典》第6卷，上海辭書出版社，2008年，第1546頁。
[2] 楊維楨著，鄒志方點校，《鐵崖逸編》，《楊維楨集》，浙江古籍出版社，2017年，第607頁。
[3] 楊維楨著，鄒志方點校，《鐵崖逸編》，《楊維楨集》，浙江古籍出版社，2017年，第608頁。
[4] 東京大學史料編纂所，《大日本史料綜合データベース》，東京大學史料編纂所《史料綱文》99編44册，第945頁。

御門天皇進獻《文獻通考》120 冊、《續文獻通考》100 冊，然馬端臨《文獻通考》共 348 卷，明代王圻續編的《續文獻通考》計 254 卷，傳到日本的似非完本。

《中御門天皇實錄》引《御湯殿上日記》云："享保十三年十二月朔日，晴。當夏傳旨關東進《文獻通考》正續，今日獻上。"[1] 據此，早在享保十三年（1728）夏天，天皇傳旨幕府獻書，當年十二月一日幕府纔把正續《文獻通考》獻入皇室，這中間相隔半年有餘，究竟發生了什麼？

《御文庫始末》能解開這個謎團："享保十三年九月二十九日，有命向禁裏進獻《文獻通考》正續，闕本令大學頭補足。十一月十二日，於櫻間命大學頭并奉行再三校正《文獻通考》。同十四年四月二十九日，《文獻通考》闕本補足，有令全部贈予林氏。五月十八日，《文獻通考》補闕告成，全部授之於伊豫守。"[2] 從這則記事可知，幕府將軍德川吉宗於享保十三年（1728）九月二十九日接到敕令向天皇進獻《文獻通考》，隨即令大學頭林信允補足闕本，次年（1729）四月二十九日將全本贈予林信允，五月十八日授之於伊豫守，進獻給中御門天皇當在此後。

綜上所述，《文獻通考》及《續文獻通考》的闕本至遲在享保十三年（1728）傳到日本并收入幕府書庫，中御門天皇獲知消息後下旨幕府進獻皇室，德川吉宗命大學頭林信允補足闕本，享保十四年（1729）四五月間補闕工作完成，大約在同年六月以後進獻給皇室。這部書受到將軍、天皇高度重視，最高學術權威大學頭林信允親自補闕，最後以完本形態歸入皇室珍藏。《文獻通考》在日本的流傳是自上而下的過程，此後經馬端臨拓展外緣、豐富內涵的"文獻"概念迅速在日本傳播，爲此後"文獻學"自西徂東奠定了基礎。

---

[1] 東京大學史料編纂所，《近世編年データベース》，東京大學史料編纂所《天皇皇族實録 中御門天皇實録》二卷，第 469 頁。

[2] 東京大學史料編纂所，《大日本史料總合データベース》，東京大學史料編纂所《史料綱文》99 編 44 冊，第 946 頁。

筆談文獻

# 長崎清客江芸閣、沈蘋香筆談資料考原*

## 蔡　毅

　　**摘　要**　日本江户時期實行鎖國政策，中日之間直接的人員交流，僅限
於往返長崎的清朝客商。通過對在長崎發現的清商江芸閣、沈蘋香筆談資料
的解讀，可以澄清一椿歷史疑案：江户著名文人賴山陽的《日本樂府》出版
僅一年多就傳到了中國，這在日本漢詩西傳的歷史上是最快的一例。原來這
是由於長崎唐通事水野媚川主動托請江芸閣、沈蘋香代爲斡旋，他們瞄準
的目標是要將《日本樂府》納入鮑廷博主編的《知不足齋叢書》。該書後
來由《吾妻鏡補》作者翁廣平作序，無錫文人錢泳還作詩稱美，成爲近代
中日文化交流的一段佳話。日本漢文學對中國的"逆輸入"，也可以由此
窺見一斑。

　　**關鍵詞**　江芸閣，沈蘋香，賴山陽，《日本樂府》，翁廣平

　　在江户時代中日文化交流史研究中，"長崎清客"，即被允許到長崎從
事貿易活動的清朝商人，向來備受矚目。因爲在鎖國政策下，日本人能夠直
接接觸的中國人，祇有這些被視爲"販夫走卒"的底層商人。其中若有粗通
文墨者，則更常被奉爲上賓，待若神明。江芸閣與沈蘋香，就是頗有代表性
的兩位。筆者曾就在長崎新發現的江、沈書簡做過考述，[1]現應浙江大學東
亞筆談學會之邀，就其中江芸閣、沈蘋香與賴山陽《日本樂府》西傳始末相
關的書簡，補充若干新資料，再做詳細考訂。

---

　　*　蔡毅，日本南山大學名譽教授、特任研究員。
[ 1 ]　參見拙作《長崎清客と江户漢詩——新發見の江芸閣・沈萍香書簡をめぐって》，《東方學》
　　　第 108 輯，東方學會，2004 年。

## 一　長崎清客書簡的發現

這些書簡是京都大學松田清教授 1997 年在赴長崎做資料調查時，於長崎古美術商川内利昭處發現的。松田教授後來從川内氏處得到原件的複印本，遂囑筆者予以考察。該書簡同年由長崎縣立美術博物館作爲書法作品收購館藏。經松田教授介紹，由長崎縣立圖書館本馬貞夫先生代爲安排，筆者 2003 年 5 月 4 日赴長崎，得以親見書簡原件。書簡均被精心裱褙，以連頁裝訂成兩冊，一冊爲江芸閣致水野媚川信函及若干自作詩文手稿，共 32 通；另一冊爲沈蘋香致水野媚川信函及若干自作詩文手稿，共 20 通；兩冊合計 52 通。裝訂似乎是以年代先後爲序，但因書簡大多未署年份，有些順序容有疑問，以下爲便於敘述，兩冊分別且依現有順序編號，稱爲某號書簡。這些書簡雖有部分破損、蠹蝕和缺頁，但近兩百年前的中國普通商人的書信文稿被如此妥爲保存，仍不能不使人對日本人珍惜文物的熱情肅然起敬。

據筆者調查，這些書簡其實并非現在纔初見天日。早在 1931 年，長崎圖書館第二任館長增田廉吉於《在長崎的賴山陽與江芸閣》一文中，就曾提到其中的江芸閣書簡，其文云：

> 這份書簡係由小曾根乾堂氏搜集，整理爲折本一冊收藏，其中多數爲江芸閣致水野媚川書簡。
>
> 筆者曾借得原件，并當即謄寫了一份，然其間想必會有不少舛訛和脱漏。筆者的鈔本現正托長崎高等商業學校教師王氏（中國人）代爲訂正，故此處僅據鈔本略舉一例，其餘則容日後詳陳。[1]

增田文共引用了現編號爲 3 和 14 的兩通江芸閣書簡（如其自云，若干文字的判讀似乎有誤），對其他未予涉及，沈蘋香書簡則無一語及之。增田

---

[1]　增田廉吉，《長崎に於ける賴山陽と江芸閣》，《長崎談叢》，1931 年第 8 輯，第 33 頁。原文日文。

氏此後的進一步論述筆者未見，這些書簡也一時不知去向，再也沒有任何著述提到過它們的存在。按小曾根乾堂爲長崎著名書家，其搜集目的當着眼於書簡的書法價值。現檢江芸閣書簡册尾鈐有"長崎名物品展覽會、貿易史料"的印記，"品名"爲"書折本"，"出品者"爲"吉村善三郎氏"。長崎縣立圖書館本馬貞夫先生推測，或許與江戶時期長崎漢詩人吉村迁齋（1740—1805）的後人有關，并認爲印記當鈐於增田氏撰文（1931）之後。據此，江芸閣書簡自收信人水野媚川始，至今的流傳經過，已判明者可圖示如下：

水野媚川→小曽根乾堂→吉村善三郎→川内利昭→長崎縣立美術博物館

唯其具體經過尚不明，沈蘋香書簡則因無人言及，流傳過程更無從知曉。

下面即圍繞這些書簡，對江芸閣、沈蘋香與以賴山陽爲代表的江戶漢詩人的交游關係略作考述，并對該資料的發現者松田清教授以及協助調查者本馬貞夫先生謹致謝忱。

## 二　江芸閣、沈蘋香其人

19世紀初來往於長崎的清客中，最有"文名"的，恐怕就要算江芸閣了。據筆者所知，華東師範大學唐權先生近年來傾力收集江芸閣的有關資料，綜合研究成果不久將問世，這裏僅就其生平與本文有關的情況做一簡介。

江芸閣，名大楣，字辛夷，號芸閣，[1] 蘇州人。其兄江稼圃，名大來，字泰交，號稼圃。稼圃科舉不第，遂跨海東游，現知其最初來日記録爲文化元年（1804）。擅長南畫，對長崎南畫家木下逸雲等頗有影響，其畫現存日

---

[1]　也有作名辛夷，字芸閣，號大楣的。參見古賀十二郎，《長崎畫史彙傳》，大正堂書店，1983年。此據大庭修《漂着船物語：江戶時代的日中交流》考訂。參見大庭修，《漂着船物語：江戶時代の日中交流》，岩波書店，2001年，第167頁。

本。亦長詩文，與大田南畝（蜀山人）等多有交游。江芸閣的來日，與其兄當有一定關係。《割符留帳》[1]記江芸閣來長崎共十三次，爲便於考訂其書簡的作成年月，現將其每次抵達時間列述如下：

文政二年（1819）二月二十四日，卯一番船

文政五年（1822）六月十八日，午二番船

文政五年（1822）十二月十五日，午六番船

文政七年（1824）正月八日，未七番船

文政七年（1824）七月五日，申三番船

文政八年（1825）六月六日，酉三番船

文政九年（1826）四月十九日，戌一番船

文政十年（1827）閏六月三日，亥二番船

文政十年（1827）十二月八日，亥十番船

文政十二年（1829）二月八日，子八番船

文政十三年（1830）六月十三日，寅一番船

文政十三年（1830）十二月十九日，寅九番船

天保二年（1831）十二月十四日，卯二番船

據此江芸閣初次來日爲文政二年（1819），其實現存《割符留帳》祇有文化十二年（1815）之後的兩册（另一册爲番外船），而且記載的僅爲船主之名，如果是一般船客，則没有任何記録。事實上，早在文化十一年（1814），江芸閣就已在長崎留下足迹，市河寬齋該年游長崎時，曾與江多有贈答，并將其作盡收入《瓊浦夢餘録》中。[2]下文提到的賴山陽文政元年（1818）游長崎時，也説"余聞江名久矣"，[3]如此聲名遠播，應該絶非一日之功。

　　江芸閣生平的有關資料均見於日本，中國方面的記載，筆者僅覓得一

---

[1]　大庭修編著，《唐船進港回棹録·島原本唐人風説書·割符留帳：近世日中交涉史料集》，關西大學東西學術研究所，1974年。

[2]　參見市河三陽編，《寬齋先生餘稿》，游德園，1926年，第283—327頁。

[3]　德富豬一郎監修，木崎愛吉、賴成一共修，《賴山陽全書·詩集》，賴山陽先生遺迹顯彰會，1922年，第232頁。

條，即翁廣平《吾妻鏡補》卷二十四所録：

> 江芸閣詠崎嶴名妓色藝兼全者，作《竹枝詞》十餘章。譯監陳焕章手録以示余。吟諷之間，覺麗情艷態，宛然溢於紙表，而芸閣流風逸韻，亦可想見也。戲作二絶句，因焕章寄之，博其一粲。（詩略）[1]

"譯監陳焕章"未知何人，長崎唐通事中不見其名，而且唐通事也不可能直接渡清，且容作別議。翁所云江芸閣《竹枝詞》，市河寬齋《瓊浦夢餘録》曾收其"竹枝體四首"，其餘未見，而新發現的江芸閣書簡中，26 號恰録有七絶十六首，分詠長崎諸妓，末署曰"丙戌春日續品花新詠十六首題詞"，"丙戌"（1826）即日文政九年、清道光六年，該年四月，江曾乘戌一番船來長崎。另 28 號書簡又録其題名《竹枝詞》之作八首，雖未標示諸妓之名，然内容均如翁廣平所云"麗情艷態"，故亦可能爲翁所寓目。現録其詠妓詩中較"雅"的一首，以見其"流風逸韻"：

> 疑是唐宮江採蘋，淡粧素服最宜人。憑誰慣寫風前影，除却梅花總未真。（政名木）

一説江芸閣尚著有《蘭陵山館吟稿》，但不見於任何著録，姑録以存疑。

沈蘋香的知名度則遠不能與江芸閣相提并論，現據筆者已知資料，撮述其生平大要如下。

沈蘋香 10 號書簡，自云蘇州人，名（字？）鳳翔，號蘋香。《割符留帳》記其來長崎共九次，現同樣將其每次抵達時間列述如下：

天保十一年（1840）十二月三日，子二番船
天保十二年（1841）六月九日，丑二番船

---

[1]　王寶平編印，《吾妻鏡補》，朋友書店，1997 年，第 490 頁。

天保十三年（1842）正月十六日，寅二番船

天保十三年（1842）十二月廿一日，寅四番船

天保十四年（1843）十二月八日，卯六番船

天保十五年（1844）七月十三日，辰二番船

弘化二年（1845）七月十一日，巳一番船

弘化二年（1845）十二月十一日，巳四番船

弘化三年（1846）六月十四日，午三番船

但如後文所述，在賴山陽去世的天保三年（1832）之前，他已和賴山陽有所聯繫，可見其實際來航次數更多。沈蘋香在長崎時，也曾有過一個名叫花絹的愛妓，并於天保十三年（1842）末爲其誕下一男兒，取名友吉。友吉在花絹之母家長大，但在沈蘋香來日時，也可能在唐館享受過父愛。長崎興福寺的“過去帳”上，留有這樣一行記錄：

十一月六日

皇清例贈修職郎國學生顯考蘋香沈府君神位[1]

依清制封典，“例贈”爲推恩授予已殁父祖官爵。長崎清客在去世後，子孫多於興福寺供奉其牌位，但或有不明記殁年者，沈蘋香即如此。

在江、沈與江户漢詩人的交往中起重要中介作用的，則是這兩册書簡的收信人水野媚川。

水野媚川（？—1846），名勝太郎，字鏡卿，號媚川，又號鷗夢、知止，曾負責管理清客住所“唐人屋敷”。關於其爲人，以田能村竹田《竹田莊師友畫録》“水知止”條記之最詳：

襟懷爽邁，風流迭宕，外柔内剛，興之所到，無所不爲，不能如

---

[ 1 ]　據古賀十二郎著，長崎學會編，《丸山遊女と唐紅毛人》，長崎文獻社，1995 年新訂版，第674—675 頁。

世儒屑屑乎繩墨之末也。與村萬載、道文淵爲莫逆友，晨夕往來，課經
史，論詩詞，最能書，間及一二雜畫。予藏其鱖魚圖，題字瀟灑有致。
暇則參禪於山中白徒，鬭句於海外騷客，浮大白於飛絮落花之前，驅裙
屐於墮釵遺簪之間，蓋劉梅泉以後一人也。予少喜填詞，游崎日，得江
芸閣，使其拍按是正，實鷗夢之力哉。……[1]

文中提到的"村（尾）萬載""道文淵"，均爲長崎文人，在江、沈書簡中亦
屢屢出現；"劉梅泉"即游龍彥次郎，曾爲唐通事。由此可知水野媚川工詩
善畫，於當地文壇頗具聲譽，和清客們也多有交往，江芸閣、沈蘋香的書簡
即賴其得以留存，使我們可以據此窺見中日文化交流的一個新側面。


## 三　賴山陽與《日本樂府》

　　江芸閣、沈蘋香書簡中最值得重視的，莫過於他們與賴山陽（1780—
1832）交往的記錄。

　　文政元年（1818）五月，賴山陽開始了他期盼已久的長崎之旅。他來
長崎最主要的目的，是見當時已大名鼎鼎的江芸閣。田能村竹田《卜夜快
語》[2]云："山陽在崎，候江芸閣，九十日而不至。"因江芸閣爲大風所阻，不
能按期來航。無奈之中，經水野媚川介紹，山陽於丸山花月樓見到了江芸閣
的愛妓袖笑，爲之題寫《戲代校書袖笑憶江辛夷（芸閣）乃敘吾憶也二首》，
并附識語云："僕千里裹糧，本意欲一嘗長兄，結海外良緣，而爲造物所妒，
天長海遠，此恨曷極。"[3]席間"有人勸袖笑薦枕蓆"，而山陽曰"吾之所
望，本屬芸閣，不在袖笑及諸妓也"，予以拒絕。於是袖笑笑曰："先生狷潔
如此，請有一話，以供笑資。曩芸閣在唐山，托譯官某，使一畫師作兒小照

［1］　廣谷雄太郎編，《田能村竹田全集》，國書刊行會，1924年，第121頁。
［2］　關儀一郎編，《日本儒林叢書》卷一，鳳出版，1978年，第3頁。
［3］　德富豬一郎監修，木崎愛吉、賴成一共修，《賴山陽全書·詩集》，賴山陽先生遺迹顯彰會，
　　　1922年，第232—233頁。

以寄。畫師至，曰同寢而後作。兒峻拒不肯。畫師大慍，草草塗抹，攣耳齞唇，備極醜惡。後芸閣至，謂兒曰：'卿當時愁之深邪？抑病之倦邪？何不相肖之甚乎？'山陽遂不一宿而還。"（以上見《卜夜快語》）

關於這段逸事，論者多有引述，并有人認爲未可全信。江芸閣4號書簡，則可爲之補充一條細節旁證：

> 又與そて信一封，乞面交收持是禱。
>
> 再祈諭知そておふき，外街有畫師一人能畫小影者，今春曾經畫過一幅，祇有三分相像，故已退還，今務必再畫一幅，必須活像そておき者。
>
> 望密密封好，同所鈔《香夢稿》一并妥寄爲禱。此事切勿與人知道。

這裏的そておき，并非上文的袖笑，而是江芸閣的另一名愛妓袖扇，但話題一致，可見田能村竹田的記敘絶非空穴來風。在江芸閣書簡中，分量最大的就是他再三叮囑水野如何關照他的這兩名愛妓，水野之所以向賴山陽引見袖笑，也應源於他與江的這層特殊關係。

賴山陽雖然没能見到江芸閣，但在這以後兩人時有書信往來，賴山陽詩集中存有多首與江芸閣的唱和之作，在他有文字交往的清人中，密切程度無疑以江芸閣爲最。他不僅自己對江芸閣禮貌有加，還把女弟子兼情人江馬細香介紹給江，細香尊稱江爲"先生"，其《湘夢遺稿》中也可見其與江芸閣的贈答酬唱。然而，在這種貌似尊敬的表象背後，我們須加注意的是，儘管當時江芸閣在日本漢詩壇已炙手可熱，但賴山陽并没有像其他漢詩人那樣，請江爲自己的詩文作序題跋，評點加批，在賴山陽詩文中，找不到江芸閣添加的隻言片語，也就是説，賴山陽對江芸閣的内心評價，其實自有別論。

衆所周知，在江户後期的漢詩人中，賴山陽稱得上是"自國意識"最强的一位。對他的政治思想、歷史認識，這裏不予置評，僅從其文學主張也可以看出他要求與清代文人平等對話的心情是何其迫切。賴山陽著名的《夜讀清諸人詩戲賦》，[1]逐一評騭了明末以來十五位詩人，或褒或貶，純出己意，絲毫没有以往日本漢詩人因過於尊崇彼岸先賢而顯出的謙卑之態。對那些聲名卓著的清詩人，賴山陽尚且如此桀驁不馴，對往來於長崎的普通清客，他就更近乎目中無人了。例如他在爲野田笛浦（1799—1859）《海紅園小稿》所作的序中説：

> 且客皆商賈侸儈，饒使相晨夕，未必有益也。……渠輩常輕視此間文詞。……恨不附載船尾，錯出筆鋒，如古之留學生數員同往，援我角彼耳。[2]

這篇序作於文政九年（1826），同書尚録有江芸閣對野田詩作的評語，所以江完全有可能看到賴山陽的這段批評。其實，不以長崎清客爲然者，非止賴山陽一人。《海紅園小稿》古賀侗庵的跋，也説"今之來者，特賈人子，伎倆可想，因不之與"，同樣不避江芸閣之目，可見這是當時日本漢詩人中相當普遍的看法。

如果説在序跋中賴山陽還有所顧忌，不便直接指名非議的話，在不公於世的私人信件中，他就完全可以肆言無忌了。天保三年（1832）春，他在致長崎木下逸雲信中，談及吳縣人顧鐵卿托其爲《頤素堂詩鈔》題詞一事時，順便帶了一句：

> 近來芸閣、蘋公之輩與其相比，不啻雲泥之別。[3]

江芸閣，連帶下文要詳述的沈蘋香，在賴山陽看來，即便與清代普通文人顧鐵卿相比，也根本不可同日而語。

---

[1]　德富豬一郎監修，木崎愛吉、賴成一共修，《賴山陽全書·詩集》，賴山陽先生遺迹顯彰會，1922年，第573—574頁。

[2]　田中謙二、松浦章編著，《文政九年遠州漂着得泰船資料：江戸時代漂着唐船資料集二》，關西大學出版部，1986年，第307—309頁。

[3]　德富豬一郎、木崎愛吉等共編，《賴山陽書翰集》下卷，名著普及會，1980年覆刻本，第829頁。原文日文。

那麼，賴山陽對江芸閣的表面虛與委蛇，究竟有什麼實際目的呢？前引賴山陽《夜讀清諸人詩戲賦》的最後四句，也許可以透露此中消息：

> 吹燈覆帙爲大笑，誰隔溟渤聽我評？安得對面細論質，東風吹髮騎海鯨。

對一海之隔的清代詩人，他已不滿足於亦步亦趨，而是渴望他們也能聽取自己的聲音。這種追求，既是賴山陽的個性使然，也和江户中期以後日本民族意識的高漲息息相關。在中日文化交流史上，19 世紀初以林述齋編《佚存叢書》爲代表的中國散佚而日本尚存的漢籍還流，就從一個側面呼應着這一新的氣運。而且，不僅是中國的散佚古籍，日本人的漢文著述，也開始陸續傳入西土。賴山陽得知江芸閣之名，乃源於市河寬齋的介紹，而寬齋文化十年（1813）九月親赴長崎，在那裏盤桓一年之久，與江芸閣等交往，主要目的就是打探十年前其子市河米庵托清客送往中國的《全唐詩逸》的下落。[1]然而，《全唐詩逸》畢竟還是對唐人佚詩的搜集，并非寬齋本人撰述，而江芸閣、沈蘋香書簡，則披露了一個迄今罕爲人知、完全是日本人撰寫的著作的具體西傳過程，這就是賴山陽的《日本樂府》。

賴山陽於文政十一年（1828）歲末，仿明代李東陽的《擬古樂府》，一氣呵成了分詠日本歷史的《日本樂府》六十六首（其中有部分爲舊作的改寫）。該書文政十三年（1830）冬刊行，一年多後就得到了中國文人的評論，在日本漢詩的西傳史上，也許是最快的一例，對此《賴山陽全傳》天保三年（1832）十月廿四日條已有著録（後詳）。其傳送何以如此之速？江、沈的書簡，可以爲我們破解這個秘密。

江芸閣致水野媚川 13 號書簡云：

> 今春所托評閲賴樂府，攜歸即送晚香主人。奈伊即日起程往浙江兒子署中去矣，此書帶去未還，且待伊歸向索也。

[1]　參見拙作《市河寬齋與〈全唐詩逸〉》，《人文中國學報》第 8 期，香港浸會大學，2001 年。

"所托評閱"，説明這是出自水野之請；"晚香主人"即前云顧鐵卿，因其聲望地位在賴山陽看來遠在江芸閣之上，否則不會入其法眼。該函未署年月，查江芸閣文政十三年（1830）六月至天保三年（1832）四月爲在留船主駐長崎，且信中未言及賴山陽去世事，"今春"當爲天保三年（1832）春天。其時距《日本樂府》刊行僅僅一年稍過，水野的動作可謂迅速。

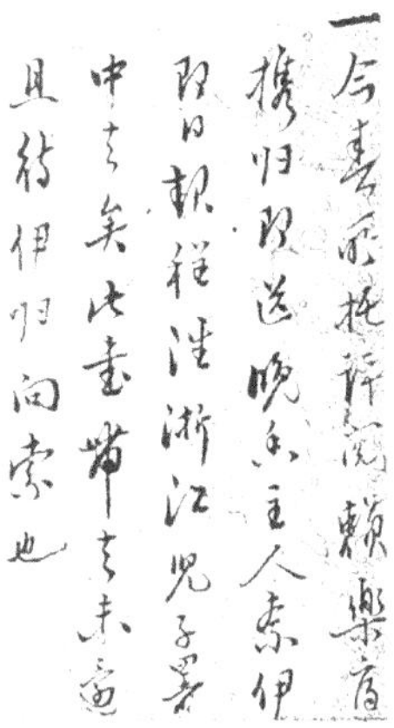

圖 1　江芸閣致水野媚川，第 13 號書簡

江芸閣所托"晚香主人"的"評閱"，看來并無下文，就在這時，傳來了賴山陽撒手西歸的噩耗。江芸閣致水野媚川 16 號書簡云：

> 驚聞山陽先生已歸道山，惜乎早却一二十年矣。然數之所定，人不可不守。且喜後起有人，懿範可繼，而蟬蛻之理，古今一轍，毋足望而長嘘也。

> 附上賴公手澤信皮一紙，以明我珍重故人之至意，久藏不敢失也。望附封前去，用誌真心交誼云。

這封信日期署爲"六月初三日"。按賴山陽天保三年（1832）九月辭世，江芸閣此函當爲翌年之作。大約與此信同時，江芸閣 17 號書簡（殘頁）尚云：

　　　　茲奉輓言三首，望即覓便寄往，以作十年未識面□□□，令人不
　　得不黯然神傷。□□□□□□□一册仍藏篋中，必俟我自己拜交尊
　　處爲妥。

從賴山陽初訪長崎，兩人神交已有十四年，"十年"乃取其約數。信中"□"
處爲蠹蝕，故"一册"不知何謂，但很有可能就是前函所云"索"回的《日
本樂府》。

　　這封信剛剛發出，江芸閣又收到了水野的來函，他緊接着在日期署爲
"六月初十日"的19號書簡中寫道：

　　　　六月七日奉到尊札……同時又接手書，切云賴公樂府之需。斯時難
　　以托寄，使草率而致誤，爲之奈何？故非敢緩也，差有待也，終不誤閣
　　下徐君墓劍之義可了。

"斯時"以後一段，似有難言之隱，具體情形現在無從知曉，唯"徐君墓劍"
一語，因使用了春秋時延陵季子感徐君之義，掛佩劍於其墓的典故，故可確
認此函爲賴山陽死後之作，同時也可看到水野媚川對亡友的一片深情。

　　遺憾的是，托中國文人評閱《日本樂府》的使命，江芸閣最終未能完
成。值得慶幸的是，水野并沒有唯江芸閣是求，他同時悄悄地另覓高明，這
個人也果然不負所望，他就是沈蘋香。

## 四　沈蘋香與翁廣平、錢泳

　　沈蘋香如前所述，於江户文壇名聲雖然遠不能望江芸閣項背，但在衆
多清客中，仍屬操觚染翰之士，因此與水野媚川之間，也就有了一段特殊
的因緣。

圖 2　沈蘋香與水野媚川筆談，第 16 號書簡

沈蘋香 16 號書簡，其實并非信函，而是沈與水野的一段筆談。

（水野）《日本樂府》齎歸乞翁先生雌黃一件，深爲拜托。

　　　　翁先生、榕園先生同學人。

（　沈　）翁海村，知不足。

　　　　我有微物，未曾檢出，正月内奉贈，乞恕之。

　　　　翁公本來相好，榕園却不認識。當到吳門訪托，勿負見委。

（水野）所賜科場書，看過畢瞭然。多謝。

（　沈　）緩日我尚有事奉托。

　　　　《花月樓小集》重刻否？

（水野）已告成，他日應上呈。

　　　　游記山陽批徑電覽否？

（　沈　）緩日我再要做跋。

（水野）敝邦一佳話也。


這份筆談未署時間，從文中言及與賴山陽有關的"游記"（不詳）而未言及其死，以及後文要談到的錢泳題詠時間來看，當作於天保三年（1832）

上半年。在江、沈書簡中，這份筆談也許最具有史料價值，下面且對此稍作詳考。

　　水野首先拜托的"翁先生"，大概出自沈蘋香的推薦。翁廣平（1760—1842），字海琛，號海村，江蘇吳江人。他的《吾妻鏡補》作爲中國第一部研究日本的集大成之作，近年來受到廣泛重視。該書引用日本資料多達四十一種，在當時的條件下，堪稱洋洋大觀。而翁廣平科舉不第，仕宦無成，一生蟄居故鄉平望，幾乎足不出戶，其資料何所從來？這裏的奧秘，在於當時中日貿易的主要港口浙江乍浦，距其家鄉不遠。那些往返於長崎的吳門清客，他也多有交往，因此他纔能享有別人不可企及的研究日本的便利條件。沈蘋香是否瞭解《吾妻鏡補》的寫作，是否有將《日本樂府》納入該書的希求，現在無從考證，但作爲"本來相好"的同鄉人，他知道翁廣平是當地的"日本通"，纔向水野推薦其人，却也應該是不爭的事實。

　　其實，沈蘋香瞄準的目標似乎更高、更大，這就是筆談中的"翁海村，知不足"六個字。鮑廷博的《知不足齋叢書》，因收入太宰純校《古文孝經孔氏傳》等書，在日本名震一時，林述齋的《佚存叢書》，即多爲鮑氏所取資；市河寬齋編《全唐詩逸》，也以厠身其列爲最高理想。而翁廣平和鮑廷博交游甚深，《全唐詩逸》就是因翁廣平推薦，在鮑廷博去世後，由其子鮑志祖於道光三年（1823）收入叢書第三十集的。該集還收有翁廣平自撰記其族叔事迹的《餘姚兩孝子萬里尋親記》，這篇文章僅不足三千字，内容、體例與《知不足齋叢書》其他諸作迥不相類，可見他和鮑氏父子的交情非同一般。儘管《知不足齋叢書》至三十集已壽終正寢，但沈蘋香并不一定知道詳情，通過翁廣平把《日本樂府》納入叢書，會不會是沈蘋香向水野許下的宏願呢？

　　另一位拜托對象"榕園"，則出自水野之請。榕園即吳應和，《清朝續文獻通考》卷二百七十九經籍考二十三云：

　　　　《榕園吟稿》十卷，吳應和撰。原名寧，字子安，號榕園，浙江海鹽人。

吳應和既非達官顯宦，也非文壇巨擘，更不像翁廣平那樣和日本有特殊的因緣，水野爲何同時還選中了他？原來賴山陽天保二年（1831）秋於歸省旅途中，曾抽暇評點了《浙西六家詩鈔》，而這部詩集的編選者，就是吳應和。吳選編成於清道光七年（1827），而賴山陽的評點直到二十二年後、嘉永二年（1849）纔正式出版，當時并未流傳，水野遠在長崎，却如此迅速地捕捉到這個信息，可見他對賴山陽關注之切，瞭解之深。

也許因爲沈蘋香"不認識"吳應和，"訪托"似乎并無結果，而翁廣平那裏，却不僅確確實實送達，翁還特意爲之撰寫了一篇長序。因翁廣平《聽鶯居文鈔》僅有鈔本，不易得覩，現將其《日本樂府序》全文具引如下：

余讀《尚書》，有曰文命敷於四海，又曰聲教訖於四海。是知漸被之所及，無間於海隅日出處也。海外諸國，日本爲近。日本之名，始見於《漢書》，其後皆通貢使，進方物也。宋文帝元嘉二年，國王讚遣使進方物，其表辭頗雄健。李唐時，粟田真人入朝求書籍，其副朝衡仲滿能詩，多所該識，及歸，王維、李白諸詩人作詩以送之。趙宋時，僧寂照八人來朝，識文字，詔號圓通大師，其詩集載《宋史·藝文誌》。前明貢使之詩，都選入《明詩綜》《列朝詩選》等書。至我國朝，頗多著述，余所藏有《論語徵》《戊亥游囊》《南游稇載錄》《古梅園墨譜》數種，其校刊者，有《佚存叢書》《群書治要》等數種。今又得見山陽外史之《日本樂府》，益信此邦之多文獻也。山陽所詠，有六十六闋，中有《吾妻鏡》一闋。按朱竹垞《曝書亭集》有《吾妻鏡跋》，云有五十二卷，所記始安德天皇治承四年，訖龜山院天皇文永三年，凡八十有七年。某年月日之陰晴必書，餘紀將軍之執權及會射之節，而國之大事甚略。余於是欲作《吾妻鏡補》爲一書，乃於友人處借閱高麗申叔舟之《東國通鑑》，其記日本三冊，漫漶不能披閱，於是採歷代國史通鑒，與各家紀載而成，而所以名"吾妻鏡"之義，不可得也。及見山陽之樂府，始豁然矣。此冊沈蘋香先生得於長崎島市中，介其戚友錢梅溪先生以示余，且屬爲序。余吟誦再四，思欲搜索枯腸，以讚美良工之苦心。及讀至竹田陳君評語，云有史才者無詩才，有詩才者無史才，山陽兼而有之。又曰其所議論，如諷如喻，或華或樸，如漢人樂府，如漢人童謠。又曰腕靈舌妙，意暢神酣，有億萬字所不能包者。旨哉評乎，余何能更讚一辭乎？按山陽自題謂以探梅餘興而作，且歷引楊廉夫、張光弼、李賓之、尤展成諸君子之所詠，以爲山益學者，不爲徒作，其自評所作爲鄙俚率薄，是則山陽不獨才藻之可觀，抑撝謙之獨出於等夷也。拙著之《吾妻鏡補》已付剞劂氏，今得見此樂府與信侯之注，當亟鈔錄之，以慰余見所未見之願，不亦晚年一大快事也哉！[1]

這篇序言，不啻一部日本漢學西傳簡史，讀來饒有興味，而翁廣平對於史料中有關日本記載之熟稔，也於此可見一斑。僅就與本文有關部分而言，他說《吾妻鏡》書名的由來一直不得其解，到讀了賴山陽《日本樂府》第三十二首《吾妻鏡》，纔豁然貫通。其實該詩以及牧百峰（信侯）注袛不過是敘寫北條氏二女的一段故事，并非對來源於地名的“吾妻”的說明，翁廣平依然未得正解。文末所云“拙著之《吾妻鏡補》已付剞劂氏”，亦非事實，《吾妻鏡補》寫成於嘉慶十九年（1814），但因種種原因，一直未得刊行，“已付剞劂氏”云云，僅係其時之籌劃，但他特地提及，似乎也隱含着來不及補入賴山陽此作的遺憾。“見所未見”一語，同樣見於翁廣平爲市河寬齋《全唐詩逸》收入《知不足齋叢書》時所做的跋，可見他對這些來自東瀛的典籍的珍重。

翁廣平序言中提到的“錢梅溪”，即錢泳（1759—1844），字立群，號臺仙、梅溪，江蘇金匱人。諸生，曾與翁方綱等交游，嫻於詩書字畫，對日本文史亦頗感興趣，因其家居今無錫一帶，故可和翁廣平一樣從清客們那裏觀覽日本典籍，賴山陽《日本樂府》即因此得以寓目。《賴山陽全傳》天保三年（1832）十月廿四日條：

---

[1] 翁廣平，《聽鶯居文鈔》卷五，清葉氏五百經幢館鈔本，上海圖書館藏。此文由該館許全勝先生代爲複印，謹致謝忱。

　　（清道光十二年［1832］）該日，清國錢梅溪，得沈蘋香見贈其於長崎來舶時所獲《日本樂府》，乃作五律二首，追慕之餘，添書於小屏風，送來京都賴家（三年後送達）。中川漁村云此由梨影見示。支峰又將其詩冠於《樂府》，并自添跋文，刊於"增補"本（明治十一年［1878］二月）。

　　沈君蘋香，嘗游長崎島，於市中得《日本樂府》一冊，持以示余，爲題其後二首：

　　　文教數東國，洋洋播大風。傳來新樂府，實比李尤工。（自注：謂李賓之、尤西堂也）稽古聯珠璧，斟今考異同。天朝未曾有，還擬質群公。

　　　詩才真幼婦，史事表吾妻。日月無私照，風雲漸向西。雄文標玉管，彩筆敵金閨。聞說扶桑近，高攀未可躋。

　　　　　　　　　　　道光十二年十月廿四日，句吳錢泳題[1]

　　錢泳的題詠，大概是中國文人對《日本樂府》最初的評價。正因其難能可貴，山陽之子賴復（支峰）纔於明治十一年（1878）《日本樂府》改版增補時特意附於書後，并作跋曰："而其詩，先考易簀後，經三裘葛，始寄送京師。"[2]錢氏作詩的"道光十二年十月廿四日"，正值賴山陽辭世後整整一個月，未知山陽冥冥之中，可曾對這異國知音發出一歎？值得注意的是，翁廣平說"此冊沈蘋香先生得於長崎島市中"，錢泳也說"沈君蘋香，嘗游長崎島，於市中得《日本樂府》一冊，持以示余"，都未提及此乃日本人水野媚川特意囑托。而無意得之，與有意求之，其在文化交流史上的意義，實有天壤之別，因前者往往止於搜奇獵異，而後者則係自主推介，由此我們也更可感知沈蘋香16號書簡盡訴原委之可貴。

---

[1]　德富豬一郎監修，木崎愛吉編，《賴山陽全書·全傳》，賴山陽先生遺迹顯彰會，1922年，第614頁。説明部分原文日文。

[2]　德富豬一郎監修，木崎愛吉、賴成一共修，《賴山陽全書·詩集》，賴山陽先生遺迹顯彰會，1922年，第46頁。

《賴山陽全傳》所云"三年後"送抵賴家的小屏風和錢泳題詠，也説不定就是沈蘋香帶回長崎的。沈蘋香14號書簡云：

> 承委翰《楓詩》《日本樂府》《秋塘家訓》各種，均於明年帶上。

這裏舉出的三種著作，沈蘋香在賴山陽去世九年後寫過一首悼詩，對前兩種的由來做了明確的説明。現先將該詩具引如下：

> 筆大如椽學問深，未曾復面已心傾（自注：余有詠楓詩二十四首，曾蒙評點，極爲獎賞，因憶及之）。論詩具見推敲細（楓詩中改竄處尤佳），惆悵空留樂府音（先生贈余樂府後，遽歸道山，什襲茫茫，不勝物是人非之感）。
>
> 辛丑清明後一日，僑寓崎館，獲睹山陽外史遺墨一册，手不忍釋，率成七絕一首，以應龜齡花月琴翁之命。山陽翰墨不易多得，願龜齡其永寶諸。
>
> 吳門沈蘋香題[1]

按"辛丑"（1841）爲清道光二十一年、日天保十二年，據前引《割符留帳》，此前一年十二月沈蘋香來長崎，看來逗留到次年清明之後。14號書簡所云《楓詩》，當指"詠楓詩二十四首"，而"委翰"，則應指賴山陽對其詩的"評點"和"改竄"，遺憾的是這些作品現在似已不存。值得注意的是，該詩自注説"先生贈余樂府後，遽歸道山"，據此則《日本樂府》係賴山陽辭世前不久自己贈給沈蘋香的，當然很可能是通過水野媚川轉交。書簡中提到的《秋塘家訓》，也其來有自。原來"秋塘"即沈蘋香祖父，他大概是爲了光耀門楣，曾特意請賴山陽撰寫題跋。《賴山陽文集》卷十三《跋沈秋塘家訓》云："乃孫蘋香，念祖不忘，勒石公世，計與其功德，并垂不朽。"文

---

[1] 龜齡軒編，《三十六峰山陽外史遺墨》，天保十三年（1842）刊。

末署"辛卯中元後二日"，即天保二年（1831）七月十七日。[1]《賴山陽全傳》天保三年（1832）十一月十三日條引雲華上人吊唁後所作信函中，云"唐人沈蘋香"曾有欣慕賴山陽之詩，大概就是爲此事而作的。[2]上引沈蘋香 14號書簡首言"九月廿七日自崎揚帆"，末署"十一月十九日"，而錢泳題詠作於十月二十四日，故信很可能同樣寫於道光十二年（1832），即賴山陽爲之作跋的翌年。可惜這時賴山陽已經作古，沈蘋香的種種努力，祇能成爲他身後的一輪光環，供人憑吊了。

## 五　賴山陽的情結

賴山陽《日本樂府》的西傳過程，已如上述，但其中顯然有一個大問題：對江、沈所有的委托，均來自水野媚川，賴山陽本人的詩文信函中，并無一語直接道及，這件事會不會是他毫不知情，而純係水野的"好事"之舉呢？

檢《賴山陽全傳》天保元年（1830）十月六日條，記有："長崎水野媚川來訪。"十月八日條，又有："除媚川外，復與春琴、秋水同游高雄。"十月九日賴山陽在致小野桐陰的信中，關於水野又説：

> 十三年以前，在長崎曾得其關照，其後唐館聯絡，專賴此人，年來亦爲酒友。此番游京，連日同醉。[3]

"唐館聯絡，專賴此人"，正可與江、沈致水野書簡相印證，如江 15 號書簡即有"去秋山陽寄唐札子二張"之語。水野這次來訪後僅一個月，《日本樂府》就在江戶、大阪、京都三地同時刊行。因此，在他們"連日同醉"之

---

[1]　德富豬一郎監修，木崎愛吉、賴成一共修，《賴山陽全書·文集》，賴山陽先生遺迹顯彰會，1921 年，第 627—628 頁。

[2]　德富豬一郎監修，木崎愛吉編，《賴山陽全書·全傳》，賴山陽先生遺迹顯彰會，1922 年，第 593 頁。

[3]　德富豬一郎監修，木崎愛吉編，《賴山陽全書·全傳》，賴山陽先生遺迹顯彰會，1922 年，第 374 頁。原文日文。

際，水野向賴山陽提出動議，甚至賴山陽自己拜托水野，都是完全有可能的。更明確的證據，是兩年之後，賴山陽在前文提到的天保三年（1832）四月十八日致長崎木下逸雲信中，有這樣一句附言：

> 迄今承水野勝太郎（媚川）氏美意，而未得一日之雅，謹祈代候，猶期後日。

在此後五月七日再致木下逸雲信中，同樣附言云：

> 又，年來承水野勝太郎（媚川）美意，實爲知音。[1]

這裏的"年來"，正是水野反復拜托江芸閣、沈蘋香傳送《日本樂府》的時候，賴山陽許其"美意"、歎爲"知音"者，僅此而已，豈有他哉？

那麼，賴山陽自己對此又爲什麼不直接言明呢？這也許祇能以前文所論他的心高氣盛來作解釋。也就是說，由水野出面托付，彼岸送達與否，評論妥當與否，乃至叢書收入、復刻付梓與否，賴山陽均可審時度勢，進退自由，而無傷其自尊。可以設想，如果賴山陽在活着的時候看到了翁序和錢詩，他總不至於視若罔顧，不置一詞吧？而水野爲什麼選中了《日本樂府》，則可能有以下種種原因：

其一，賴山陽當時雖然名震遐邇，但他生前正式出版的著作，祇有《日本樂府》一種，水野并沒有其他選擇的餘地。

其二，《日本樂府》所詠爲日本歷史，這對中國學界而言，應該說最具吸引力。翁廣平那樣刻意搜求日本史料的文人固不必論，賴山陽的著作，在中國讀者最多、流傳最廣的，不是他的政論、詩文，而是《日本外史》，也正可以說明這一點。

其三，《日本樂府》的古體詩體裁，或許也是其魅力獨具的地方。日本

---

[1] 德富豬一郎、木崎愛吉等共編，《賴山陽書翰集》下卷，名著普及會，1980 年覆刻本，第 828、830 頁。原文日文。

漢詩近體尚可，而古體稍遜，是長期以來中國文人的共同看法。俞樾編選
《東瀛詩選》時，就特意以古體詩是否擅長作爲"大家"的標準。賴山陽自
己對此也耿耿於懷，曾多次表示要一顯身手。近代學者吳闓生《晚清四十家
詩鈔》曾選《日本樂府》之《蒙古來》《罵龍王》二首，評曰："此二詩絶高
古，不似日本人口吻……意朱舜水之徒爲之潤色者歟？"[1]"高古"之評，或
亦從其體裁着眼。因爲《日本樂府》作爲漢詩，其用語并不純粹，茫昧難
解者在在皆是，所以賴山陽要特命弟子牧百峰爲之作注後纔予刊行。但反過
來，中國讀者會不會正因其"鄙俚率薄"，[2]而更感到異國情趣盎然呢？

　　我們今天矚目《日本樂府》的西傳過程，其間江芸閣、沈蘋香等清客的
中介活動，也許更值得重視。追尋其在江户時期中日文化交流史上的意義，
似可歸結爲以下三點：

　　第一，長崎清客并非僅爲商賈之徒，其中一些人具有相當的文化素養。
他們在把大量中國書籍運來日本的同時，也積極地把日本漢籍，特別是賴山
陽《日本樂府》這樣完全的日本人著作帶往中國，使得中國本土翁廣平、錢
泳等比清客們水平更高的文人，也對日本文化產生了一定的關心。

　　第二，江户後期，以賴山陽爲代表的日本漢詩人，已開始希望更多地在
東亞漢字文化圈裏發出自己的聲音。《日本樂府》可以説是他們書面形式的
發言，前云賴山陽爲清人顧鐵卿、沈秋塘的著作題詞作跋，也是這種"逆向
反饋"的一例。儘管其數量幾乎微不足道，但正是靠着清客們的穿針引綫，
纔使得中日文化交流真正成爲雙向互動的結果。

　　第三，歷史研究的一大任務，是復原已經消逝的既往的真相，而較之
正史、筆記、詩文等被加工過的"正式出版物"，當時的手稿、信函等"原
件"，則能更具體、準確地展現鮮活的歷史原貌，填補到達事實結果之前中
間環節的空白。江芸閣、沈蘋香書簡就生動地告訴我們，這些在中國典籍中
幾近湮沒的無名人物，是怎樣在海禁森嚴的兩國之間，起到架設津梁的特殊
作用的。

----

[1]　"中華國學叢書"（臺灣中華書局，1970年，第91—92頁）所收。
[2]　《日本樂府》附記自語。參見德富豬一郎監修，木崎愛吉、賴成一共修，《賴山陽全書·詩
　　集》，賴山陽先生遺迹顯彰會，1922年，第39頁。

# 越南使臣黎貴惇訪華期間（1760—1762）的學術交流[*]

〔越〕阮氏雪（Nguyễn Thị Tuyết）

**摘　要**　乾隆二十五年（1760），訪華的越南使臣黎貴惇與中國官員進行了較爲豐富且深刻的學術交流。在北京期間，越南使臣偶也與朝鮮使臣和琉球貢生進行學術筆談和書信來往。本文擬以黎貴惇《北使通録》所記載的學術筆談活動爲例，試觀察越南與中國乃至漢文化圈的國家古代學術交流的面貌。此次，他們探討了儒家學派、經史著作、典章制度、地理沿革、傳統文化、風俗習慣、詩歌唱和、書籍交換等活動。在筆談中，他們的觀點同中有異，問答爭論，反復來往、思想碰撞，進而得到溝通與交流，加深了彼此間的認識與瞭解。可見，古代朝貢方式維繫邦交關係之餘，還增進了越南使臣與東方各國官員、文人之間的友好情誼，構建了各國之間官方與直接的學術交流通道，促進了各方學術交流與發展。

**關鍵詞**　越南使臣，黎貴惇，《北使通録》，筆談活動，學術交流

乾隆庚辰年（1760）正月二十八，正使陳輝淰（Trần Huy Mật，1710—？）、甲副使黎貴惇（Lê Quý Đôn，1726—1784）和乙副使鄭春澍（Trịnh Xuân Thụ，1704—1763）率領的越南使團一行 25 人，從越南京都升龍（今河内）啓程訪華，於乾隆壬午年（1762）正月底完成使命返回鎮南關。此時正值越、中兩國關係相對穩定的時期，陳輝淰使團按"三年一次納貢、六年一次入朝"的約定出使中國，捧乾隆二十一年（1756）和乾隆二十四年（1759）貢品赴京，并爲先國王黎懿宗告哀及請求册封新國王黎顯宗。

---

[*]　阮氏雪，越南社會科學翰林院漢喃研究院副研究員。

圖 1 《北使通録》封面

　　黎貴惇所寫《北使通録》，記録了從乾隆戊寅年（1758）十月籌備到壬午年（1762）正月初七使團回到廣西太平府這段通關歷程，以及其間種種山川風俗、奏表諮文、禮儀交際、祈禱犒賞、應對談論等内容。此書由黎貴惇從任命出使中國期間（1758—1762）編寫，回國一年後（1763）完成，1780 年又增補了“題辭”。現越南漢喃研究院所藏《北使通録》（典藏號：A. 179）爲孤本，是阮朝成泰（1889—1907 在位）至 1957 年間的手抄本（封面見圖 1）。法國亞洲協會圖書館藏有該版本的微縮膠片。2010 年，越南漢喃研究院和中國復旦大學合編《越南漢文燕行文獻集成》，《北使通録》被收入爲第四册。該版原書共 354 頁，分四卷，現存卷一和卷四合爲上下兩卷，訂成一本。卷二、卷三記載使團去程中、在北京與從北京回到安徽期間的活動，但這部分已經散失。卷一記載使團準備出使的過程，卷四記載使團從安徽和州回到廣西太平府的行程。

　　本文主要通過黎貴惇出使中國期間創作的詩文以及相關的書籍，初步分析使團在華期間的學術交流活動。黎貴惇創作的詩文包括《北使通録》和《桂堂詩彙選全集》，此外亦將攜帶的《群書考辨》和《聖謨賢範録》兩部作品，交與中州士大夫評閲探討。在出使中國的兩年多裏，越南使臣遇見了中國各級官員、朝鮮使臣以及琉球貢生，曾多次與他們進行多方面的學術交流。

　　筆談是對話人使用文字以傳達彼此意思的溝通方式。在古代，漢字是身處漢字文化圈的各國人士筆談的媒介，漢字筆談是漢字文化圈的特徵交流方式。"這種跨語言、跨民族、跨文化的交際而形成的筆談文獻，是迄今尚未歸類定性的特殊的文獻體裁。"[1] 近年來，"筆談文獻作爲東亞各國心靈溝通、信息傳遞、學術交流、文化傳播的獨特載體和模式"，[2] 逐漸受到學術界關注與重視。[3] 對於中朝、中日筆談文獻，學術界已經獲得一些基礎性研究成果，而關於中越筆談文獻，當前尚缺乏系統的考察與研究。

　　以黎貴惇這一歷史人物爲切入點，越南國内外學界就其生平、思想、著述、文化交流等方面已展開深入研究。越南漢學家阮金山曾論述明清實學對越南和韓國的影響、黎貴惇與明清實學派的接觸等問題。中國張京華、王勇、賀春曉、史蓬勃等學者皆提到過 1760—1762 年間黎貴惇與中國秦朝釪（1721—1794）、朱佩蓮（生卒年不詳）的筆談，與朝鮮洪啓禧（홍계희，Hong Gae-hee，1703—1771）、李徽中（이휘중，Lee Hyee-jung，1715—1786）的詩歌交游。筆者以《北使通録》卷四爲文獻探尋範圍，剖析越南使臣與中國官員的學術筆談內容，以期瞭解越南、中國、朝鮮、琉球當時通過朝貢道路進行學術交流、發展與傳播的面貌。


## 一　儒學交流


　　作爲鄰國，越南長期受中國儒學影響，尤其是經學。經學作爲中國古代學術的主體，到清代再次興盛。越南多團使臣來華正逢清代學術發展的繁榮時期，也捲入經學探討氛圍之中，因此經學成爲越南使臣與中國官員學術交流的主要話題之一。

---

[１]　《國家社科基金重大項目 "東亞筆談文獻整理與研究" 簡介》，《東疆學刊》，2019 年第 1 期。

[２]　王勇，《燕行使筆談文獻概述——東亞筆談文獻研究之一》，《外文研究》，2013 年第 2 期。

[３]　王勇、王寶平、張伯偉、邊明江等學人已陸續發表東亞筆談文獻相關研究成果。

## （一）儒家學派筆談

《北使通録》卷四第 9b—10a 頁記載：乾隆辛巳年（1761）八月十四日，湖北省廣濟縣武穴市鎮風不順，船不能開，使團留駐此地，欽差秦朝釪派人送帖邀副使黎貴惇過船筆談。秦朝釪，字大樽，號岵齋，無錫人，清朝禮部員外郎欽命伴送官，"秦公江蘇人，戌辰科黃甲年四十餘年，多文學，五品高簡"。[1] 秦朝釪護送越南使臣從北京返回桂林後纔重回北京，辛巳年（1761）三月初一至十一月十二日期間，一路陪伴，多次與黎貴惇筆談。此次，秦、黎兩人互相探討彼此所著儒學作品，從秦朝釪的《讀書記》談到《詩經》及儒學的相關爭論。

（黎）夫五經夫出於漢，漢儒尋繹考論之不可誣也。自宋時大儒輩出，經學講明最折，後人始不讀舊注疏。然無注疏，何以知古學淵源？此亦是偏處。如《詩經》朱子集注，盡闢舊說之謬，無容喙矣。要之毛公時，猶爲近古，其小序或有傳，未可必其盡不然也。《將仲子》《遵大路》《子衿》《風雨》，朱子皆斷爲淫詩，此從《小序》，亦可。蓋就詩中文義情細加吟玩，以溫柔敦厚意讀之，便見。

（秦）朱子集大成，固非後學所敢議，但於《小序》多不之敢，毛公未必一一心服，如此等詩不以淫奔説，亦豈不平易明白？

（黎）朱子祇據《論語》中"鄭聲淫"一語定案，亦是卓絶當辰。當時呂東來曾相辯説。馬端臨《文獻通考》中一段論《小序》亦好，足爲考亭"功臣"。

（秦）朱子好處自多，馬氏持論太過，無復餘地，便非中道。

---

[1]　黎貴惇，《桂堂詩彙選全集》卷一，越南漢喃研究院藏，典藏號 VHv. 2341，第 33b 頁。

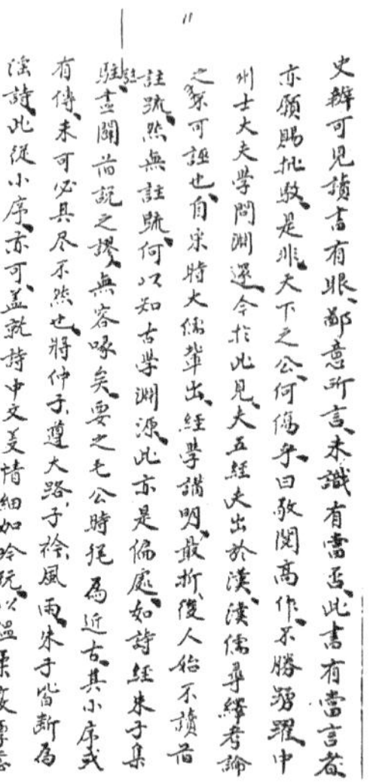

圖 2　秦朝釪與黎貴惇互相探討《詩經》[1]

　　從這段筆談中我們可以知道，黎貴惇肯定漢儒"不可誣也"，認爲毛公"猶爲近古"，即接近孔孟之學，批判後人不讀舊注疏、不知古學淵源的偏處。他的觀點接近當時清代漢學家惠棟所説"凡古必真，凡漢必是"的治學理念。[2] 以此出發，黎貴惇認同毛公《小序》對《詩經》中《將仲子》《遵大路》《子衿》《風雨》的認可。他指出朱熹認爲此等詩篇是淫詩的根據，并提到吕東來的辯説與馬端臨的《通考》，以足證其言。而秦欽差却不專主一家，採取折中的看法，讚揚朱熹集大成，同時他認爲上述詩篇不以朱子淫詩説釋之而以《毛詩序》之意，也容易理解，并批判馬端臨"持論太過"。秦欽差與黎副使對漢儒、宋儒的看法有所不同，雙邊爭論，頗有意思。秦朝釪主張"中道"，而黎貴惇偏向漢儒與考證方法。清代"漢學派提倡從原本中尋找本意之説，趨向考證，認爲漢朝比宋朝接近春秋戰國時期，因此要學習漢儒，勝過宋儒的注釋。"[3] 由此可見，黎貴惇注重漢學，他的思想近乎明清乾嘉時期實學派顧炎武、惠棟等代表人物的學術思想。

---

[1]　黎貴惇，《北使通録》卷四，越南漢喃研究院藏本，典藏號 A. 179，第 9b—10a 頁。
[2]　梁啓超，《清代學術概論》，上海古籍出版社，2000 年，第 48 頁。
[3]　Trần, Trọng Kim (2003) *Nho giáo*. Nxb Văn học, p. 604.（陳仲金，《儒教》，文學出版社，2003 年，第 604 頁。）

　　此外，黎貴惇與秦朝釪也曾共同探討對宋學和心學的看法。《北使通錄》卷四第 1b 頁載有秦朝釪的"天性"觀，"性命於天，本無不定，而無禮以立之，則搖撼振蕩而不定……"，第 20a 頁抄錄秦朝釪爲黎貴惇《群書考辨》所題序云，"宋元以後，即多無可觀，又其益甚者，束書不觀，游談無根，或竊其字句以爲繡繪雕琢之用"。兩段話表明，秦朝釪認同宋儒的"天性"觀，主張以禮定性，而批判明儒心學的"游談無根"。在《群書考辨》中，秦、黎更爲直接地表達了自己對於宋學和心學的評價。"朱子道問學之法也。象山尊德性之法也。然朱子却是夫子教人之法，詩書執禮，博文約禮，乃孔子之家法也，故有轍可尋。象山之法纔壹決裂便無邊岸矣。此二教之優劣"，[1]於此，秦朝釪肯定"陸象山遜朱子固然。自南宋以至於今，學術崇正者率崇朱而抑陸"。[2]黎貴惇也讚頌朱熹及其《四書章句集注》"皆大學問大議論。蓋不獨道德卓然，而政事文章之妙"，[3]同時也批判陸象山及其《象山語錄》"子靜文集類多枯燥氣味，殊無精彩。《語錄》幾條乍見無不近理……居家靜坐不講文字，對容清談，遺鄙事物。其爲世道人心之害，可勝言哉？"。[4]由此可見，秦、黎兩人在對面筆談，乃至在題序與評閱之中較爲深刻地探討了儒家學派的爭議——皆讚揚宋儒的理學，并批判明儒的心學——其間雙方觀點得到交流，從而增進了對彼此思想的瞭解。

## （二）儒家經史著作筆談

　　出使中國的時候，黎貴惇隨身攜帶他撰寫的《群書考辨》和《聖謨賢範錄》以請教中州人士。這兩本書便是黎貴惇與中國官員多次往來探討的媒介。其一，朱佩蓮和秦朝釪就這兩本書的字體和編寫規範等方面存在的問題提出了一些刪改建議。朱佩蓮，號東江，"浙江人朱文公之後，壬戌科進士，年將六十，學博行高，正使德保乃其弟子"。[5]較之秦欽差，黎貴惇與

[1]　黎貴惇，《群書考辨》卷二，越南漢喃研究院藏本，典藏號 A. 252，第 84a 頁。
[2]　黎貴惇，《群書考辨》卷二，越南漢喃研究院藏本，典藏號 A. 252，第 83b 頁。
[3]　黎貴惇，《群書考辨》卷二，越南漢喃研究院藏本，典藏號 A. 252，第 82b—83a 頁。
[4]　黎貴惇，《群書考辨》卷二，越南漢喃研究院藏本，典藏號 A. 252，第 83a 頁。
[5]　黎貴惇，《桂堂詩集》卷一，越南文學院藏本，典藏號 HN. 32，第 33b 頁。

朱佩蓮相遇時間既晚且短，僅從乾隆辛巳年（1762）十二月二十七日至壬午年（1762）正月。[1] 彼時，朱佩蓮欽命提督廣西學政，駐廣西太平府年考公幹，使臣亦在此停留，等通關。朱佩蓮建議《聖謨賢範錄》中"惟馬融人言皆在可廢，所擬經可在文中子以下，所謂願之人也。至近人家訓格言，尚多偶俗，可謂節議。其書想係草稿，俗體破體甚多，尚需細校"。[2] 秦欽差也建議黎貴惇"議物直截而果決"，"異日臨政，尚其慎之"。[3]

其二，秦、朱兩人皆認可黎貴惇的治史乃至學術傾向。（1）關於黎貴惇"讀史""考史"與"評史"的方法，秦朝釪認爲"安南國副使黎侍講善讀書，慕先賢之集古，乃摘取經書及諸子百家，下及近世名人之言，爲《聖謨賢範錄》"，[4] 朱佩蓮也認爲"黎子桂堂覃精列史"，[5] 讀史"博觀約取"。[6] 黎貴惇的治史方法接近明清考證學，注重實證，并"兼理勢以評史事，知人論世"，[7] 以精確證明古史的事實。（2）關於黎貴惇的學術傾向，乾隆辛巳年（1762）十二月二十九日，朱佩蓮評價道："《史辨》一書根經據傳，自標卓識。《聖謨賢範錄》大儒明體之學也。《史辨》大儒致用之學也。天朝顧炎武林亭《日知錄》庶幾近之。"[8] 顯而易見，朱佩蓮指出了《聖謨賢範錄》"明體"的性質與《史辨》"致用"的特徵。朱佩蓮將黎貴惇《史辨》比作顧炎武《日知錄》，并談到閻若璩、顧祖禹、梅文鼎等清代實學派的代表人物，說明他認爲黎貴惇與明清實學大師們有相同點。那相同點體現於黎貴惇"經世致用"的思想傾向，注重考證學方法而不廢宋儒之説。

現存《群書考辨》還記錄了中州士大夫的專門點評。根據筆者的統計，秦朝釪29次、朱佩蓮24次評閱《群書考辨》中的歷史人物、事件及相關學術問題，說明黎貴惇跟中州士大夫頗有深廣且頻繁的學術筆論，并體現了各自的學術觀點。

---

[1]　現存《北使通錄》僅記錄到壬午年（1762）正月初七。
[2]　黎貴惇，《北使通錄》卷四，越南漢喃研究院藏本，典藏號 A.179，第 76a 頁。
[3]　黎貴惇，《北使通錄》卷四，越南漢喃研究院藏本，典藏號 A.179，第 8b 頁。
[4]　黎貴惇，《北使通錄》卷四，越南漢喃研究院藏本，典藏號 A.179，第 22a 頁。
[5]　黎貴惇，《北使通錄》卷四，越南漢喃研究院藏本，典藏號 A.179，第 85a—b 頁。
[6]　黎貴惇，《北使通錄》卷四，越南漢喃研究院藏本，典藏號 A.179，第 75b 頁。
[7]　黎貴惇，《北使通錄》卷四，越南漢喃研究院藏本，典藏號 A.179，第 85b 頁。
[8]　黎貴惇，《北使通錄》卷四，越南漢喃研究院藏本，典藏號 A.179，第 76b 頁。

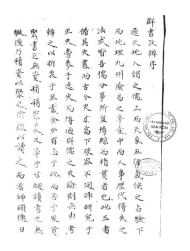

群書攷辨序

通天地人謂之儒上而天象五行氣候之占驗下而地理九州險易之辨壹中而人事歷代得失之法式習吾儒分爭所宜博綜而精貫者也此三者備具史書而古今史才高下殊歲不同非研究于正史旁參于逸史而博通群儒之史論則無由考辨之以折衷于至當余少有志于此而苦于家貧群書之無資稍稍欲人又嘗于誾讀書之暇驅後乃積資以聚之伪以讀之而著師碩德日

圖3　黎貴惇《群書考辨》內頁示例

　　關於朝鮮使臣跟黎貴惇書信來往并給黎貴惇的著作題序與評閱，《北使通錄》僅陳述了大概，沒有記載筆談的具體内容。因爲越南使臣訪華期間，大多數時間都在中國境内，與中國官員接觸交流頗多，而跟朝鮮使臣及琉球貢生交流稍少。北京是越南使臣、朝鮮使臣以及琉球貢生共同相遇的地方。黎貴惇在《北使通錄》提到，他在出使期間“與東國使臣相遇，結縞紵之友誼，尺簡往復。僕所撰二編及與同幹唱酬《瀟湘百詠》，東使爲弁卷并載於此”。[1] 如今，除《北史通錄》抄錄東國使臣在二編中的序文外，黎貴惇所撰《群書考辨》和《聖謨賢範錄》均有朝鮮使臣題序與評點。[2] 正使洪啓禧題：“蓋取歷代載籍考訂辯論如坡翁之《誌林》、蒙叟之《向言》，上下數千年，此得彼失，孰賢孰否，如是而安，不如是而危，靡不燭照。”[3] 副使李徽中也寫有一篇小簡：“自出心眼，辭達理順，鑒衡大體，不詭於閩洛宿之諸言。”[4] 朝鮮使臣同樣認爲黎貴惇知識淵博，認同其考證辯論方法與“重實”的思想。由此可見，中國清代士大夫與朝鮮使臣對黎貴惇的兩部經史考録多是讚頌。黎貴惇於是感歎道：“《群書考辨》《聖謨賢範錄》皆僕三十歲前所作，諸名公愛之，不啻拱璧，乃知人心不異，以

［1］　黎貴惇，《北使通錄》卷一，越南漢喃研究院藏本，典藏號 A. 179，第2a 頁。
［2］　黎貴惇，《群書考辨》卷二，越南漢喃研究院藏本，典藏號 A. 252，第6a—9a 頁。
［3］　黎貴惇，《群書考辨》卷二，越南漢喃研究院藏本，典藏號 A. 252，第7a 頁。
［4］　黎貴惇，《群書考辨》卷二，越南漢喃研究院藏本，典藏號 A. 252，第9b—10 頁。

誠正相待，以文字相知，即四海皆兄弟也。"[1]

秦、黎兩人對於秦朝釪所著《讀書記》和《詩經論注》的討論也被收錄於《北使通錄》。黎副使對《讀書記》評價道："其中大要取《毛序》與《朱子集注》，諸家注釋《詩經》參以己意，以出京之日起課，每日讀某詩，共千章，下附評論，亦多可觀。"[2]秦欽差的《讀書記》和《詩經論注》使黎、秦倆人談到《詩經》內容，乃至各經學學派，同時促進兩人不斷進行詩歌吟詠。總之，黎貴惇的三本加之秦朝釪的兩本（共五本）經史，是越南使臣在華期間常與中國官員共同探討儒學問題的媒介。

## 二　地理沿革筆談

清代顧祖禹之《讀史方輿紀要》開創了"中清地理學"的"考古之途"，[3]從此，《水地記》《校水經注》《春秋地理考實》《西域水道記》《歷代地理沿革圖》等多部地理考證著作問世。朱佩蓮對清代學術存有仰慕之心，因此多次與黎貴惇探討越南歷史地理沿革。

《北使通錄》卷四第 67b—71b 頁記載：乾隆辛巳年（1762）十二月二十七日，副使望見提督官。朱提督"取筆硯相問答"。（1）"秦朝象郡即漢日南郡，隋驩州，在明爲何州，此時又名何州？"（2）"漢九真郡，即隋愛州，在明爲何州，此時又名何州？"（3）"漢交趾郡，後漢改交州，唐立安南都護府，即今貴國建都之地否？"（4）"又交趾郡領縣十，交州曾十二縣，中有勾漏，係葛洪所乞爲令者，又有龍編縣，即龍淵，係斤江發源，由封溪縣北至曲陽縣，其勾漏、封溪係今何地？"

黎貴惇依次向朱佩蓮客觀分析，解答其所問各處的歷史沿革。（1）"秦時象郡原係曠遠一郡，如今三四數郡，不止一州……不止是日南郡。"（2）九真郡"先國王自此藍山鄉，爲眾所推，遂建京，紹天府，後設清華承宣布

---

[1]　黎貴惇，《北使通錄》卷一，越南漢喃研究院藏本，典藏號 A. 179，第 3b 頁。
[2]　黎貴惇，《北使通錄》卷四，越南漢喃研究院藏本，典藏號 A. 179，第 9a 頁。
[3]　梁啓超，《清代學術概論》，上海古籍出版社，2000 年，第 55 頁。

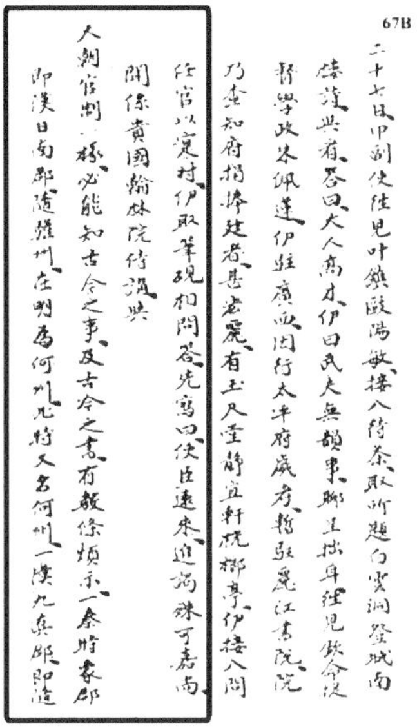

圖4　朱佩蓮與黎貴惇探討越南從秦漢以來的地理沿革[1]

政使司，管四府"。（3）明確肯定"漢交趾郡部刺史，地方甚闊，即今本國
又兼得東西兩廣……若漢交趾部治在今蒼梧"，而"漢交趾郡治就在龍編縣，
即今本國東京"。（4）"勾漏山《舊誌》或以爲在容縣或云在本國，未知孰
是，然古交趾，漢葛洪以交趾出朱砂，求爲此縣令，不妨斷爲容縣，但今本
國現有勾漏山，亦當闕疑。""其封溪縣正在今本國之山西白鶴縣。"黎副使
以"知之爲知之，不知爲不知"的態度承認"讀書忽略"，"因見《綱目》寫
書北景字，不細看閱《漢誌》"，所以把"比"字讀成"北"字，并使用考
證的方法嚴謹指出哪個地方已明確，哪個地方仍存闕疑。朱、黎兩位從對官
制轉到歷史地方沿革互相筆談，一問一答，頗有意義。對於第二點，黎貴惇
指出"交州部刺史原設交趾郡之贏漊縣，後乃移治於蒼梧之廣信縣"。朱佩
蓮也認同"漢交州治在蒼梧，乃因此時楊氏僭據，故權移治此耳"。

黎貴惇進一步分析："漢時南方無事，蒼梧乃兩廣水陸四通之路，故即
其設官統治耳。建安中張津作牧，在此之語，誠然，但係交州部刺史，非

---

[1]　黎貴惇，《北使通録》卷四，越南漢喃研究院藏本，典藏號 A.179，第67b 頁。

交趾太守也。按《前漢書・地理誌》交趾治麊泠（一作羸漊，音蜎蛉）。
蒼梧郡治廣信。漢武帝元鼎六年平南越，分設九郡，各置太守，至元封五
年夏，初置十三部刺史，乃創交趾朔方之州，設交州部刺史於蒼梧。王氏
《交廣春秋》曰：'元封五年，交州自羸漊縣移治於此'。可知交州部刺史，
原設交趾郡之羸漊縣，後乃移治於蒼梧之廣信縣，猶今之省會也。……"
隨後，黎貴惇還非常仔細地分析了交州刺史分開與設立等有關的歷史事件，
以回答朱佩蓮的追問。朱佩蓮不禁感歎黎貴惇"通今博古"，并曰"承示
一條，誠如尊論……蒙一一剖析更爲明白"。從上述筆談對話，可以看出
黎、朱兩人觀點的異同，他們之間的許多知識、思想和觀點得到了溝通與
融洽。

關於歷代地理沿革，黎、朱兩人持續筆談不懈，朱佩蓮甚至還特意"送
一帙，具開前明府縣，問在今沿革，并秦漢以來何地何名？"，黎貴惇答曰
"交趾一方遠在天末，在前代，雖通聲教，第人文甚少，載籍罕具……日異月
新，難以驗之往古"。過幾日，黎貴惇專門寫一篇呈文考證秦漢時越南地理沿
革歷史遞給朱佩蓮，兩位又展開一次深刻的討論。可以説，黎貴惇之所以能
夠跟清朝官員進行多方面學術交流，是因爲他：（1）出身於越南儒學世家，
早已吸收與深刻瞭解中國博大精深的傳統思想文化，加上其自身的詩賦與辯
論才華，所以即使當時非常年輕，却已是越南大儒、上層文化的代表。（2）
善於外交，謙虛委婉并堅決果斷。他評價自己所撰寫的著作或者清代官員作
品時，不管對面筆談還是回船評閲，對答回應都非常恭敬，并且十分真誠求
是。據《北使通録》記載，往來途中時有中國人因久仰其大名而前來請教，
黎貴惇對此均"殊深欣慰"與"不勝感激"。（3）漢文化修養深厚、學術態
度嚴謹、嫻熟言辭詩章，而受當時中州士大夫"相愛好"。

## 三 典章科舉、文化風俗筆談

對於清代中原地區而言，越南是南方偏遠國。越南使團從升龍到達北京

需要近一年的時間，[1] 不少中國官員和士人想瞭解越南國內朝政官制、典章科舉與風土民情等情況。乾隆辛巳年（1761）八月初五午時，欽差秦朝釪請黎貴惇到船"問政"。

> （秦）貴國制何如？
>
> （黎）亦仿中朝。
>
> （秦）開科何如？
>
> （黎）一樣。
>
> （秦）官員有幾？
>
> （黎）內外四五百員。
>
> （秦）何少？
>
> （黎）官任得人，不在員多。
>
> （秦）行儀何如？
>
> （黎）尊卑大小，各有等級。僕等來此，舊例祇有二十五名，從便簡略，到國則依本國，大凡傔從節眷，皆有官者分內常事，非高雅之所屑道也。[2]

秦朝釪詢問朝廷官制、官員、科舉、禮儀等方面，副使則坦然回答：官制"亦仿中朝"，雖然官員少，但"官任得人，不在員多"，"尊卑大小，各有等級"。對話簡練，但也展現出秦朝釪關注的問題與黎貴惇自信回答的態度。《北使通錄》卷四第 11a—b 頁載有一段"問選試"。

> （欽差問通事士材忠）曰："三位貢使想係貴國選擇而來？"
>
> （副使告訴材忠代對）曰："奉使天朝豈敢不重其選，但三位貢使亦以位次當行，非極選也。"
>
> （欽差）又問："國中想如三位者甚少？"
>
> （通事士材忠）曰："然。"

---

[1]　黎貴惇使團乾隆庚辰年（1760）二月二十八日在越南京都升龍啓程，至十二月八日到達中國北京。

[2]　黎貴惇，《北使通錄》卷四，越南漢喃研究院藏本，典藏號 A.179，第 6a—7a 頁。

副使告訴他改對，（通事士材忠）曰："國中才學名臣極多，如大貢使尚書侍郎十數人。二貢使三貢使之列在翰林東閣有名望者亦衆。"

（欽差）笑曰："雖然，亦爲罕得之才。"又問："士子幾歲應試？"

（副使）曰："不泥年齒，任人就考，本國常有十三、十四歲已中舉人者。"

從對話中黎貴惇答辭與教通事官回答，我們可以看出這位副使極爲"慎辭"，但應對自信、從容。黎貴惇所説"一話一言動開體統"，[1]"固欲慎辭守禮，庶免於戾"[2]在此得到證明。《北使通録》卷四第29b頁還記載了欽差邀正使陳輝淡夜飲，請教"刑部有何職事？得從容否？"，以及三位陪臣出使中國，"在國例得隨從幾人？"，等等問題。

關於越南文化風俗的筆談，例如披髮習俗、水上生活、群臣衣冠及各地特產等等，《北使通録》亦有不少記載。卷四收録了朱佩蓮爲《聖謨賢範録》所寫序言，其中寫道："余初意有明三百年來，惟傳安南瓣香敬奉解大紳稱解夫子，其國中之英絕領袖者不過其敏妙之才、忠鯁之性如解大紳而已矣。大紳而上，未必能治波討源，以漸至於聖賢之域也。今閲是書……與李習之《定性書》相表裏……視高麗之鄭夢周……亦不愧南藩理學之祖。"[3]黎貴惇便寫呈文探討與評論，該文載於卷四80a—81b頁。

黎貴惇極其委婉而堅決地指出：（1）本國"夙稱文獻"，"自李陳時，人文已盛……非自明解縉而本國始知學也"；（2）《説玲》中一小説云"安南無崇祀先聖，所貼謁明學士解縉。蓋縉時爲左布政，鎮其地，興文教"，此説"至爲誕妄"；（3）客商來游，"安能到王京觀胄監而知典章之詳，文憲之懿耶！"；（4）即如其説，唐朝時越南進士七名，李陳兩朝向中國投交表章箋札，"當時未有解縉，何能知書識字？"；（5）而且，解縉奉命遷移，僅爲參議，後被徵還，在任短期，不如黃福，不能"化率一方"；（6）"北方名臣啓道交南間，俾猶祠廟赫然者，教令稱伏波、學問稱士燮耳"；（7）現在本

---

[1]　黎貴惇，《北使通録》卷四，越南漢喃研究院藏本，典藏號A.179，第42b頁。
[2]　黎貴惇，《北使通録》卷四，越南漢喃研究院藏本，典藏號A.179，第43a頁。
[3]　黎貴惇，《北使通録》卷四，越南漢喃研究院藏本，典藏號A.179，第75a—b頁。

國人民不知解縉爲何人，更別説尊祀；（8）"大抵一二妄人好爲異論以鄙薄外國"，請朱大人"驗其爲訛傳"；（9）"南藩理學之祖"一句，"小生所不敢當"，"敢乞改此一字，實爲萬荷"。[1]如果没有本領的學者，"何以曉之以情，動之以理"，給人口服心服？黎貴惇的這篇呈文分析詳細，旁徵博引，理論變通，婉轉堅決，讓朱佩蓮不得不認同，"解夫子一説……此其留傳之不足信。得此足以辨正"；[2]體現出其深厚的學術功底與强烈的民族傳統文化意識，以及與中國官員交流時的恭敬與自信。可以説，黎貴惇"能專對"，"不辱君命"的名聲不爲訛傳。黎、朱兩位筆談反映了當時中國官員與越南使臣對越南傳統文化的爭論，從而揭露出部分中國清代文人對越南傳統文化不够瞭解的事實。

關於越南歷史文化事迹的筆談，《北使通録》卷四第83a頁記有一段朱佩蓮與黎貴惇爭論"越裳氏朝周獻白雉之事"是否有之的故事。黎貴惇分析其地理沿革後指出：（1）"如云由扶南達越裳，非惟後世未嘗聞……周時亦無此路也。"（2）如果"海過昆侖、流沙而入隴右乎？如云此路還車，當向西，何云指南？凡此皆王子年《拾遺記》怪誕之説"。（3）"史遷本無是言，後儒收入《外史》，不可勝辯。"朱佩蓮答曰："真快論也，令人欽歎！"

接着，朱佩蓮再提問："再聞扶南城四門，前門東向，見於江東舊事。兹頗有見疑於行禮者，僕於此解之，未知貴國前門，果如何也？"黎貴惇曰："自古建都立邑，必觀陰陽，察天地，分向背，審高下，前門未有不就陽明者。昔天朝時，扶南城前門或别向東，則不可知。若今敝邦都城，實同古今城郭之制。又今京師九門及六部寺院廨署乃永樂中本國太監院阮安所造，見載於《皇明通紀》中，一并述呈。"朱佩蓮反問："貴國人多才藝如此，但僕聞現今鎮治府縣，并無城郭何也？"黎貴惇曰："《漢誌》交趾六十餘城，近明亦築二十餘城，本國非能因其舊，但國初一切削平之，凡諸鎮治土壘而已，竊以爲有深意。"朱佩蓮追問："何故？"黎副使解釋道："小國與大國事勢不同。今仰聖朝懷撫，已成一家，無所復慮，唯元明之初，邊臣率多貪功生事，恐或侵軼，聚處一城，坐受攻圍，非良計也。……"因而要斟

---

[1]　黎貴惇，《北使通録》卷四，越南漢喃研究院藏本，典藏號A.179，第80a—81b頁。
[2]　黎貴惇，《北使通録》卷四，越南漢喃研究院藏本，典藏號A.179，第81b頁。

酌"庶以保國乎"。[1] 從此可見朱、黎兩人在筆談中"碰撞"出的火花。黎貴惇曾曰:"故是録……并載於此,亦觀風一佳話也。"[2]

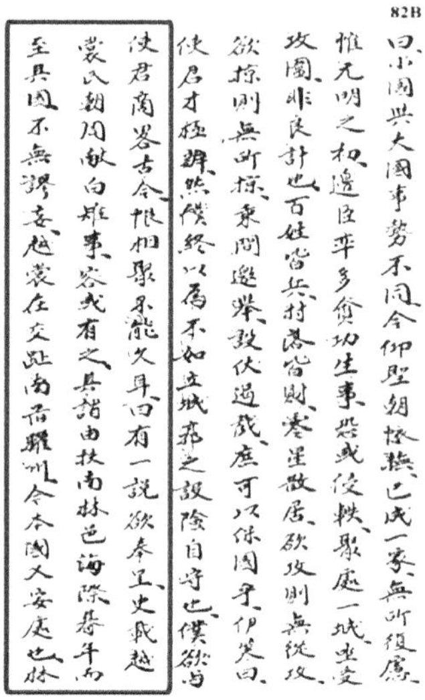

圖5　朱佩蓮與黎貴惇探討越裳氏朝周獻白雉事[3]

此外,《北使通録》卷四第 42b—43a 頁還完整記載了越南使臣寫呈文,請求府官在稱呼中與公文裏停呼"彝官""彝目"改稱"安南貢使"一事。事發當晚,廣西布政使葉存仁特意叫來伴送官與通事官,曰:"這個甚好,説得活理,意思亦高,但古語云舜生於諸馮,東夷之人也。文王生於岐周,西夷之人,非元輕慢貴國,今使臣以此爲言,已蒙撫臺準允,因不便批。當行一角公文,報左江道,自後停呼'彝'字,稱'安南貢使'。"在呈文中,黎副使寫道:"一話一言,動開體統……敝邑使臣,從來投遞文書,并稱生等,不敢着自己官職,故欲慎辭守禮,庶勉於戾。"黎貴惇其言其作反映在邦交關係上即"婉正得體"而本領剛强,體現出他的民族自尊心以及鄰邦平等的思想。黎貴惇在《北使通録·題辭》中曾説:"蓋内外尊卑勢位殊別,若望風而先餒,以荒遠自處,簡交寡言,必爲人所鄙薄,而以彝官彝使視之

[1]　黎貴惇,《北使通録》卷四,越南漢喃研究院藏本,典藏號 A. 179,第 82a—b 頁。
[2]　黎貴惇,《北使通録》卷一,越南漢喃研究院藏本,典藏號 A. 179,第 2a 頁。
[3]　黎貴惇,《北使通録》卷四,越南漢喃研究院藏本,典藏號 A. 179,第 82b 頁。

矣。"[1]總的來看，越南文化風土名物是使程期間，越南使臣與清代朝野官員多次進行的學術性筆談的內容之一，雙方從不同視角共同探討了諸多疑問，增進瞭解，互相啓發。

## 四　書籍交流

《北使通録》所記載的書籍交流活動體現在以下四個方面：第一，各位使臣與中國官員、朝鮮使臣的交換、贈送、借還等活動。如欽差官向黎副使借看《史辨》，"聞貴使有新制《史辨》，何不攜來一觀？"，[2]同時"取所著《讀書記》與看"；[3]乾隆辛巳年（1762）十二月二十日，"提督學院朱遣送還《聖謨賢範録》并序一摺、小簡一片"，"本日晡甲副使往謝朱提督，再攜《群書考辨》二卷遞看"；[4]壬午年（1762）正月初二晚，朱佩蓮"令人送所作《東江試稿》《訓士九箴》《粤西歲考録》《陝西鄉試録》并邀甲副使一敍"；[5]壬午年（1762）正月初六，"二册使[6]遣巡官宣化縣左堂糜送詩答和，各三章，別送三使臣對句各二聯及《集驗良方》各一卷"；[7]等等。

第二，越南使臣到北京曾經就借閱書籍一事向中州士大夫詢問。各使臣對國子監博士張鳳書曰："季札請觀周樂，昔人以爲美談。今職等幸拜秋陽，未得遍睹禮容樂舞。竊欲諸公暇日臨公館，并攜典故諸書惠賜一看。"張鳳書回答："諸書在書坊發賣，伊亦無別貯奇本。"使臣寫啓文稟報，奉命購買一本，其中曰："竊按《闕里誌》及《明史誌》等書，嘉靖年世宗從張認議，謂以先師稱先聖，視追尊王號爲隆重，已命改定。……今曲阜廟與京中亦皆循襲，其札在《闕里誌》已有繪圖可考，臣等謹奉買取一本遞回恭進。"[8]

[1]　黎貴惇，《北使通録》卷一，越南漢喃研究院藏本，典藏號 A.179，第 3b—4a 頁。
[2]　黎貴惇，《北使通録》卷四，越南漢喃研究院藏本，典藏號 A.179，第 8b 頁。
[3]　黎貴惇，《北使通録》卷四，越南漢喃研究院藏本，典藏號 A.179，第 9a 頁。
[4]　黎貴惇，《北使通録》卷四，越南漢喃研究院藏本，典藏號 A.179，第 76b 頁。
[5]　黎貴惇，《北使通録》卷四，越南漢喃研究院藏本，典藏號 A.179，第 78a 頁。
[6]　即正使德保和副使顧汝修。
[7]　黎貴惇，《北使通録》卷四，越南漢喃研究院藏本，典藏號 A.179，第 83b 頁。
[8]　黎貴惇，《北使通録》卷四，越南漢喃研究院藏本，典藏號 A.179，第 61b—62b 頁。

圖 6　越南使團於 1760—1762 年間在中國購買的書籍名録[1]

　　第三，越南使臣買了很多書籍，回到廣西桂林被當地官員查收。《北使通録》記載了使臣被收回的 23 部書與具體的書名，可没有記録他們帶回越南多少書以及是哪些書。黎貴惇説：“小生等一行充使，叨奉觀光，亦曾採買幾種書籍，前承備類，蒙恩發還，止收若幹種。寬大之仁，柔懷之德，感荷弗諼矣。惟是《淵鑒類函》一書，乃係雍正三年欽奉頒下本國使臣范謙益等賷捧回國，賜本國王，現有舊案，是以轍敢便買。今奉查收，不得不以事陳白。昔時吐蕃高麗遣使求書，唐宋賜之。蓋以忠信禮儀，皆書出，況敝邑久屬藩封而此書内纂事類詩文人倫臣道，現已恭蒙頒賜，諒亦無有幹礙，希望洞照前情付下發還。以廣同文之化，不勝萬望。”[2]據此我們可知使團買了一些書籍帶回越南。黎貴惇還特意寫呈文請求發還一部書。呈文寫得極其委婉，但態度堅決，令查收官員不得不發還。值得注意的是，被查收的書目中有一部《大清律例》，該書是後來越南阮朝編纂《皇越律例》（即《嘉隆法典》）的參考模板，説明這個時代越南已經有人閲讀、參考了不少中國的書籍。

　　第四，各位使臣與中國官員在筆談中提到多種書籍，尤其是黎貴惇不管在對面座談還是書信呈文中都會旁徵博引各種書籍。如《詩經集注》《文獻通考》《吕氏家塾讀詩記》《尚書》《春秋》《左傳》《國語》《一統誌》《誌

---

[1]　黎貴惇，《北使通録》卷四，越南漢喃研究院藏本，典藏號 A.179，第 48b 頁。
[2]　黎貴惇，《北使通録》卷四，越南漢喃研究院藏本，典藏號 A.179，第 47a—b 頁。

林》[1]《魏誌》《蜀誌》《吳誌》《三國誌》《讀書記》《詩經論注》《安南國誌》
《漢書・地理誌》《日知録》《近思録》《拾遺記》《水經注》等書。越南使臣
來華期間，向中州官員與朝鮮使臣送書、借書與在書坊購書的活動，可謂從
一個側面反映了當時學術交流的情況。

## 五　詩歌唱和

創作詩文是古代東方官員與士人的重要文化交流活動，唱和詩歌是古代
文人交流的方式之一。《北使通録》也記載了一些詩歌酬酢活動。《北使通録》
卷四第 24b 頁記載長沙府城馮巡撫寫上聯，要黎貴惇答下聯："南貢使，安南
使乎，使乎？"黎副使馬上應答："天朝聖皇，天朝皇哉，皇哉！"馮巡撫曰：
"好，説得太好了！"黎貴惇告別還船後，有小船寄來周百總的幾個下聯："中
朝閣臣，中朝臣哉，臣哉！""天下大老，天下老者，老者！"另載越南使臣
與中國官員送詩答詩，如辛巳年（1761）八月初五午時，秦欽差邀黎貴惇到
船以筆談詩談文，"仆臘度南關，即遇查儉堂送詩索和"；壬午年（1762）正
月"初二日，正使、甲副使官送詩于朱提督"，"初四日朱提督遣人答詩"。

總體來説，《北使通録》没有詳細地記載越南使臣跟中國官員、朝鮮使
臣的酬酢詩歌，也没記録詩歌筆談，這并不意味着使團少有或没有詩歌酬
答，而是黎貴惇特意另外記載于《桂堂詩集》。該詩集失散，後代人搜尋黎
公的詩歌，編纂爲《桂堂詩彙選全集》，現存於漢喃研究院，典藏號 VHv.
2431。該詩集中有賀餞類、投贈類、題詠類等三大部分。其中，黎貴惇與中
國朝野官員、朝鮮使臣唱和近 200 首詩，尤以黎貴惇與查禮、秦朝釪的唱和
詩爲最。查禮，號儉堂，廣西太平府（今崇左市）知府，他是第一位接待越
南使臣的中國官員，也負責送別越南使臣通關回國。《桂堂詩集》記録了越
南使臣進入中國境内受降城，查禮與黎貴惇連續唱和八首詩。筆者引每位各
兩首，[2]以觀其詩文交流。

---

[1]　即蘇東坡的隨筆——《東坡誌林》。
[2]　黎貴惇，《桂堂詩集》卷一，越南文學院藏本，典藏號 HN. 32，第 5b—7b 頁。

### 儉堂元詩（其一）

查禮

瞻雲就日際昌期

恪順南藩萬里馳

楚子包茅無缺貢

越常白雉有常儀

衣冠異域風猶古

箋表同文字不奇

青草瘴消岩岫麗

春光二月柳搖絲

### 次查儉堂奉旨迎使臣紀事詩四章（其一）

黎貴惇

天詔新頒報貢期

書生一介許驅馳

玉關款款迎龍節

丹陛煌煌睹鳳儀

海外文章空自負

寰中人物信多奇

有緣邂逅成相憶

幾度翹瞻五緘絲

### 儉堂元詩（其三）

查禮

聖朝耀德不揮戈

膏澤長流絕徵多

坡壘驛前忻足雨

富良江外慶無波

將軍銅柱留遺迹

學士文章守舊窠

須感九重懷遠意

告哀款貢許同過

## 次查儉堂奉旨迎使臣紀事詩四章（其三）

黎貴惇

從來玉帛勝干戈

軺傳交通盛事多

兩地山川分畛域

一源洙泗共流波

文章法古同機杼

學術尊經破白窠

擬向高門聆雅教

往還有幸使星過

　　在行政工作禮儀手續之外，黎、查兩位的唱和詩体現出雙方不同的角度和看法。查禮在体諒使臣萬里馳奔，誇讚藩國早"有常儀"時也不忘提到"聖朝"的恩澤，"聖朝耀德不揮戈"而南邦坡壘、富良平安無風波。黎貴惇以謙下、恭敬的態度回話，既敬奉貢期，珍惜他進入中國境內"有緣邂逅成相憶"的第一友情，又從容肯定兩國古今從來和諧多於干戈，使臣往還，交通盛事，疆域分明，兩國雖然傳統思想"共流波"，文章"同機杼"，但也有不同文化特徵與發展。

　　越南使臣僅在太平府短暫停留，又要啟程前往北京。送別前程時，黎貴惇唱詩：

### 再柬儉堂

青眼尋常空四海

交情俄頃重千秋

分明會晤成佳話

何吝琴樽一唱酬

查禮也答詩，表達對黎貴惇的友情：

### 儉堂和詩

惜別情懷人臥病

論交詩句氣橫秋

天涯修禊今朝事

杯酒空齋少酢酬[1]

由於來程接待過，并且查、黎兩位友情合好，因而隔離近兩年，回程時候查禮接待特別親切，似乎接待久別的故人。送別時，查禮寫詩云：

### 儉堂元詩

者番于役馬行遲

蠻路春寒勝舊時

冒雨送人魂欲斷

桃燈覓句興何癡

來朝作別殊堪惜

他日相逢未可期

---

[1] 這兩首唱和詩參見黎貴惇，《桂堂詩集》卷一，越南文學院藏本，典藏號 HN.32，第 9a 頁。

紅豆曲中千點淚

天涯聚散本參差[1]

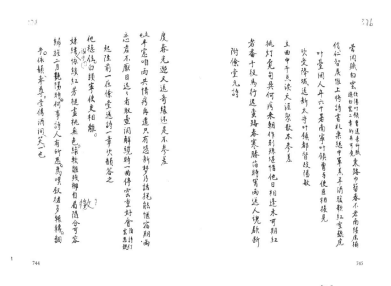

**圖7　《桂堂詩集》中的黎貴惇與查禮詩歌唱和[2]**

越南使臣皇華之行程，秦朝釪任欽差伴送官，近一年護送使臣回國，半年馳驅同行使其成爲黎貴惇的詩文前輩和親友。回程還遠，黎貴惇已感歎惜別：

### 柬岵齋

賦就驪駒曙色分

微香引出九天雲

詞壇盟會從前輩

筆陣英雄讓使君

風雨夜船頻話古

江湖樽酒屢論文

[1]　黎貴惇，《桂堂詩集》卷一，越南文學院藏本，典藏號 HN.32，第37b 頁。

[2]　黎貴惇，《桂堂詩集》卷一，越南文學院藏本，典藏號 HN.32，第37a—38b 頁。

如今已覺難爲別

閑倚蓬窗悵夕曛

秦朝釪答之：

### 岵齋和詩

從來名實兩平分

望闕遥瞻五色雲

嶺外山川應識我

海南才藻孰如君

半年已稔同舟誼

男子須留異代文

前路衡陽真不遠

平沙回雁滿斜曛[1]

秦朝釪仰慕黎貴惇的才華，曾經直接送詩講述 "獨有愛才無限意"，[2] 并在《桂林餞別詩》中誇讚道：

才子重南州

來朝愜壯游

江山新翰墨

詩禮舊弓裘[3]

除行政職位外，從黎、秦兩位的筆談與詩歌唱和，我們可以看出黎、秦已經建立并擁有了珍貴的學者之間和詩人之間的友情，成爲彼此海角天涯難覓的

---

[1] 這兩首唱和詩參見黎貴惇，《桂堂詩集》卷一，越南文學院藏本，典藏號 HN. 32，第28a—b 頁。

[2] 黎貴惇，《桂堂詩集》卷一，越南文學院藏本，典藏號 HN. 32，第29a 頁。

[3] 黎貴惇，《桂堂詩集》卷一，越南文學院藏本，典藏號 HN. 32，第29b 頁。

友人。

黎貴惇與朝鮮使臣酬酢六首詩，另外加上記載于《桂堂詩集》第 576 頁的一首，一共七首。在每首詩之前，黎副使都記録着地點、時間與酬答人物的注釋，補充了《北使通録》没有記載的内容。通過酬酢詩歌，我們可知黎貴惇與朝鮮使臣對于越南和朝鮮的學術、文章具有深刻的認同：

> （黎貴惇向朝鮮正使洪狀元唱）異邦合志亦同方，學術本從先素王。
> （朝鮮副使李輝中向黎副使和答）差幸同文論古字，共存舊制撫身章。

黎貴惇與朝鮮洪、李兩位使臣認同越、朝雖然是異邦異國，但"合志""同方""同文"以及雙邊傳統文化學術皆根源于"先素王"——孔子的儒家思想。因爲兩國"同文"而能共同"論古字""存舊制""撫身章"，乃至文人交流之間得如此默契。此詩可謂越、朝文化學術認同的代表話語，它不止説明越、朝兩國認同儒家思想是自己國家的傳統文化學術，還成爲東亞漢字文化圈國家筆談交流史上長期的共同主題。總之，詩文交流是越南使臣與中國各級官員及朝鮮貢使在華的交流活動之一。

## 結語

《北使通録》卷四記録了越南使臣歷時半年回程中接觸到的中國不少官員，包括禮部右堂程氏、會同館提督素敏、國子監助教張元觀、國子監博士張鳳書、湖北武昌府城按察使作朋、湖南長沙巡撫馮大人、湖南布政使永氏、廣西巡撫右侍郎熊學鵬、廣西布政使葉存仁、左江道查禮等。其中，中國欽差伴送官秦朝釪和欽命提督學政朱佩蓮跟越南副使黎貴惇過從較密，交情頗深。經統計，秦、黎倆人進行過六次學術筆談，[1] 朱、黎間亦有五次學

---

[1]　張京華，《江湘舟中的秦黎筆談》，《中華讀書報》，2011 年 3 月 16 日第 13 版。

術筆談。[1]

越南使臣與中國官員、朝鮮使臣進行了較爲廣泛且深刻的學術交流，内容涉及儒家學派、經史著作、典章制度、地理沿革、傳統文化、風俗習慣、詩歌唱和、書籍交换等諸多方面。在筆談過程中，他們的觀點各有異同，互相間或讚或批，問答爭論，思想碰撞，"彼此之間達成了思想和情感的交流"。[2]黎貴惇曾言："文字之中，殊無厭倦，况聽高明講論，喜也何如！"[3]朱佩蓮也曾説："恨相聚不能久耳。"[4]越南學者陳氏冰清認爲，秦、黎兩人"雖然萍水相識并又被處於'對手'的情勢，但是因他們共同懷着對學術考證的愛好，對詩歌的熱愛，對'才華'的仰慕，而成爲朋友"。[5]

較之昔時，此次訪華使團是越南 18 世紀中頗具學術性的使團，也是越、中、朝學術交流最爲代表的事例之一，越南使臣此次來華"亦觀風一佳話也"。[6]可見，朝貢方式在維持越、中兩國穩定的邦交關係以外，往往也促成了兩國官員、文人之間的友好情誼。這也是越、中、朝官方直接進行學術交流的途徑。使臣訪華既是越南接觸中、朝學術風尚的機會，也是中、朝兩國瞭解越南歷史文化學術的機緣。各方在交流之中，互相推介自家歷史文化學術，從而加深對彼此傳統文化學術的瞭解，亦促進了文化學術交流發展。

此外，黎貴惇與中國官員及朝鮮使臣的諸多筆談，透露出他本人廣博的知識、嚴謹的治學態度。另則明顯體現出黎貴惇對民族傳統文化的意識，對東亞國家平等邦交關係的觀念，以及他接近清代實學的學術思想。總之，此次出訪期間，黎貴惇既承擔着外交官的任務，又扮演着學者的角色，可謂才思敏捷、學問淵博的大學者，是越南學術史上的大師。

[1] Nguyễn Thị Tuyết. *Thống kê các buổi bút đàm của giao lưu học thuật trong chuyến đi sứ Trung Quốc (1760-1762) của Sứ thần Việt Nam được chép trong sách Bắc sử thông lục của Lê Quý Đôn, Thông báo Hán Nôm học năm 2012*. Nxb Thế giới, 2013, p. 546.（阮氏雪，《統計〈北使通録〉》中所記載越南使團在 1760—1762 訪華期間的學術筆談，《2012 年漢喃學通訊》，世界出版社，2013 年，第 546 頁。）

[2] 張伯偉，《東亞文人筆談研究的回顧與展望》，《人文中國學報》，2016 年第 1 期。

[3] 黎貴惇，《北使通録》卷四，越南漢喃研究院藏本，典藏號 A. 179，第 10a—10b 頁。

[4] 黎貴惇，《北使通録》卷四，越南漢喃研究院藏本，典藏號 A. 179，第 82b 頁。

[5] Trần, Thị Băng Thanh (2019) *Quế Đường thi tập, Khảo cứu và dịch chú, (tập 2)*. Nxb Đại học Sư phạm, p. 61.（陳氏冰清，《〈桂堂詩集〉考證與譯注》第二册，河内師範大學出版社，2019 年，第 61 頁。）

[6] 黎貴惇，《北使通録》卷一，越南漢喃研究院藏本，典藏號 A. 179，第 2a 頁。

# 中日筆談的歷史脉絡與近代演變*

## 周　妍

**摘　要**　中日間筆談交流的文字記録可以追溯至公元 607 年，以小野妹子爲首的遣隋使一行輾轉停留南岳衡山之際，因話語不通，與老僧以杖"書地而語"。以日本遣唐使制度的成熟爲背景，日本僧人陸續渡海求法，成爲筆談的核心主體。明清以降，來往於兩國間的人員身份呈現多樣化趨勢，筆談交流擴大，并在近代迎來兩次轉型：一是以 1871 年《中日修好條規》的簽訂爲契機，晚清駐日公使團成員及早期旅日文人成爲新的筆談主體。這一時期，日本受江户時代以來重視漢文教育的影響，知識階層的漢文素養普遍較高，筆談作爲兩國人士會面交流時的重要手段被廣爲採用。二是甲午戰争以後，伴隨中國留日學生、中國赴日考察官紳、受聘前來中國的日本教習等的加入，兩國間掌握對方國家語言者以及從事翻譯者增多，口談逐漸替代了筆談。然而筆談并未退出歷史舞臺，而是在不同領域發揮着溝通橋梁的作用。

**關鍵詞**　筆談文獻，中日交流，大河内文書

　　千餘年來，東亞各國之間人物往來頻密。在漢字文化圈的廣泛影響下，他們通過書寫漢字的方式溝通信息、傳授知識，逐漸形成了東亞地區特有的跨語言、跨民族、跨文化的交際方式——漢文筆談。[1]"筆談"是越境交流的産物，文獻形態多樣，包括外交使節的詩文唱和與外交談判，貿易人士的問情問詢，宗教人士的巡禮問答，文人學者的紀行見聞，等等。筆談文獻的整理工作始於筆談當事人的編輯、抄録，其文獻價值逐漸得到國内外學界的認可，相關研究工作也取得了突破與進展。

---

*　　周妍，浙江大學歷史學院特聘副研究員。
[ 1 ]　王勇，《無聲的對話——東亞筆談文獻研究之二》，《日本研究》，2016 年第 3 期。

文獻整理方面，中日間相對集中的幾個筆談文獻群爲：（1）官紳、文士、商賈、僧侶在旅途中的筆談記録；（2）漂流民所留筆談記録；（3）駐日公使館員及其周邊文人學者的筆談文獻，以大河内輝聲（1848—1882）《大河内文書》、宮島誠一郎（1838—1911）《宮島文書》爲代表。個案研究方面，筆談文獻在研究中國近代轉型、中日關係發展中發揮了作用：漂流民與當地官民的筆談交流，以及見證日本開國的羅森與日本官民的筆談交流，這些都是19世紀初期、中期中日民間交往情形的重要補充；[1]首屆駐日公使團的異文化體驗與外交生活，在《大河内文書》整理工作不斷推進的過程中得以呈現；[2]康有爲、梁啓超、章太炎等人赴日期間的筆談資料，側面反映出戊戌變法後中日關係的發展趨勢與中國人士的思想軌迹；[3]清末官派赴日考察人員以及各類訪華日本人士所留的筆談記録，爲探究中國近代知識轉型與中日思想、學術交流提供了嶄新綫索。[4]

浙江大學東亞文獻研究團隊自2014年國家社科基金重大項目“東亞筆談文獻整理與研究”立項、2016年獲滾動資助以來，廣泛收集國内外筆談文獻，拓展東亞筆談的研究内涵，形成豐富的研究成果；2023年繼以“日藏近代中日外交珍稀資料研究”獲得國家社科基金冷門絕學團隊項目立項，聚焦《中日修好條規》預備談判、簽訂時期的筆談文獻，揭示中日外交交涉細節，探討日本文人外交官在交涉過程中的作用與影響。本文以中日關係史

---

[1] 漂流民筆談文獻方面，以日本關西大學東西學術研究所大庭修、松浦章等人的整理研究工作爲代表；羅森筆談文獻方面，王曉秋《近代中日啓示録》（北京出版社，1987年）較早展開研究。

[2] 《大河内文書》的抄録整理工作始於實藤惠秀編譯的《大河内文書》（平凡社，1964年），後有鄭子瑜、實藤惠秀編校的《黄遵憲與日本友人筆談遺稿》（早稻田大學東洋文學研究會，1968年），劉雨珍編校的《清代首屆駐日公使館員筆談資料彙編》（天津人民出版社，2010年），王寶平主編的《日本藏晚清中日朝筆談資料：大河内文書》（浙江古籍出版社，2016年），等等；代表性研究成果有張偉雄《明治日本的文人外交官》（《文人外交官の明治日本：中國初代駐日公使団の異文化体験》，柏書房，1999年），伊原澤周《從“筆談外交”到“以史爲鑒”——中日近代關係史探研》（中華書局，2003年），陳捷《明治前期日中學術交流研究》（《明治前期日中学術交流の研究：清国駐日公使館の文化活動》，汲古書院，2003年），等等。

[3] 湯志鈞《乘桴新獲——從戊戌到辛亥》（江蘇古籍出版社，1990年）較早對甲午戰後赴日中國人士的筆談文獻進行了介紹。

[4] 漂流民、政府要員、駐外使節的筆談文獻相對集中，無論是中國人士赴日考察還是日本人士訪華調查、問學期間所留的筆談文獻相對分散，多見於游記、日記之中。赴日中國人士方面，有王韜《扶桑游記》、吳汝綸《東游叢録》等；訪華日本人士方面，有岡千仞《觀光紀游》、内藤湖南《燕山楚水》等。

的發展脉絡爲主綫，從 19 世紀 60 年代以前、19 世紀 70 至 80 年代、19 世紀 90 年代至 20 世紀初、20 世紀 20 至 30 年代四個階段，梳理學界研究成果，并嘗試爲中日筆談交流搭建理論框架。

## 一　中日筆談的歷史脉絡

東亞區域内的交流早於六朝以前，起初也因言語各異，需要借助不同的語言翻譯溝通。這種狀況到公元前 221 年發生了根本性轉變，秦始皇統一六國，施行 “車同軌、書同文、量同衡、行同倫”，六國文字歸整於小篆，繼而在漢朝統一於隸書。自此，規範化的漢字不但終結了戰國時期各書其字的混亂局面，而且通過秦漢帝國設置的郡縣傳播到越南、朝鮮乃至日本。隋唐時期，在引進與學習漢字的熱潮下，東亞 “書同文” 的格局逐步奠定。聚焦日本方面：604 年，聖德太子以漢字頒布《憲法十七條》；701 年，文武天皇頒布《大寶律令》，制定了有關教育方針、學習内容和考試辦法等一系列措施，模仿唐國子監設立大學寮，并聘請東渡漢人和留學唐朝的日本人擔任教師。[1]

隨着日本遣隋唐使制度成熟，兩國交流邁入黄金時代，佛教交流迸發出新的活力——日本僧人借使團或商船渡海求法，成爲一道特殊的歷史景觀。9 世紀初，日本高僧最澄入唐求法，台州僧俗與之酬唱餞别，天台山僧人行滿賦詩曰 “異域鄉音别，觀心法性同”，鄉貢進士崔蓉則云 “問法言語異，傳經文字同”，[2] 共同的文化追求跨越了地域，超越了言語。日本《續藏經》收録六份 “唐决”，這六份 “唐决” 分别來自最澄與道邃、圓澄與廣修、圓澄與維蠲、義真與維蠲、光定與宗穎、德圓與宗穎的問答，問答的數量不一，内容繁簡有别。[3] “唐决” 既是日本天台宗僧人關於天台宗教理的思考與疑義，同時也是一份跨越時空的筆談記録。

[1]　陸錫興，《漢字傳播史》，商務印書館，2018 年。
[2]　張步雲輯注，《唐代中日往來詩輯注》，陝西人民出版社，1984 年；楊樺選注，《唐人對外友好詩選》，天津古籍出版社，1988 年。
[3]　汪馨如，《〈唐决集〉與日本天台宗入唐僧 “貞元例”》，杜文玉主編《唐史論叢》第 34 輯，三秦出版社，2022 年。

　　入宋僧以奝然（938—1016）爲始，楊億《楊文公談苑》載："雍熙初，日本僧奝然來朝，獻其國《職員令》《年代記》。……奝然善筆札而不通華言，有所問，書以對之。……景德三年，予知銀臺通進司，有日本僧入貢，遂召問之。僧不通華言，善書札，命以牘對。"[1] 從"善筆札""善書札"的表述中可以推測筆談之情形。宋元之時，不少日僧到中國旅游及巡禮，諸如道元（1200—1253）、雪村友梅（1290—1347）及龍山德見（1284—1358）等，他們在日本學過漢詩文，略通漢語，但口語溝通不夠流暢，大抵以筆談進行交流。還有在中國寺院任寺職者，隨着停留時間的增長，逐漸可以直接口語溝通。[2]

　　明代文人的渡海奔波，形成了新的筆談交流。朱舜水 1644 年後致力反清復明，奔走於閩浙沿海和日本、安南、暹羅一帶十數年之久。參加鄭成功江南戰役失敗後前往日本求助，此後在長崎定居，受聘前往水户藩傳授學問。留居日本期間，因自身不擅日語而日本人士多不通華語，"以筆代舌"成爲主要甚至是唯一的交際方式。受教於朱舜水的日本人士對其零星寫作都十分珍視，詳加整理，"筆話"是其中重要的組成部分。實際上，渡海移民不止朱舜水一人。通過珍藏於域外的筆談文獻，我們可以尋找到一批幾乎是被遺忘中土的歷史人物。

　　明清又是東亞海上貿易興盛的時代，商船往來間不免海上漂流事件，筆談交流多以"問情"（調查審訊）的形式保存，内容雖然比較瑣碎，但涉及漂流民出發地的政治、軍事、經濟信息，還包括當地的官員、名人、古迹、風俗等信息。

　　清代前期，中日之間雖然未建立最高層面的官方關係，但是經濟貿易往來并未中斷，至晚清迎來了新的高潮，筆談交流的規模不斷擴大，并經歷了兩次轉型：一是以 1871 年《中日修好條規》的簽訂爲契機，兩國間人員往來日益頻密。這一時期，雖然兩國人士中掌握對方國家語言聽説能力者不多，但日本受江户時代以來重視漢文教育的影響，日本人士尤其是知識階層

[1]　楊億口述，黄鑒筆録，宋庠整理，《楊文公談苑》，《全宋筆記（第八編　九）》，大象出版社，2017 年。
[2]　藍日昌，《筆談：同文異音下的東亞文化交流》，《中正漢學研究》，2020 年第 1 期。

的漢文素養普遍較高。因此，筆談作爲兩國人士會面交流時的重要手段被廣爲採用，并留下了足以見證當時交流盛况的大量筆談資料；二是甲午戰爭以後，隨着中國留日學生、中國赴日考察官紳、受聘前來中國的日本教習等的加入，兩國間掌握、精通對方國家語言者以及從事翻譯者增多，口語交流逐漸替代了筆談交流的主流位置。然而筆談并未退出歷史舞臺，衹是在不同領域發揮溝通橋梁的作用。

## 二　開啓：以商船爲載體

19 世紀上半期，中日兩國雖然都受限於閉關政策未建立國家間的外交關係，但文化交流與人員往來并未中斷，交流方式主要是民間貿易。中國的赴日人員以在長崎貿易的商人爲主，他們帶去的書籍與見聞成爲日本瞭解世界的重要窗口；相對地，來訪中國的日本商船多停靠上海，透過這個頗富國際色彩的窗口，窺見西方文明的端倪，獲得中國的最新信息。由長崎-上海聯結起的中日交流史上，留下了不少以筆代舌、精彩紛呈的交流片段。

### （一）從長崎到上海

在長崎從事貿易活動的清朝商人中，"南京船"船主江芸閣頗負盛名。1814 年，日本漢學家市河寬齋（1749—1820）游長崎時，與江芸閣多有交流，并將其介紹給賴山陽。1818 年，賴山陽踏上夢寐以求的長崎之行，此行的主要目的之一即是會面江芸閣。遺憾的是江芸閣爲大風所阻，未能按期來航。不過，賴山陽并非没有收穫，他與來長崎行醫的浙江人陸如金以及蘇州商人楊兆元展開筆談交流，表明"京都、長崎道里遙遠，再游長崎之機會幾稀"，并述及此行未能與江芸閣謀面的遺憾。日本文人畫家田能村竹田（1777—1835）1826—1827 年趕赴長崎期間曾與江芸閣圍繞《紅樓夢》有所討論；儒者大槻磐溪（1801—1878）1829 年前後踏上長崎之旅，其間也與江芸閣、朱柳橋等人有過筆談，内容可見於《瓊浦筆記》之《瓊浦筆語》。[1]

　　"瓊浦"原指美好的事物，包括大槻磐溪《瓊浦筆語》在内，長崎見聞多以"瓊浦"爲名。其中一份《瓊浦筆談》，是明治時期漢學家、二松學舍大學創始人三島中洲（1831—1919）與廣東人士林雲逵的筆談録。1862 至 1863 年，三島中洲奉命前往日本本州島西部地區以及九州島诸藩进行勘察，期間與"避亂來寓"的林雲逵就西方國家的東亞戰略和清朝的應對政策等問題進行了筆談交流。[2]林雲逵不僅以筆代舌與日本儒學家圍繞國際形勢、學術問題展開探討，而且作爲書法商人，與日本書法家中林悟竹（1827—1913）的師生情誼也多基於筆談。

　　另一份《瓊浦筆談》的筆談對象是日本净土宗高僧養鸕徹定（1814—1891）與同樣因太平天國之亂東渡的蘇州文人金嘉穗，筆談的時間在明治三年（1870）十二月二十八日，明治四年（1871）正月三日、正月十一日、正月十三日、正月十六日、正月二十二日。兩人會面筆談六次，養鸕徹定請金嘉穗爲其所著及所藏古寫經作序跋，金嘉穗回應撰文。與前述兩份着眼彼時形勢的筆談交流不同，此份筆談交流中學問探討的氛圍濃厚。[3]

　　赴日中國人士中還有比較特殊的個例。1854 年，廣東南海人羅森以漢文翻譯官衛三畏（Samuel Wells Williams，1812—1884）助手的身份隨着美國艦隊前往日本，其間不僅見證了日美交涉的過程，還與日本官僚、文人、學者、僧侶等展開深入交流，成爲近代中日交流史上的先驅者，其著《日本日記》中可見不少筆談記録。羅森自少往來於廣州、澳門等地，從日本回國後長居香港。香港地處東西方交通要衝，被英國割據後，成爲英國對遠東貿易以及亞洲殖民擴張的前哨。幕末日本向歐美國家派遣使團時，香港也是他們的必經之地。跨海遠行的日本使團成員不忘拜訪羅森，或請其題字，或與

[1]　易惠莉，《長崎貿易中的中國商人與日本漢學者》，《檔案與史學》，2000 年第 6 期；德田武，《近世日中文人交流史の研究》，研文出版，2004 年。

[2]　町泉壽郎，《三島中洲的筆談録三種》，王勇主編《東亞的筆談研究》，浙江工商大學出版社，2015 年。

[3]　町泉壽郎，《養鸕徹定と金嘉穗の明治四年、長崎における筆談記録》，《日本漢文學研究》第 4 號，2009 年。

之筆談，據此可知筆談確是當時中日人士間重要的交流手段。

## （二）從香港到上海

　　上海自 19 世紀 40 年代開埠通商後，因優越的地理位置發展迅速，逐漸成爲中國重要的工業城市和商貿中心，也成爲日本人士的游歷風尚。在日本人士所留大批紀行文獻中，可見豐富的筆談交流記録。其中，1862 年來訪上海的"千歲丸"是一個研究焦點。同船來滬者多作紀行録：包括納富介次郎的《上海雜記》、日比野輝寬的《贅肬録》、名倉予何人的《海外日録》、高杉晉作的《游清五録》等。這些紀行録中所見筆談記録，既是他們在滬期間積極與中國社會各階層人士接觸的憑證，也爲這一階段的中日文化交流增添了新的綫索。[1]

　　來訪中國的日本人士中既有短暫滯留者，也有長期定居者，岸田吟香（1833—1905）是後者的代表。岸田吟香精通漢文，作爲《東京日日新聞》的隨軍記者赴臺進行戰地採訪。曾幫助美國傳教士編輯和英辭典，獲贈眼藥水秘方，在東京經營樂善堂藥店，後在上海開樂善堂分店，并設印刷廠。前後六次來到上海，在滬長達三十年，結識了大批中國文人學者，是當時公認的滬上名人。初時，因彼此語言不通，除手勢動作以外，日常交流主要通過筆談。[2]岸田吟香等早期訪華人士在上海建立起廣泛人脉，不但爲後續來華日人提供了不少便利，而且隨着他們自身活動軌迹的不斷延伸，筆談交際網絡也逐漸擴大。

　　除了搭乘商船者外，還有因海難事故而漂流至對方國家的船員。1826 年 9 月末，日本越前國"寶力丸"一行 9 人遇風漂流到松江府川沙廳（今上海

---

[1]　易惠莉，《没鼻筆語——19 世紀中日兩國文人長篇筆談實録》，《檔案與史學》，1994 年第 3 期；馮天瑜，《"千歲丸"上海行——日本人 1862 年的中國觀察》，商務印書館，2001 年；王勇、謝詠，《名倉予何人筆談文獻研究》，上海交通大學出版社，2018 年；等等。

[2]　徐静波，《〈吴淞日記〉與近代日本人的中國認識》，《外國問題研究》，2013 年第 4 期；陳祖恩，《岸田吟香與海上文人圈——以 1880 年代中日文化交流爲中心》，徐曙主編《日語教育與日本學》第 2 輯，華東理工大學出版社，2012 年；杉浦正，《岸田吟香：資料から見たその一生》，汲古書院，1996 年。

市川沙）海面，得中國漁船搭救，同年由平湖縣乍浦港順利搭上返國的商船。他們一路得到良好待遇的重要原因是通過筆談清楚告知了來歷與身份。[1]也有中國商船漂流到日本的例子。德川幕府規定漂流到日本各藩的中國船隻及船員都要送到長崎遣返，各藩往往會派懂得漢文的儒學者同行。通過與船員的筆談，調查他們的漂流始末，瞭解中國相關的話題，有時還會漢詩唱和。這些筆談記錄可見漂流民的相關史料彙編，如《游房筆語》《清水筆語》《得泰船筆語》等。[2]

19 世紀 20—60 年代是東亞世界受到西方衝擊，中日兩國嘗試改革的轉折期。被迫開放貿易以後，德川幕府也開始尋求發展海外貿易，多次嘗試與中國方面溝通，但都無果，直到 1868 年兩國政局趨於穩定纔迎來實質性轉折。從 1870 年以外務權大臣柳原前光（1850—1894）爲首的使節團轉達日本希望與中國訂約的請求，到 1871 年以大藏卿伊達宗城（1818—1892）爲首的日方代表與李鴻章爲首的清廷代表開始正式談判，筆談交流貫穿始終。以簽訂《中日修好條規》爲契機，兩國互設使領館，民間交流也得到保障，筆談交流的規模和範圍不斷擴大。

## 三 擴大：駐日公使團及其周邊文人

根據《中日修好條規》第四條"兩國均可派秉權大臣并攜帶眷屬、隨員，駐扎京師"的規定，明治政府於 1874 年 2 月任命柳原前光爲駐華公使（後由森有禮接任），而清政府遣駐日公使之事，因同年日本入侵臺灣事件稍有延緩。1877 年 1 月，任命翰林院侍講何如璋爲出使日本國欽差大臣，選知府張斯桂爲副使，又因日本爆發西南戰爭，赴任被迫延期，最

---

[1] 松浦章，《清代中國對日本漂泊民的厚遇——以越前寶力丸漂靠川沙廳爲例》，趙哲譯，《日本研究》，1986 年第 2 期。

[2] 馮佐哲，《清代前期中日民間交往與文化交流》，《史學集刊》，1990 年第 2 期；王曉秋，《清代中國漂流民與日本儒生的筆談——以〈得泰船筆語〉爲中心》，朱誠如、徐凱主編《明清論叢》第 13 輯，故宮出版社，2014 年。

終於 11 月成行。一行赴任之初雖然遇到語言不通、翻譯不足的問題，然而通過筆談交流，與日本人士建立起友好關係，詩歌唱和盛況空前，宴會往還絡繹不絕。

## （一）在東京

何如璋、黄遵憲等首屆駐日公使館員的筆談交流因《大河内文書》的公開得以重現。《大河内文書》是由原高崎藩藩主大河内輝聲整理保存的筆談原稿集。日本早稻田大學實藤惠秀教授 1943 年在埼玉縣平林寺發現了 76 册 78 卷的《大河内文書》（原有約 95 卷），該資料分爲《羅源帖》《丁丑筆話》《戊寅筆話》《己卯筆話》《庚辰筆話》《黍園筆話》《韓人筆話》《書畫筆話》八個部分，時間跨度爲 1875 至 1881 年，筆談人員除了編纂者大河内輝聲以及公使館員外，還有不少周邊的中日文人。隨着《大河内文書》整理工作的不斷推進，其間登場人物的筆談原稿也相繼得到發掘。其中，宮島誠一郎與黎庶昌、何如璋、沈文熒、黄遵憲、姚文棟、張導岷、張滋昉、黄錫銓、汪鳳藻等人的筆談文獻（見《宮島文書》）在時間跨度、登場人物上與《大河内文書》多有重合，因此《宮島文書》與《大河内文書》被譽爲晚清筆談文獻的雙璧。[1]

實際上，相關筆談文獻遠不止於此。僅《大河内文書》附録所載參與筆談的日本人士就有 68 位，主體是漢詩人、漢學家。和大河内輝聲一樣，他們對筆談交流充滿熱情，因而保留了不少筆談文獻：石川鴻齋（1832—1918）編纂《芝山一笑》（文昇堂，1878 年），選録筆談中的詩文唱和；[2] 芳野金陵（1803—1878）舊藏資料中亦有與駐日公使館員的筆談原稿，經判别，時間爲 1878 年 4 月 21 日與 4 月 25 日，參與筆談的中方人員有沈文熒、廖錫恩、黄遵憲、何如璋，日方人員有包括芳野金陵在内的十餘人，筆談内容既有詩文

---

[1] 王寶平，《近代中日筆談文獻之瑰寶——〈大河内文書〉前言》，王寶平主編《日本藏晚清中日朝筆談資料——大河内文書》，浙江古籍出版社，2016 年。

[2] 關靜，《清末中日官紳交往與〈芝山一笑〉》，王勇主編《東亞的筆談研究》，浙江工商大學出版社，2015 年。

切磋，也有學術交流；[1]增田貢（1825—1899）整理謄抄了《清使筆語》，這份筆談資料的時間是 1878 年 10 月至 1880 年 7 月，參與的日方人士有增田貢、石川鴻齋、大河內輝聲、岡千仞、成瀬大域等，中方人士除了何如璋、張斯桂、黃遵憲、沈文熒等公使館員外，還有王治本、王藩清、王仁乾、王韜等民間人士。[2]

　　岡千仞（1833—1914）作爲早期訪華的代表人物之一，也積極參與到當時的筆談交流中，有《蓮池筆譚》《清讌筆話》兩份代表性的筆談資料留存。[3]漢詩人、漢學家以外，還有醫者、文獻學家森立之（1807—1885）自行編纂《清客筆話》，記録了他與楊守敬、黎庶昌、姚文棟等人的筆談交流；[4]楊守敬1880年赴日任使館隨員，《惺吾談屑》《八棱研齋隨録》中亦可見與日本書家的筆談交流，內容圍繞古書搜尋、書法探討等。

　　這一時期的筆談交流中，常見駐日公使館員與旅日民間文人的并肩同行。這些民間文人多受聘於日本的漢文學校，對於出入異域的公使館員而言，掌握日本當地情況的民間文人是重要的信息中介。其中的代表性人物有受私塾“日清社”之邀赴日的浙江慈溪人王治本。他以首屆駐日公使團“學習翻譯生”的身份，爲公使館員搭建起了與日本文人學者的交流平臺。再以張滋昉爲例，其在前述三島中洲的宴席上，與興亞會成員圍繞東亞時局展開筆談；[5]與安井息軒（1799—1876）高足佐藤精明（1847—1937）的筆談記録又見於《槎客筆談》。[6]民間文人渡日期間的筆談記録仍有待挖掘：包

［1］　町泉壽郎，《芳野金陵與首屆駐日公使館員的筆談資料》，張三妮譯，《日語學習與研究》，2019 年第 5 期。
［2］　陳捷，《東京都立中央図書館所藏『清使筆語』翻刻》，《東洋文化研究所紀要》第 143 號，2003 年；陳捷，《增田岳陽と来日した中国知識人との交流について：岳陽と中国人の筆談録『清使筆語』を通して》，《東洋文化研究所紀要》第 142 號，2003 年。
［3］　陳捷，《岡千仞と来日した中国知識人との交流について：『蓮池筆譚』『清讌筆話』などの筆談録を通して》，《日本女子大學紀要　人間社會學部》第 12 號，2001 年。
［4］　陳捷整理的《清客筆話》發表在謝承仁主編《楊守敬集》第 13 冊（湖北人民出版社、湖北教育出版社，1997 年），後收録於莊建平主編《近代史資料文庫》第 9 卷（上海書店出版社，2009 年）。
［5］　町泉壽郎，《三島中洲的筆談録三種》，王勇主編《東亞的筆談研究》，浙江工商大學出版社，2015 年。
［6］　魏麗莎，《日本藏晚清中日筆談史料述略》，《文獻》，2011 年第 3 期。

括王治本留有在金澤的筆談原稿及其整理文本，陳鴻誥赴日期間的筆談記錄《邂逅筆語》等。

## （二）在北京

借助筆談進行外交交涉、展開詩文唱和也是日本外交官員訪華期間的交流途徑。外交方面的筆談内容往往以外交史料的形式保存下來，可見於人物全集、資料叢刊之中。

1875 年底，隨駐華公使森有禮（1847—1889）來訪中國的竹添進一郎（1842—1917）因漢學功底深厚，與中國文人學者多有交集。他以典雅漢文寫成的《棧雲峽雨日記》卷首附有李鴻章、俞樾等人所作序文，側面反映出他以筆代舌與中國人士交流的軌迹。竹添前往拜訪俞樾，源於俞樾在日本學界的影響。其著《群經平議》《諸子平議》傳入日本後，引發了日本傳統文人間的共鳴，由此俞樾在蘇州馬醫科巷寓所春在堂也成爲來華日本人士必經的一站。[1]

井上陳政（1862—1900），原名楢原陳政，1882 年受日本大藏省派遣隨何如璋來到中國，并在何如璋的引薦下於 1884 年投入俞樾門下，成就了近代中日文化交流史上的一段佳話。[2]師徒二人的交流多以筆談形式展開，内容可見於俞樾所撰《春在堂隨筆》。透過俞樾與來訪日本人士的筆談交流可以發現，筆談記錄多見於當事者所留筆記、游記。

游記作爲越境見聞，是傳統文獻體裁，其中蘊含着不減豐富的筆談記錄。日本醫者岡田篁所（1820—1903）於 1872 年 2 月至 4 月間走訪中國江南一帶，回國後將見聞原稿整理成文，題爲《滬吴日記》，其間可見與江蘇名醫金德鑒等人的筆談交流。[3]日本净土真宗大谷派僧人小栗栖香頂（1831—1905）於 1873 年 6 月，從長崎乘船抵達上海，後經天津到達北京。

---

［1］　王寶平，《晚清耆儒俞樾在明治日本》，《浙江工商大學學報》，2010 年第 6 期。

［2］　劉曉峰，《花落春仍在——俞曲園的日本學生》，《讀書》，2008 年第 12 期。

［3］　梁永宣，《清末金德鑒與日本岡田篁所的學術交流》，《中華醫史雜誌》，2004 年第 3 期。

此行留下了《北京紀事》《北京紀游》等游記，其間可見筆談的片段；[1]日本净土真宗大谷派僧人、近代佛教學鼻祖南條文雄（1849—1927）1887 年辭去教職訪印，巡禮佛教聖迹，歸途特至中國天台山高明寺，抄寫該寺所傳"貝葉經"，與沈善登、張常惺進行筆談交流。[2]越境見聞亦見於報紙雜誌，1884 至 1885 年間訪華的岡千仞與中國人士的筆談記録不僅可見於其著《觀光紀遊》，[3]還可見於日本報刊《郵便報知新聞》。[4]

《中日修好條規》的簽訂客觀上促進了中日間的人員往來，由於"同文館"早期未培養日語翻譯，清末外交官中極少有會日語者，而日本方面會漢語的外交官同樣缺乏，筆談成爲中日駐外使節在對方國家甚至第三國見面交流時的主要方式。這一點是筆談交流規模得以擴大的客觀原因，更爲關鍵的主觀原因在於明治維新以後西學全盛的背景下，一部分日本人士追求漢文漢詩的無限熱情。而在傳統文化交流形式延續的同時，東亞局勢緊張不斷升級，筆談交流又籠罩了一層現實色彩，至下一階段呈現出新的特點。

## 四　高潮：新的主體與新的目的

甲午戰争是中日兩國態勢乾坤顛倒的轉捩點：在敗給昔日"蕞爾小國"的現實面前，提倡"中體西用"的中國人士不得不直面華夷秩序的崩裂，開始思考日本迅速變强的原因。與歐美諸國相比，日本在政治體制、思想意識、歷史文化等方面與中國更爲相近，因而成爲中國重要的參照對象，大批考察團、留學生相繼赴日。另一方面，面對歷史上長期受到中華文明影響，以及眼下"天朝大國"戰敗的雙重事實，日本人士開始思考中國是否已經淪

［1］　陳繼東，《小栗栖香頂の清末中国体験：近代日中仏教交流の開端》，山喜房佛書林，2016 年。
［2］　南條文雄，《懷舊録》，大雄閣，1927 年。
［3］　葉楊曦，《中國行紀·旅行書寫·漢文筆談——兼論明治漢學者對中國文學文化的攝取和創新》，《文藝爭鳴》，2017 年第 7 期。
［4］　易惠莉，《日本漢學家岡千仞與晚清上海書院士子的筆話》，《檔案與史學》，2002 年第 6 期。

爲落後國家，日本是否已具備統管東亞的能力。來訪中國的除了受聘教習以外，更多的是日本方面的派遣人員，包括公務人員、學者、記者、商人、職員等，關注中國的程度不减，研究中國的熱度不减。隨着各界交流的不斷深化，筆談的主體也呈現出多樣化的趨勢。

## （一）外交交涉

隨着東亞緊張局勢的不斷升級，公使團進駐日本之後，面對的是環環相扣的外交難題。不僅如此，在與日本就琉球、中國臺灣、朝鮮等問題展開交涉的同時，還要多方面了解日本開展時務的情况，有針對性地向朝廷提出建言。《大河内文書》中雖然公使團成員與日本文人學者的詩詞唱和、風俗交流、學術探討占據了主要篇幅，但友好氣氛中亦可見若隱若現的"情報戰"色彩。筆談在外交工作中的作用，在甲午戰後中日關係從"對抗"轉向"聯合"的過程中再次呈現。中國方面，從被迫與日本簽訂《馬關條約》，再到俄德侵占膠州灣、旅順、大連，面對步步加深的民族國家危機，在"親俄抗日"與"聯日抗俄"的選擇中逐漸偏向後者。"聯日"既是中國對外政策的轉變，也離不開日本政府及一些涉華團體對華政策的調整。日本方面，甲午戰勝後的狂熱被三國干涉還遼打斷，俄國成爲最大的競爭對手。爲了戰勝這一對手，中國成爲日本"保全"與"提攜"的對象，積極構建與中國的溝通渠道。

溝通渠道的搭建離不開筆談。據《天囚博士與張之洞》一文記載，時任陸軍中佐福島安正（1852—1919）針對中國排日情緒高漲的情况，提出祇有游説排日頑固派代表張之洞纔能緩和中日關係的建議。於是，西村天囚（1865—1924）被選拔前往中國，以其擅長的漢文爲武器，向中國方面開展陳述工作。[1]《碩園先生遺集》卷一《聯交私議》就有"丁酉冬予在漢口與

---

[1]　岡幸七郎，《天囚博士と張之洞》，小沼量平編《碩園先生追悼録（懷德第 2 號）》，懷德堂堂友會，1925 年，第 140—142 頁。

客筆談時事纍三千餘言，聞客繕寫以呈張制軍并頒官場士林"的幾千文字記錄。[1]1899 年春，福島安正親赴中國試探中日軍事合作、共同抵制俄國的可能性，與劉坤一指派的代表陶森甲單獨會面，進行筆談。[2]

1902 年 7 月，弘文學院（後改名爲宏文學院）創始人嘉納治五郎（1860—1938）前往中國考察，此行的重中之重正是與張之洞的會面。《嘉納先生傳》中專設"先生的中國游歷及其與張之洞的關係"一節，記錄了 9 月 5 日晚嘉納與張之洞借筆密談一事。[3]

## （二）教育考察

張之洞與嘉納治五郎的筆談主題之一是教育問題。張之洞較早開始關注日本教育，在《勸學篇》中提出了一系列推進教育近代化的具體措施，以及"以日爲師"的種種便利，并付諸實踐。自 1896 年首批 13 名中國留學生赴日，不到十年間人數就上升到萬人。甲午戰後派遣兩次教育考察團，爲中國的教育體制改革奠定基礎。[4]考察團赴日期間，雖多有翻譯陪同，但筆談場景屢見不鮮。

1902 年 6 月，62 歲高齡的吳汝綸率大學堂提調紹英和榮勛等人從塘沽出發赴日，進行了爲期三個半月的考察。回國後，吳汝綸將在日本各地的考察成果、與各界日本人士的交流彙編成《東游叢録》，分爲"文部所講""摘抄日記""學校圖表""函札筆談"四個部分。專列"筆談"與"函札"并列，側面印證了筆談交流在吳汝綸赴日生活中的重要性。吳闓生《先府君哀狀》中特別提及"筆談"："在東京日夕應客以百十數，皆一一親與筆談，日盡數百紙，無一語不及教育事者。"[5]

［1］ 西村時彥，《碩園先生遺集 第 1》，懷德堂記念会，1936 年，第 1 頁。
［2］ 戴海斌，《陶森甲：近代中日關係史上的"雙面人"》，《史林》，2012 年第 3 期。
［3］ 橫山健堂，《先生の支那遊歷及び張之洞との關係》，《嘉納先生傳》，講道館，1941 年，第 235 頁。
［4］ 呂順長，《清末中日教育文化交流之研究》，商務印書館，2012 年。
［5］ 吳闓生，《先府君哀狀》，吳汝綸撰，施培毅、徐壽凱校點，《吳汝綸全集（四）》，黃山書社，2002 年，第 1155 頁。

　　吴汝綸一行中有翻譯在列，仍多以筆談，這一點也反映在其他考察團的記錄中。如 1904 年赴日的嚴修在《東遊日記》中稱："五月十三日（6 月 26 日），青柳君偕早稻田大學漢文講師牧野謙次郎來訪，曠生（高曠生）傳譯。牧野君又索紙筆論中國編歷史教科書之法，其漢文頗條暢。"[1] 又如 1906 年赴日的舒鴻儀在《東瀛警察筆記》中提及 "到東後，時與黑柳重昌、島田文之助、新藤銀藏及植木武彦、室田景辰、田川誠作等相見於警視廳或警察署，每有所問，輒傾懷相告。通譯不及，佐以筆談。語言難聲，示以書籍圖表"。[2]

　　在辦教育、治國學的風潮下，王國維、羅振玉等一代學人以 "中學爲體，西學爲用" 的學術思想著書立説，探索治學方法及學術創新，爲中國近現代國學的構建奠定了基礎。以羅振玉爲例，1898 年，他創辦東文學社於上海，先後延請日本學者藤田豐八、田岡嶺雲進行翻譯、教學工作，并通過他們結識了不少日本學者。1899 年，羅振玉初識來華訪學的内藤湖南，這是他與日本 "京都學派" 主要人物結爲學術知交的開始。辛亥革命爆發後，羅振玉和王國維一道旅居日本，在内藤湖南的介紹下，與日本學人展開深入的學術探討，筆談是他們重要的交流方式。[3]

## （三）政論交换

　　甲午戰後，身份各異的日本人士紛紛踏上中國土地，在他們所留資料中可見與中國人士以筆代舌的交流軌迹。1898 年 1—3 月間，日本記者川崎三郎（1864—1943）前往南海會館拜訪康有爲，後將二人的筆談記錄披露於日本綜合雜誌《太陽》。[4] 這一時期來訪中國的記者中既有内藤湖南、辻武雄等報刊主筆，也有國木田獨步、宫崎小八郎等文人作家。前者所留筆談記

[1]　武安隆、劉玉敏點注，《嚴修東游日記》，天津人民出版社，1995 年，第 181 頁。
[2]　王寶平主編，劉雨珍、孫雪梅編，《日本政法考察記》，上海古籍出版社，2002 年，第 227 頁。
[3]　謝正光，《鈴木虎雄與羅振玉的筆談殘稿》，《大陸雜誌》第 39 卷第 1、2 期合刊，1969 年；陳振濂，《西泠印社的掌故、羅振玉亡命日本及與長尾甲、河井筌廬的交往》，《維新：近代日本藝術觀念的變遷——近代中日藝術史實比較研究》，浙江古籍出版社，2006 年；等等。
[4]　鄭匡民，《甲午前後中日官紳之間的認知與交往》，《西學的中介：清末民初的中日文化交流》，四川人民出版社，2008 年；張昭軍，《戊戌政變後日本〈太陽〉雜誌對康、梁的報道和評論》，《史學月刊》，2019 年第 11 期。

錄多是與中國知識人士圍繞時局的深入探討，後者所留筆談記錄集中於日軍與中國當地百姓的日常溝通。[1]

　　還有以私人身份來訪的日本學者山本憲（1852—1928）。1897 年 9 月，山本憲從大阪出發，11 月底踏上返程，12 月 1 日歸國。在兩個多月的時間裏，他游覽至天津、北京、上海、蘇州、漢口等地。回國後，將旅途中見聞進行整理，次年自行刊印，書名《燕山楚水紀游》，分二卷。此次中國之旅，與中國人士的交流是重要組成部分，張謇、葉瀚、湯壽潛、汪康年、曾廣鈞、汪大鈞、汪鍾林、羅振玉、狄葆賢、王錫祺、蔣黼等均在會面之列。雖然口語不通，但借助筆談，從中西學術談到教育方法，從中國改革談到亞洲時局，話題涉及廣泛。[2]

　　筆談不僅是訪華日本人士的重要溝通手段，同時期赴日的康有爲、梁啓超、孫中山、章太炎等人在日本的陳情、交心都離不開筆談。山本憲相關資料藏於日本高知市立自由民權紀念館，吕順長着重對清末維新派人物致山本憲書札進行錄文、注釋，并判定其中兩份是筆談原稿，爲 1898 年 10 月 29 日山本憲與梁啓超、康有爲會面時所留。[3]在"中日聯盟"的共同關心下，筆談在中日人士間搭建起了以心交心的平臺，圍繞東亞之時局、中國之將來等問題的話題不斷。

## 結語：民國以後的筆談交流

　　民國以後，日本昭和時期的"中國通"後藤朝太郎（1881—1945）在

[1]　張守祥、薄紅昕，《清末民初中日語言接觸情形及其演變》，《北方論叢》，2018 年第 3 期。
[2]　吕順長，《山本梅崖と汪康年の交遊》，四天王寺國際佛教大學紀要編集委員會編《四天王寺國際仏教大學紀要》第 45 號，四天王寺國際佛教大學，2007 年，對山本憲此行軌迹進行梳理。葉楊曦，《變法前夜的"蘊蓄之寶"：論山本憲及其〈燕山楚水紀游〉》，張伯偉編《域外漢籍研究集刊》第 13 輯，中華書局，2016 年，對此行筆談進行了細緻分析。山本憲關係資料研究會編，《変法派の書簡と『燕山楚水紀遊』：「山本憲関係資料」の世界》，汲古書院，2017 年，收錄《燕山楚水紀游》一章，進行全文錄文與翻譯，并從成書概況、先行研究、作爲學術交流的記錄、作爲交游錄的記錄、實錄尋訪五部分，概述了該書文獻形態及價值。
[3]　吕順長，《清末維新派人物致山本憲書札考釋》，上海交通大學出版社，2017 年。

面向大衆撰寫的中國旅行指南中，結合自身經歷明確指出，借助筆談就能交流是一种极大的误解。[1]筆談交流失效的原因首先在於中國教育程度之差異，知識群體可以通過書寫文字進行溝通，但當時大部分民衆尚處於不識字的階段，無法以筆代舌；其次在於筆談以文言爲基礎，又兼具口語的特徵。漢字本身隨着時代的變遷在不斷演變，在以普及教育爲目標的背景下，中日兩國相繼推動文字改革，字形相異、字同意異的情況愈發凸顯。另一方面，以中國留日學生以及受聘來華的日本教習爲主體，兩國間精通對方國家語言者不斷增多，翻譯人才隊伍逐漸完備，口談逐漸替代筆談的主流位置。

　　雖然筆談交流的範圍逐漸縮小，但并未就此退出歷史舞臺。在外交、政治的歷史場景中，汪精衛與近衛文麿的筆談交流成爲當時營造中日關係“善鄰友好”的範本；[2]小川平吉與萱野長知等人以“個人資格”與蔣介石私人代表在香港進行了長時間的“和談”，《小川平吉關係文書》收錄“杜氏筆談”“杜氏筆記”等多份筆談記錄，印證了筆談是促成此次“和談”的重要元素。[3]

　　對於初入異域的旅行者、留學生而言，筆談依然發揮着溝通橋梁的作用。東亞同文書院的中國調查報告中，從寥寥幾筆的詢問到情況緊急的談判，不同程度的筆談交流記錄依稀可循。調查報告以外，跨國人士的日記、游記中也可見多樣的筆談場景。

　　概言之，相較於前兩個時期而言，民國時期的筆談文獻中，原稿保存多不完整，文字記錄的形式雖然多樣，但多散見，筆談交流中片段性、專業性的特點突出。片段性反映的情況是，筆談往往是克服翻譯不在場或話題艱澀時的被動選擇。話題艱澀的情況下，筆談交流亦可成爲一種主動選擇，交流主體集中於學術界、文藝界、宗教界人士。因爲對於漢學素養較高的知識人士而言，筆談表達往往比口語翻譯更爲準確順暢，這也是民國時期筆談交流中專業性特點凸顯的原因之所在。

---

[1]　後藤朝太郎，《支那旅行通》，四六書院，1930年，第153頁。
[2]　《近衛公與汪精衛肝膽相照》，《大同報》，1939年9月27日第4版。
[3]　天津編譯中心，《〈小川平吉關係文書〉選譯（續）》，中國社會科學院近代史研究所、近代史資料編輯部編《近代史資料》，知識產權出版社，1996年，第98—139頁。

書籍之路

# 《麗情集·長恨歌傳》與《文集·長恨歌傳》[*]

〔日〕下定雅弘 著　王連旺 譯

**摘　要**　《長恨歌傳》爲陳鴻原作，收錄於《白氏文集》。《麗情集》所收《長恨歌傳》是後人以《白氏文集》所收《長恨歌傳》爲底本，再加以《長恨歌》《李夫人》等作爲素材改編加工而成。《麗情集·長恨歌傳》在表現手法方面大量承襲《文集·長恨歌傳》，在故事的表象敍事方面與其底本幾無差異，對貴妃的描寫不像後者那樣採取冷淡的態度，而是着力描繪貴妃的魅力，塑造了與《長恨歌》相接近的貴妃像，并將北宋初期的《李夫人》作爲重要素材加以利用。《麗情集·長恨歌傳》延續了《長恨歌》對愛的無限力量的表達，着力描寫"尤物"（絕世美女）的魅力（＝魔力），是一種新的創作。

**關鍵詞**　《麗情集》，《白氏文集》，《長恨歌傳》，表象敍事，改編創作

在研究《長恨歌》的主題時，必須要探討其與《長恨歌傳》的關係。在《白氏文集》卷十二中，《長恨歌傳》被置於《歌》之前，因此應尊重白居易的編纂意圖，將《文集》收錄的《長恨歌傳》作爲研究對象。關於這點，筆者曾在《如何解讀〈長恨歌傳〉？——以對楊貴妃形象的探討爲中心》一文中進行過考察。[1][2]

下面簡要地介紹一下上述拙文的結論。《歌》描述了皇帝對美女的愛意

---

[*]　下定雅弘，日本岡山大學大學院社會文化科學研究科教授。王連旺，鄭州大學外國語與國際關係學院、亞洲研究院副研究員。
　　本文以拙稿《〈麗情集〉〈長恨歌傳〉與〈文集〉〈長恨歌傳〉》（《『麗情集』「長恨歌伝」と『文集』「長恨歌伝」》，《中國文史論叢》第 6 號，中國文史研究學會，2010 年）爲主體，2014 年 12 月在中國學界發表時進行了修正。

[1]　下定雅弘，《『長恨歌伝』をどう読むか？——楊貴妃像の檢討を中心に》，《岡山大學文學部紀要》第 52 號，2009 年。

[2]　出於簡潔和避免混淆的考慮，下文《長恨歌》《白氏文集》分別略稱爲《歌》與《文集》，而《白氏文集》《麗情集》所收《長恨歌傳》分別略稱爲《傳》與《麗》。——譯注

之深及失去美女的痛苦之至，將愛的無限張力表現得淋漓盡致；[1]而《傳》的描寫則側重於譴責誘惑天子的"尤物"（絕世美女）楊貴妃，以勸誡玄宗皇帝勿沉溺美色、防止暴亂的發生爲目的。因此，《傳》中隨處可見對楊貴妃毫不留情的批判筆法，極力強調楊貴妃罪惡的一面。

《文苑英華》卷七九四所收《長恨歌傳》後有"此篇又見《麗情集》[2]及《京本大曲》，頗有異同，并録於後"注釋一條，并在其後附上了《麗情集》所收《長恨歌傳》全文。對此二種文本進行比較研究，對進一步明確《傳》的敘事主題及表現特徵極爲有效。

此外，《太平廣記》卷四八六亦收録《長恨傳》一篇，[3]與《傳》相對照，在記載成文始末的識語部分有較大差異，但正文部分幾無出入。而《麗》全篇在各個主題上均與《傳》有相異之處。拙稿主要着力於《麗》與《傳》的比較，至於《太平廣記》所收《長恨傳》，今後再另作探討。

關於《傳》與《麗》的比較探討，已有日本學者做過相關研究。[4]此外，澤崎久和試圖通過對傅增湘撰《文苑英華校記》[5]與日本静嘉堂文庫藏《文

---

[1]　《歌》中的種種表現不得不使人聯想到玄宗與楊貴妃。但是，《歌》中的男主人公設置是"漢皇"，女主角的設置是"楊家女"、仙界的"玉妃"。白居易以人間的真實素材爲描寫物件，歌頌人類共通的愛的無限力量時：（a）不設置特定的人物，（b）哪怕是世間萬能的皇帝，在愛的力量面前也會無能爲力，沉浸其中無法自拔。這樣的人物設定很有效果。關於這點，可詳參拙著《長恨歌：楊貴妃的魅力与魔力》（《長恨歌：楊貴妃の魅力と魔力》，勉誠出版，2011 年）。

[2]　《麗情集》著録於《郡齋讀書誌》後誌卷二十，有"右皇朝張君房唐英編古今情感事"一條按語。張君房是景德間（1004—1007）的進士。《麗情集》已散佚，今有程毅中〈《麗情集》考〉（《文史》第 11 輯，中華書局，1981 年）一文，從《類説》《紺珠集》《綠窗新話》《文苑英華》等書中輯出佚文近四十條，作品多爲女性相關故事。《京本大曲》撰者不詳，李劍國《唐五代誌怪傳奇敘録》（南開大學出版社，1993 年，第 328—329 頁）中有介紹："疑爲散韻相間，散則取《麗情集》所載傳文，韻則取白居易歌或自製曲詞……"《京本大曲》的實際情況雖無法得知，但從書名來看，應是"詞曲"一類的著作。以上部分據澤崎久和《關於《麗情集》所收《長恨歌傳》》（《『麗情集』所收『長恨歌傳』について》，《東洋古典學研究》，1998 年第 5 集）概述。《文苑英華》所收《長恨歌傳》的本文部分與《文集》所載《長恨歌傳》幾近相同，文字與金澤本及刊本係《文集》所載《長恨歌傳》大致相同，但也有不少不同之處。這是文獻學方面的問題，拙稿不予涉及。

[3]　《太平廣記》以前，《長恨歌傳》作爲題名尚未出現。關於《太平廣記》的《長恨傳》的名稱，太田次男在《〈長恨歌〉〈長恨歌傳〉的本文》（《旧鈔本を中心とする白氏文集本文の研究》中册，勉誠出版，1997 年，第 350 頁）中有論述，他認爲後世傳奇盛行，故陳鴻的傳越來越受到世人的喜愛，就像當時針對《鶯鶯歌》產生了《鶯鶯傳》一樣，陳鴻的傳亦被命名爲《長恨傳》。

[4]　如竹村則行的專著《楊貴妃文學史研究》（研文出版，2003 年）第一部分第一節第三小節《〈長恨歌〉與〈長恨歌傳〉》（初刊於 1995 年），澤崎久和《關於〈麗情集〉所收〈長恨歌傳〉》（《東洋古典學研究》，1998 年第 5 集）。

[5]　傅增湘，《文苑英華校記》，北京圖書館出版社，2006 年。

苑英華》的明鈔本進行比較研究，揭示出宋代《麗情集》所收《長恨歌傳》的文本原貌。[1]

　　關於竹村則行專著《楊貴妃文學史研究》第一部分第一節第三小節《〈長恨歌〉與〈長恨歌傳〉》中的觀點，拙稿《〈長恨歌〉的現在：以與〈李夫人〉的異同爲切入點》[2]曾有言及，現僅將竹村的結論概述如下：（1）《麗》與《傳》相比，頻繁使用四字句，文意生硬。《傳》是在《麗》的基礎上推敲琢磨而成的。（2）從引用的諺語、箴語來看，與《麗》纍贅的敘事方式相比，《傳》的敘述具有簡明化的特點。（3）識語的問題。與《麗》相比，《傳》對場面進行過具體化、故事化、簡明化的潤色。竹村的觀點有一定的合理性，但缺乏强有力證據的支撐。以上三點均是在以《傳》爲優先的前提下得出的結論，因此難免有牽强附會之嫌。

　　下面概述澤崎久和《關於〈麗情集〉所收〈長恨歌傳〉》的大要：（1）《傳》與《太平廣記》卷四八六所收《長恨傳》除了結尾處識語有較大出入外，文本部分幾無大異。與此相對，《傳》及《太平廣記》所收《長恨傳》與《麗》之間的差異則較大。（2）《麗》在時代設定上時唐時漢，游走在《歌》設定的時代（漢）與《傳》設定的時代（唐）之間。（3）與《傳》相比，《麗》所强調的內容更側重於楊貴妃與玄宗的愛情悲劇。（4）《麗》多用四字句及對句，且時而可見平仄、押韻的手法。《麗》的文體與《傳》相比，更側重對場景、事態的描寫，而敘事性則較弱。《麗》中隨處可見描寫性較高的韻文，應接近《歌》的抒情性。（5）《歌》與《傳》之間相一致的表達很少，但《歌》與《麗》之間却有明顯的繼承關係。《麗》晚出於《傳》，是依據《傳》與《歌》創作而成的。《麗》應完成於入宋以後至張君房編纂《麗情集》的期間內。

　　澤崎久和《關於〈文苑英華〉所收〈麗情集〉〈長恨歌傳〉》立論之前，首先列出諸本的文字對照表：明隆慶刊《文苑英華》所收《歌》《傳》《麗》，及静嘉堂文庫藏明鈔本《傳》。第一欄列出與静嘉堂本的異同，第二欄列出與

---

[1]　澤崎久和，《『文苑英華』所收『麗情集』「長恨歌傳」の本文について》，《白居易研究年報》，2010年第11期。
[2]　下定雅弘，《『長恨歌』的現在：『李夫人』との異同に着目しつつ》，《岡山大學文學部紀要》，2007年第47號。

傅增湘撰《文苑英華校記》及静嘉堂本的異同，第三欄列出與傅增湘撰《文苑英華校記》及其他諸本的異同。在縝密的文字校勘基礎上，得出以下結論。（1）傅氏所用底本之文字最爲可信。不止如此，有些根據其他版本的文字及文脉無法推斷的異同，以及難以推定的異同，都可以據傅增湘撰《文苑英華校記》得以解決。因此，傅增湘撰《文苑英華校記》所收《麗》的文本品質遠勝於明刊本《文苑英華》。（2）基於以上調查與校訂，指出（a）從《文苑英華》所收《傳》與《麗》文本的一致性來看，《麗》所依據的底本與《文苑英華》所收《傳》所依據的底本相同或近似的可能性極高；（b）《麗》全文僅見於《文苑英華》，其他文獻中并無完整收錄，但是可以從一些宋代書籍的引文中找到部分記載（除了已被指出的文獻外，可再補充《五色綫》《白孔六帖》中的三處引用）；（c）與《文苑英華》所引《麗》相比，傅增湘撰《文苑英華校記》所引《麗》的對偶化傾向更強。通過傅增湘撰《文苑英華校記》可以更加明瞭地確認這一特色。《文苑英華》所引《麗》的注釋將其與詞曲類的《京本大曲》并記，或許與《麗》的這一文體特色有關聯。

　　中國方面的相關研究有周相録的《〈長恨歌〉研究》，該書第二章《〈長恨傳〉版本校訂》[1] 進行了校勘比對。周相録主要根據（a）《麗》的主旨與《歌》接近，（b）《麗》與史實齟齬較少兩條理由，得出《麗》接近陳鴻的原作，《傳》（《文集》及《文苑英華》所收作品）與《太平廣記》所收作品皆爲後出的結論。[2] 周相録《〈長恨歌〉研究》的各種見解可取之處不少，但

---

[1]　周相録，《〈長恨歌〉研究》，巴蜀書社，2003 年，第 34—66 頁。

[2]　魯迅認爲，《長恨歌傳》有數本，《麗》乃其中之一種，蓋後人據傳增損而成（《中國小説史略》第八篇《唐之傳奇文》上，《唐宋傳奇集・稗邊小綴》）。最先提出《麗》是陳鴻原作之説的是陳寅恪《元白詩箋證稿》："又取兩本傳文讀之，即覺通行本之文較佳於麗情本。頗疑麗情本爲陳氏原文，通行本乃經樂天所刪易。"（1950 年初出，據上海古籍出版社，1978 年，第 44 頁）中日兩國學者關於兩傳的諸説，周相録《〈長恨歌〉研究》（巴蜀書社，2003 年）第二章第一節《〈長恨傳〉版本考訂（上）》有詳細整理，可供參考。近來中國學者的比較研究還有張中宇《白居易〈長恨歌〉研究》（中華書局，2005 年）第五章第二節第四小節《〈長恨歌傳〉不同版本所反映的封建文人的理解與評價》。張認爲《麗》（《麗情集》本）是陳鴻的原作，《傳》（通行本或《文苑英華》本）是後世增益之作，理由如下：《傳》約 1700 餘字，比《麗》多約 200 字，内容更加完備。從表現手法來看，《麗》富於文學趣味，且直抒胸臆，更接近原本面貌。《傳》的表達簡明、平易通暢，很多地方必是推敲改定而成，且推敲之處受到了《歌》的影響。比如識語部分的"意者不但感其事，亦欲懲尤物……"應是收到敕命編纂《文苑英華》的李昉等人有意強調《歌》的創作目的在於懲尤物而添加上去的信息。但是，張中宇認爲不論是《麗》還是《傳》都是以突出《歌》的勸誡爲目的而創作的，《傳》比《麗》更加鮮明有力。張并未抓住二者的本質區別。

在對《歌》與《傳》關係的基本認識上與筆者不同。

本文在竹村則行的專著《楊貴妃文學史研究》第一部分第一節第三小節的《〈長恨歌〉與〈長恨歌傳〉》、澤崎久和《關於〈麗情集〉所收〈長恨歌傳〉》、周相録《〈長恨歌〉研究》等先行研究的基礎上，依據《麗》的語句内容與表現特徵等展開論述，并就《傳》與《麗》産生時間先後等問題提出見解。

## 《傳》與《麗》：各段落的比較

下面對《傳》與《麗》逐段進行比較研讀。爲了便於對比，將《傳》[1]與《麗》的逐段比較表置於文後附録。接下來，將《麗》的内容及表現手法逐段與《傳》進行比較，并據此探討其特徵。

### 【第○段】

"此篇又見《麗情集》……"《傳》中無此句，爲使《傳》與《麗》的段落編號保持一致，故標爲"第○段"。

### 【第一段】

二者在句子内容方面没有很大的差異，均描述了滿足於天下太平現狀且沉溺於美色的天子因未能找到自己心儀的女子而終日鬱鬱寡歡的樣子。但是，《麗》中的記述僅爲"天子在位歲久，倦乎[2]旰食"，并未直接語及玄宗，這與《傳》直接點明玄宗不同。這也正體現了《傳》極力利用史實譴責玄宗、批判"尤物"的意圖。與此相對，《麗》在批判天子方面是很薄弱的，

---

[1] 《傳》及《歌》的原文依據太田上揭書的金澤本文字（《基本異同表》，第359—370頁；《翻字》，第411—420頁；《注》，第426—430頁）。但是，也有太田未言及的部分文字，就不一一列舉了。有難以確定的文字時，在參考豐原奉重的《校注》及刊本係文字的基礎上，以筆者私意進行選定。

[2] 原文誤作"於"。——譯注

這在後文亦能得到證實。

就《傳》中"武淑妃"之稱，周相録《〈長恨歌〉研究》認爲新舊唐書等文獻中均作"武惠妃"，故應是不懂唐代典禮制度之人誤寫所致，[1]并以此爲依據認定《麗》更接近陳鴻的原作，《傳》是後出之作。如其所言，唐開元中，后妃制度由"四妃"（貴妃、淑妃、德妃、賢妃）改爲"三妃"（惠妃、麗妃、華妃），天寶四年（745）以前又因增設"貴妃"而重現"四妃"之制。[2]后妃制度變化頗多，故陳鴻乃至白居易均有可能疏忽誤用。假定《傳》爲後出之作，《麗》更接近陳鴻的原作（正如下文所述，《麗》應成立於元和元年［806］冬至《白氏長慶集》［後改名爲《白氏文集》］編成的長慶四年［824］之間，應是白居易、陳鴻及其諸友人的集體之作），那就很難解釋爲什麼要把明明正確的"惠妃"誤改爲"淑妃"了。所以，筆者認爲是《麗》意識到了《傳》的錯誤并將其改正。

## 【第二段】

這一段故事的展開幾乎相同。"上心油然"即自然地憧憬一位不知姓名的心儀女子。對此，《傳》以"春風靈液，淡蕩其間"進行鋪墊描寫，而《麗》的描寫是"靈液不凍，玉樹早芳，春色淡蕩，思生其間"，此一來，春色爛漫中油然而生的愛的外部氛圍得到了充分描寫。

最後一句是有關尋找貴妃的。《傳》的描寫是"詔高力士潛搜外宮，得弘農楊玄琰女於壽邸"，而《麗》的描寫是"使搜諸外宮，得弘農楊氏女"，在這一點上二者區別甚大。《麗》的描寫中沒有提及高力士，也未提及發現地點——壽王宅邸。與《傳》相比，《麗》的描寫脱離了現實中玄宗與貴妃的愛情故事，加强了虛構性。因爲現實中對二人愛情的批判十分强烈，避開

---

[1] 周相録，《〈長恨歌〉研究》，巴蜀書社，2003年，第48—49頁。

[2] 據《杜詩詳注》卷二五《唐故德儀贈淑妃皇甫氏神道碑》的黃鶴考訂，此碑建於天寶四年（745）。周相録《〈長恨歌〉研究》以此爲是，又結合文中"制曰：故德儀皇甫氏……宜登四妃之列，式旌六行之美，可册贈淑妃"（《杜詩詳注》第5册，中華書局，1979年，第2224—2225頁）的記述，認爲天寶四載（745）之前，玄宗恢復了四妃制。

這一點，進而專注於對愛情的描寫，或許是《麗》的寫作目的。"弘農楊氏女"與《歌》的第三句"楊家有女初長成"非常近似，使人聯想到"楊氏女"還是個處女，而《傳》則明確記述是從壽王宅邸找到貴妃，則凸顯了玄宗將親子之妃據爲己有的好色性。在對天子好色性批判的程度上，《麗》弱於《傳》。

此外，《麗》中"三千"之數，也能在《歌》第19、20句"漢宮華麗三千人，三千寵愛在一身"中看到（澤崎久和《關於〈麗情集〉所收〈長恨歌傳〉》對《麗》與《歌》的近似表達進行過調查）。《麗》的開篇即顯示出與《歌》在主旨上的近似性。

下面介紹一下周相録《〈長恨歌〉研究》對兩種《長恨歌傳》的比較，進而闡明筆者的觀點。周相録《〈長恨歌〉研究》對第二段文本分析道：

> 《文》本《長恨歌傳》云"顧左右前後，粉色如土"，而《麗》本《長恨傳》則作"顧宮女三千，粉光如土"。較之《長恨歌》"六宮粉黛無顏色"，"後宮佳麗三千人，三千寵愛在一身"，顯然，後者更爲接近《長恨歌》之原意。……根據我的考察，《文》本《長恨歌傳》在許多地方與《長恨歌》的基本思想與藝術原則不一致，甚至南轅北轍。如上引一段話中，就有"得弘農楊玄琰女於壽邸"，而《麗》本《長恨傳》則僅云"得弘農楊氏女"，根本沒有出現暴露楊貴妃真實身份的"楊玄琰"與"於壽邸"六字。《長恨歌》云："楊家有女初長成，養在深閨人未識。"……白氏要讓李、楊的愛情建立在比較純潔、真摯的基礎之上……而如果揭示出李隆基的寵妃竟是他的兒子壽王李瑁的妻子，就足以粉碎任何關於他們愛情真摯聖潔的迷夢，就不可能在作品中鋪述他們愛的纏綿和堅貞。假如陳鴻有意背白氏而明示讀者以史實，則不但和他自己强調的"予所據，王質夫説之爾"——并非史實——相違背，而且和"但傳《長恨歌》"不一致了。[1]

---

[1] 周相録，《〈長恨歌〉研究》，巴蜀書社，2003年，第50—51頁。

周相録《〈長恨歌〉研究》認爲，《傳》并非陳鴻的作品，而筆者的立場已在本文開頭部分説明：（a）《歌》與《傳》的主旨不同。《歌》詠歎了愛情的無限力量，而《傳》的描寫則以勸誡天子勿沉溺美色爲目的。（b）《傳》與《歌》的本意不同，陳鴻原作中即是如此。另外，這也是白居易爲了贏得更廣泛的讀者而採取的寫作策略。當時，人們的常識中，對玄宗與貴妃的愛情是持批判態度的。因此將《傳》置於《歌》前，可以吸收廣泛讀者（特別是知識分子）的一般看法，并以此爲緩衝，將讀者導入《歌》的世界中。因此，周相録《〈長恨歌〉研究》所指出的《傳》與《歌》在多處相違背這一觀點，在個別表象上是成立的，但以此認定《傳》并非陳鴻的原作，或不接近於陳鴻的原作，則是值得商榷的。

此外，《傳》與《麗》的識語結尾處都強調了創作并非依據史實。《傳》是對史實進行加工利用，以達到"懲尤物，窒亂階"的目的，而《麗》則盡量避開史實，僅感歎天子對尤物的溺愛。與史實的距離遠近，不能成爲判斷《傳》與《麗》成立年代先後的依據。

## 【第三段】

與《傳》相比，《麗》在描寫貴妃美貌方面着力更深。在描寫貴妃似李夫人一般貌美靚麗處，《傳》的描寫是"鬒髮膩理，纖穠中度，擧止閑冶"，而《麗》的描寫則是"緑雲生鬢，白雪凝膚。渥口〔飾〕光華，纖懞〔穠〕有度，擧上〔止〕閑冶"。光鮮的黑髮、雪白的肌膚以及華美的服飾，比《傳》的描寫更詳細且色彩更豐富。

此外，《傳》中没有對貴妃入浴場景的描寫，而《麗》則以"清瀾三尺，中洗明玉。蓮開水上，鷥舞鑒中"進行了詳細描寫，貴妃的美貌使整個場景都呈現出華麗的夢幻感。《麗》中將貴妃的肌膚之美喻爲白如雪，這與《歌》第88句"雪膚花貌參差是"相通，而《傳》中没有此描寫。

對貴妃出浴場景的描寫，《傳》是"體弱力微，若不任羅綺，光彩焕發，轉動照人"，而《麗》是"嬌多力微，不勝羅綺"，要比《傳》短。《傳》的

描寫中有"光彩煥發，轉動照人"之句，充分地傳達了貴妃散發出的魅力
（＝魔力），此處的描寫可以説是後文"婉變萬態，以中上意"的伏綫，強調
了貴妃的主體性、主動性。相反，《麗》的簡潔記述，使人感受到貴妃的嫵
媚、文静。

　　《傳》中有"上甚悦，進見之日，奏霓裳羽衣以導之。定情之夕，授金
釵鈿合以固之。又命戴步揺，垂金璫，明年册爲貴妃，半后服用"一處描寫，
《麗》中没有，且《傳》中的"繇是冶其容，敏其詞，婉變萬態，以中上意，
上益嬖焉"，《麗》則稍改語氣將此處描寫置於次段。一曲霓裳羽衣舞，兩情
相悦後，授以金釵鈿合，入宮次年便躍升貴妃。貴妃姿態萬千，俘獲了天子
的心。這些描寫都不見於《麗》。《麗》僅僅輕描淡寫的一句"自是天子不早
朝，后夫人不得侍寢"（幾乎完全承襲《歌》第 16 句"從此君王不早朝"）。
《傳》更多是在着力表現玄宗對貴妃的溺愛以及貴妃的主體性、主動性。

　　從段落整體比較而言，在表現天子的好色及貴妃的魅力方面，《麗》弱
於《傳》。《麗》的描寫則着力凸顯貴妃的美貌與嫵媚。

　　周相録的《〈長恨歌〉研究》以《傳》的"明年册爲貴妃，半后服用"
不符合史實爲由，認爲稍知唐代典禮制度的人都不會犯這樣的錯誤。[1] 但是，
筆者曾指出，《傳》有其主題，并爲強調這個主題對史實進行了改造加工。[2]
如果從史實來講，玄宗將楊氏女召入華清宮是在開元二十八年（740）十月，
擢升其爲貴妃在天寶四年（745），則是五年後的事情了。《傳》這樣篡改史
實，旨在突出玄宗對貴妃的寵愛之切。反之，《麗》遠離史實，着力架構一
個虚擬的愛情故事，故與史實矛盾甚微。


## 【第四段】

　　本段中的差別有三類：（1）《傳》中有而《麗》中無；（2）《麗》中有而
《傳》中無；（3）内容所在位置的差別。

---

[1]　周相録，《〈長恨歌〉研究》，巴蜀書社，2003 年，第 49—50 頁。
[2]　下定雅弘，《『長恨歌伝』をどう読むか？——楊貴妃像の検討を中心に》，《岡山大學文學
　　　部紀要》第 52 號，2009 年。

（1）《傳》中有而《麗》中無的部分。第一，《傳》中列出詳細數字即"雖有三夫人、九嬪、二十七世婦、八十一御妻"來表現後宮女性之多，而《麗》則以"後宮良家女萬數"一言帶過。《傳》列舉詳細數字有一種極力接近史實的姿態，澤崎久和《關於〈麗情集〉所收〈長恨歌傳〉》認爲，這是一種列舉具體數字給予故事細節真實感的散文式表達。除此之外，筆者認爲還有一點不可忽視，那就是通過賦予作品真實性描寫，可以引起人們對玄宗溺愛貴妃的行爲的譴責，以及對"尤物"貴妃的痛恨。此外，《傳》中"自是六宮無復進幸者"一句《麗》中沒有，但《麗》第三段處有"自是天子不早朝，后夫人不得侍寢"的記述，蓋爲避免重複而省之。第二，《傳》中有"自是六宮無復進幸者。非徒殊艷尤態，獨能致是，蓋才智明慧，善巧洪佞，先意希旨，有不可形容者"。貴妃除了貌美還有"善巧洪佞"（"善巧"爲能言善辯之意，"洪佞"的"洪"與"便"音通，取"便佞"之意）的特點，是要極力表達貴妃籠絡天子的手段之高明，以突顯出貴妃的惡女本色及強者面貌。

（2）《麗》中有而《傳》中無的部分。《麗》中有"故以爲上宮春色，四時在目"，這是貴妃俘獲聖心後的具體表現，與《傳》中貶低貴妃的立場不同。在表達天子得到貴妃美色而心滿意足方面，比《傳》更具體。

（3）內容所在位置的差別部分。《傳》在上一段有"繇是冶其容，敏其詞，婉變萬態，以中上意，上益嬖焉"，而《麗》的描述爲"妖其容，巧其詞，歌舞談笑，婉變便佞，以中上心"，稍微改變了語氣置於本段中。《麗》在這一部分也在表現貴妃作爲"尤物"的一面，但與《傳》相比則力度較輕。另外，沒有使用《傳》中的"嬖"（即特別寵愛身份低微的女子）字，是不想用強烈的語氣批判天子對貴妃的愛情。

從總體上看，《麗》所呈現的貴妃像是嫵媚專情的，而"妖其容，巧其詞，歌舞談笑，婉變便佞，以中上心"的描寫則略顯違和，特別是"便佞"一語與《麗》所描寫的貴妃像相牴牾。可以做一個合理的推測，這部分的描寫是《麗》以《傳》爲底本進行改編時，未對《傳》中文字加以整理導致的。

## 【第五段】

這一段，描寫的均爲貴妃一族的榮華富貴與權勢。但是，《麗》中没有《傳》的"皆列在清貫"五字，且《傳》中"姊妹封國夫人，富埒王室"一句被改爲"女弟女兄，富埒王室"的四字句，如此一來，《麗》的描述比之《傳》就顯得輕描淡寫了。

較大的不同是《傳》中有而《麗》中無的部分。《傳》中"故當時謡詠有云，生女勿悲酸，生兒勿喜歡。又曰，男不封侯女作妃，君看女却爲門楣。其天下心羨慕如此"一段記述《麗》中没有。《傳》力圖呈現貴妃一族榮華富貴、專横跋扈的一面，以唤起讀者對貴妃及其一族的嫉恨和批判，《麗》中没有這一段描寫，是弱化對貴妃批判的表現，也就是説，《麗》是要接近《歌》中天子與貴妃的形象。

## 【第六段】

本段有多處不同。在描寫安禄山叛亂時，《麗》的記述爲"天寶未 [末]，兄國忠盜丞相位，竊弄國柄。羯胡亂燕，二京連陷"，既没有像《傳》一樣明確提出安禄山之名，也没有指出其打着討伐楊氏的旗號。因此，現實感就非常薄弱了，也可以看出其批判"尤物"貴妃的筆鋒之鈍是有意爲之。

在貴妃被殺之際，《麗》記述"拜於上前，回眸血下"，貴妃和天子做最後的告别，天子傷心泣血，而這樣的描寫不見於《傳》。"回眸血下"一語攝取了《歌》第 42 句"回看淚血相和流"。這兩句鮮明地描寫了嫵媚、文静的貴妃對天子的依依不捨和天子痛失愛妃的悲哀。

在描寫貴妃被殺的場景時，《麗》中"墜金鈿翠羽於地，上自收之"一句《傳》中没有。這是對《歌》第 39、40 句"花鈿委地無人收，翠翹金雀玉掻頭"的承襲。《歌》中記述爲翠翹、金雀等落地而無人拾取，而《麗》中則爲天子將之撿起。《歌》在表現貴妃的悽慘，而《麗》在表現天子對貴妃深深的愛。[1]并且，《麗》通過“嗚呼，蕙心紈質，天王之愛不得已［已］，而死於尺組之下”的記述，對貴妃的身心之美加以讚揚，進一步襯托出玄宗的悲痛。

《傳》中有“蒼黃展轉”四字，描寫了倉皇失措的貴妃被跟蹌帶走的場景，而這不見於《麗》。通過這一點可以得知，與《傳》相比，《麗》在詠歎貴妃之死時，盡量減少了悲慘的描寫，這與《歌》是接近的。

《麗》中有“叔向母云，其［甚］美必甚惡。李延年歌曰，傾國復傾城，此之謂也”，此段不見於《傳》。玄宗對貴妃的愛意正是《左傳》及《漢書》中所謂的天子沉溺於尤物的典型。這與白居易在《李夫人》中所言“鑒嬖惑也”的目的較爲接近。此外，這與《李夫人》的結局“人非木石皆有情，不如不遇傾城色”的内容也幾乎相同。《麗》描述了美女魅惑天子的天生之“惡”，極力表現了沉溺於美色而無法自拔的天子的情思之深，與《傳》不同，沒有使用強調“尤物”貴妃的主體性、主動性的筆法。

## 【第七段】

《麗》以“天子”“上”“天王”“太上皇”“漢天子”“帝”“君王”“上皇”等稱呼玄宗，把玄宗的心思稱爲“上心”“皇心”等，總之，原則上不提玄宗之名。唯一一處例外是記述天子禪位之時，不得已提出了玄宗、蕭宗的名字（第十一段“識語”中有“玄宗内傳”一語，但此爲書名，并非特指玄宗）。《麗》并非在記述史實或像《傳》一樣對史實進行改編利用，而是在強調虛擬的愛情故事的特質，這個態度在本段中亦無改變。

還都之時，途徑馬嵬。《麗》的描寫爲“大駕還都，駐六龍於馬嵬。道中君臣相顧，日月無光”，這段描寫不見於《傳》。“六龍”即天子駕六的馬

---

[1]　澤崎久和《關於〈麗情集〉所收〈長恨歌傳〉》（《東洋古典學研究》，1998 年第 5 集）認爲“金鈿翠羽”應取“金釵鈿合”，并將問題設定爲“後來，太真在仙界將此作爲信物授予方士的設定將無法進行，因爲這使故事前後矛盾，脫離本意”，并做了如下解釋：洪昇《長生殿》中，在貴妃將死之際，拜托高力士將金釵鈿合與其同共埋葬，所以後來金釵鈿合和貴妃共赴仙界，也就有了親手將金釵鈿合交給來到仙界的方士的情節。《麗》中的描寫爲玄宗親自撿起金釵鈿合陪葬貴妃，所以有了後來和貴妃共赴仙界的故事脈絡。但是，筆者認爲，不可以將“金鈿翠羽”和“金釵鈿合”視作同一物品，“金鈿”和“金釵”都是黄金髮簪，但“翠羽”和“鈿合”不是同一物品。

車。"道中君臣相顧"承襲了《歌》第 55 句"君臣相顧盡沾衣","日月無光"承襲了《歌》第 45、46 句"峨嵋山下少行人，旌旗無光日色薄"，[1] 對《歌》中描寫的失去貴妃後玄宗的寂寥（并非敗慘、零落）的部分多有攝取。

對還都後的描寫方面，《傳》中有"自南宮遷於西宮"，記述了肅宗對玄宗的疏遠，而這一點不見於《麗》。《麗》沒有像《傳》一樣着力表現玄宗的敗落，這在"不翼［翌］日，父子堯舜，天下大和，太上皇，就養南宮"的記述中可以明確得知。《麗》不但沒有記述肅宗疏遠玄宗，反而將二者喻爲堯舜一般的好皇帝，從而天下大治。之所以不將筆觸伸向玄宗的敗落，是因爲要悄無聲息地將重點聚焦於玄宗失去貴妃後的悲哀。

《麗》對失去貴妃後的玄宗的描寫要遠遠詳於《傳》，可見玄宗深陷悲哀之中無法自拔，這是在充分吸收了《歌》的表現手法的基礎上加工而成的。《麗》中"宮槐夏花，梧桐秋雨"描繪沒有了貴妃的陪伴而終日寂寥的玄宗，承襲了《歌》第 62 句"秋雨梧桐葉落時"；還有"春日遲遲兮，恨深。冬夜長長兮，怨急"承襲了《歌》第 69 句"遲遲鐘鼓初長夜"，[2] 將詩體轉換爲騷體（楚辭體），使玄宗失去貴妃後的怨恨躍然紙上。

《霓裳羽衣曲》本是懷念貴妃最好的歌曲，然而《麗》的描寫爲"每朱樓月曉，渌池冰散，梨園弟子，玉管一聲，聞電［霓］裳羽衣曲，則天□［顏］不怡，侍兒掩泣。三載一意，其念不哀［衰］。自是南宮無歌無［舞］之思"，每當聽到此曲，懷念貴妃之情痛徹心扉，索性今後不聞此曲。《麗》對天子的情思描寫非常細緻。

接下來《麗》的描寫爲"求諸夢而精魂不來，求諸神而致誠莫敢"，[3] 與之對應的《傳》的描寫爲"求之夢魂，杳不能得"，二者并無本質區別，均承襲了《歌》第 73、74 句"悠悠生死別經年，魂魄不曾來入夢"。此外，《麗》的"求諸神而致誠莫敢"中的"致誠"與《歌》第 76 句"能以精誠致魂魄"中的"精誠"有承襲關係。

---

［1］　原文誤作"峨嵋山下行人少，旌旗無日食薄"。——譯注
［2］　原文誤作"遲遲鐘漏初長夜"。——譯注
［3］　原文誤作"思求諸夢，而精魂不來。求諸神而致誠莫敢"。——譯注

本段中,《麗》與《歌》描寫的是同一種思念,同一種情感,表現手法幾乎相同。而《傳》爲了引出下一段對仙界的描述,雖然對玄宗的悲歡有一定的描寫,但與《麗》凸顯玄宗鬱鬱寡歡的簡潔筆法大不相同。

對《傳》中"既而玄宗狩成都,肅宗受禪靈武"一處,周相録《〈長恨歌〉研究》認爲,粗略一看貌似符合事實,但是正式的權力交接應在至德二載(757)歸京後,故此處記述是錯誤的。對此,《麗》不用"受禪"而用"受命"一詞是正確的。[1]筆者對此有不同見解,并反復申明《傳》爲了凸顯主題,利用史實時有所改編。此處是描寫失去貴妃後玄宗極度悲痛,雪上加霜的是又被肅宗奪去了皇位,如此一來玄宗的悲歡與落魄被很好地表現了出來。與之相對,《麗》將描寫的重點聚焦於失去愛人後的天子的悲痛,對玄宗、肅宗權力交接的描寫哪怕有違史實也是非常好的記述。

## 【第八段】

首先,在描寫方士尋找貴妃的記述上有細微的差別。《麗》對方士的介紹更加詳細。另外,《傳》"知皇心念楊妃如是"中較爲冷静地"知"道"皇心""如是",而《麗》的描述則爲"感皇心追念楊貴妃不已[已]",表現了方士對玄宗思念貴妃的切實體會,并爲之感動,強調了方士與天子的同感。"感"字承襲《歌》第77、78句"爲感君王展轉思,遂教方士殷勤覓"。

此外,《傳》中有"玄宗大喜,命致其神"的記述,得知方士是收到玄宗的命令纔去尋找貴妃的,而《麗》的記述則是方士有感於"皇心",在沒有玄宗授命的情況下主動登上"大羅天"尋找貴妃,強調了方士的積極性。

本段中對貴妃即仙界的"玉妃"的描寫有較大差異。

截至蓬萊宮"太真院"的記述。《麗》的"碧落"即藍天,承襲了《歌》第81句"上窮碧落下黃泉","目眩心搖,求之不見"是將《歌》第82句"兩處茫茫皆不見"改爲四字二句而成,"金殿西廂"承襲了《歌》第89句"金

---

[1]  周相録,《〈長恨歌〉研究》,巴蜀書社,2003年,第53—54頁。

闕西廂叩玉扃"。可見《麗》多處承襲《歌》語，是對《歌》的忠實解釋。

對到達"玉真太妃院"後的記述。此處的"玉真太妃院"應爲"玉妃太真院"，蓋爲書寫或刊刻時的單純錯誤。這也是周相録《〈長恨歌〉研究》所指出的明朝重刊時，由於書寫者學識水準較低，致使錯誤百出中的一例。[1]

本段中《麗》的記述遠比《傳》簡潔。《傳》爲何更爲詳盡呢？這是爲了在下一段呈現出一個傲慢的貴妃形象。《傳》中，首先出來接待方士的是"雙鬟童女"，方士謹慎應對（方士的態度被描寫爲卑者，與之相反，玉妃一方則妄自尊大、傲慢無禮），童女入門後又出來一個碧衣侍女，以強橫的姿態"詰其所從來"，聽明來意後侍女以"玉妃方寢"爲由讓方士在外等候。方士恪守禮制，雙手拱於胸前，屏息久候之後，玉妃登場。《傳》的描寫中透露着玉妃一方的傲慢。

再對比《麗》的描寫，并未發現對玉妃妄自尊大的形象的描述。方士與玉妃之間的媒介，祇有"青衣玉童"而已，沒有像《傳》一樣分成了兩個階段，僅此一點就將情節大大簡略化了，當然更沒有"玉妃方寢"之類輕視使者的描寫。在最後，《麗》對方士等待的場景的描寫爲"既入瓊扉重闈，悄然無聲。方士息氣重足，拱手門下"，這與《傳》幾乎相同，但僅從《麗》的此處描寫無法感受到玉妃的傲慢。或許聞聽天子的使者前來這樣一件大事，貴妃在裏面大爲驚訝抑或驚慌失措等等，這些足以引發讀者豐富的想象。


## 【第九段】

本段爲方士在仙界與貴妃相見的場景。《麗》與《傳》有重大差異。

《麗》中有"方士傳漢天子命，言未終，退立慘然，憶一念之心，復墮下界"的記述，貴妃一聽到方士的話便做出立即下界的決定，并未像《傳》那樣，把這一點作爲玉妃就是貴妃的證據而將此處置於下一段。如此一來，就很好地表現了貴妃對愛情的直白吐露，且聽方士說話時是用"言未終"一

---

[1]　周相録，《〈長恨歌〉研究》，巴蜀書社，2003 年，第 65 頁。

語，這樣，玄宗所愛的貴妃的情思和姿態就被凸顯了。貴妃的感歎是強烈的，《麗》中有"憶一念之心"的描寫，《傳》在下一段有類似的記述，即"由此一念，又不得居此，復墮下界，且結後緣。或爲天，或爲人，決再相見，好合如舊"，筆者認爲，這部分的記述明顯表明《傳》爲先出。《傳》將此部分置於玉妃回憶起七月七日與玄宗的誓約以後，這樣非常自然。反之，《麗》中玉妃一聽方士來意便起念下凡的描寫難免有唐突之感。《麗》在本段極力描寫深愛着玄宗的玉妃（仙界的貴妃）對玄宗迸發出強烈的思念，將這一場景放在對話的開頭部分，強調了玉妃對玄宗的愛意之深切以及玄宗所愛的貴妃之嬌美。此外，《麗》的"憶一念之心，復墮下界"與《傳》的"由此一念，又不得居此，復墮下界，且結後緣"有重大的差別。《傳》中説"不得居此"，意思是説下界并非貴妃的主觀要求，而是不得已——或許是仙界的規定——而爲之。《麗》中的描寫則未言及其他因素的影響，祇有貴妃單方面表明下界的意願，從這一點可以看出貴妃對玄宗一廂情願的愛意。

與此重大區別相對應，和《傳》相比，《麗》中所呈現的貴妃形象更加嫵媚可親。從登場來看，《傳》中的玉妃是妄自尊大的，"見一人冠金蓮，披紫綃，佩紅玉，曳鳳舄，左右侍者七八人"，在尊貴的仙女周圍有侍者七八人，表明玉妃是等級較高的仙女。與此相對，《麗》的描寫則營造了一種平淡、有親和力的場面，一衆仙女有説有笑地將方士引入堂上見貴妃，富麗堂皇的明快感，使人心安神怡。

此外，玉妃"褰九華悵［帳］"一語承襲了《歌》第92句"九華帳裏夢魂驚"。形容貴妃爲"冰雪姿"與《歌》第88句的"雪膚"有承襲關係。

下面看看玉妃的服飾。《傳》的描寫爲"冠金蓮，披紫綃，佩紅玉，曳鳳舄"，連用四句將全身華貴的仙女形象呈現在眼前，強調了玉妃的高階仙女的身份。《麗》的相關描寫則爲"芙蓉冠，露綃帔"，僅以兩句總結其服飾。"芙蓉"一詞分別三次見於《歌》第14句"芙蓉帳暖度春宵"、[1] 第58句"太液芙蓉未央柳"、第59句"芙蓉如面柳如眉"[2]。芙蓉所象徵的艷麗、

---

[1]　原文誤作"芙蓉帳春度春宵"。——譯注
[2]　原文誤作"第60句"。

專情[1]符合貴妃的特點，這一點，《麗》承襲了《歌》。另外，"芙蓉"比之"金蓮"則樸素了許多，"露綃"與"紫綃"相比不是"紫"那樣的高貴顏色。《傳》在極力呈現一個玉妃（仙界的貴妃）的高貴形象，而《麗》則將焦點集中於對玉妃女性美的描寫。

如上所述，《麗》中有玉妃產生"一念之心"的描寫，而《傳》中則是聽完方士的話後命侍女取來金釵、鈿合，一割爲二送給方士，後面交代的話也十分冷靜、簡短，"爲我謝太上皇，謹獻是物，尋舊好也"。《麗》的相關部分則爲"因泣下，使青衣小童取金釵一股、鈿合一扇，奉太上皇。苟心如金堅如鈿，上爲天人，下爲世人，重相見時好合如舅〔舊〕"，整體上心思細膩且更詳細，不僅如此，貴妃是且泣且訴地命青衣將金釵、鈿合交付方士的，《傳》中并沒有對玉妃流淚的描寫。另外，《傳》中沒有"苟心如金堅如鈿"一句，此句是經《歌》第111、112句"但教心似金鈿堅，天上人間會相見"改編而成。通過這樣的描寫，強烈地傳達了玉妃對天子的愛之深之切，塑造了一個嫵媚可親的貴妃形象。

方士收到信物即將離開之際面有不滿之色，玉妃問其何故。方士回答説是否有僅玄宗、貴妃二人纔知的信物作爲證據。這部分的描寫《傳》與《麗》大致相同，這是方士的應答，最好沒有區別，因爲這不會影響到貴妃的形象。

## 【第十段】

此段有較大的差異，即上述《傳》中"由此一念，又不得居此……"部分，置於《麗》相關記述的上一段。

《傳》中有記載太上皇即將離世，而《麗》中沒有提及。對《麗》中

---

[1] 遠藤寬一《〈長恨歌〉研究（二）：圍繞被比喻爲楊貴妃的"花"》（《『長恨歌』の研究（二）：楊貴妃に喩えられた"花"を巡って》，《駒木原國文》，1996年第7號）中對貴妃不被比喻牡丹而被比喻爲芙蓉提出了以下理由："正如《牡丹芳》《買花》等詩歌中所表現的一樣，牡丹所代表的女性妖艷、濃麗，時而輕薄。與之相對，芙蓉是深秋孤寂之時盛開的鮮花，耐霜，象徵堅韌又有強大精神力量的女性。所以，白居易在《歌》中所描寫的楊貴妃并不是妖艷好色具有野心的女性，而是忠於玄宗的堅韌的女性。"

"嘻女德無極者也"之后的文字將在下文進行探討。

訴説七月七日誓約的開始部分。《傳》的記述爲"玉妃茫然退立，若有所思，徐而言曰"，[1] 依然是冷靜的態度。方士想得到衹有玄宗與貴妃二人之間纔知道的信息作爲證據，玉妃思索片刻説出了二人的誓約。對此，《麗》的描述爲"仙子欽［斂］容低肩［眉］，合［含］羞而言"，與其説是提供了證據，倒不如説是想起了二人盟誓的場面與誓言，表現出一種害羞的神態。也就是説，超越了證據本身，使人感受到玉妃對玄宗純粹的愛。

七月七日的夜裏，二人盟誓交談的場景。《傳》的記載爲"天寶十載"，而《麗》則是"天寶六年"。史實是玄宗於開元二十八年（740）將楊氏女召入華清宮，擢升其爲貴妃是在天寶四年（745）。天寶六年（747）距楊氏女升爲貴妃相去未遠，而天寶十年（751）則是楊氏女升爲貴妃數年後的事情。可以做一個推測，或許《麗》在強調升爲貴妃不久的楊氏女還帶着少女情操。如果《麗》是據《傳》改編的話，故意將"天寶十載"改爲"天寶六年"，貴妃的情竇未開便得以彰顯了。

《傳》中記述"時夜殆半，休侍衛於東西廂，獨侍上。上憑肩而立"，描述了玄宗委身玉貴妃肩上，從這一點來看，玄宗對貴妃的依戀更多一些。而《麗》的描寫則爲"獨侍於帝，馮肩而玄［立］"，是貴妃依偎在天子懷中的樣態，呈現了一個深愛着玄宗的貴妃像。

在告訴方士二人的誓約後，《傳》的描寫爲"由此一念，又不得居此，復墮下界，且結後緣。或爲天，或爲人，決再相見，好合如舊"。而《麗》的相關部分是在玉妃剛見到方士時就説的，對本處差異的看法已在前文論及。

《傳》中記述如果貴妃再次萌生對玄宗的眷戀，那麼衹能墜落凡間。對此，玉妃説道："因言太上皇亦不久人間，幸惟自安，無自苦耳。"預言了玄宗將不久於人世，讓其保重身體。這樣的描寫不見於《麗》，因爲預言玄宗將死與貴妃深愛着玄宗是矛盾的。正如上述所言，既然愛了就無法擺脱愛的魔力，是爲了這個敘事主軸纔刪掉這句話的吧（如果《傳》爲先出的話）。

---

[1]  原文誤作"徐而言之曰"。——譯注

方士向玄宗報告的場面。《麗》僅有"方士還長安，奏於太上皇。上皇甚感自悲，殆不勝情"一句，并未提及太上皇之死，取而代之以"嘻女德無極者也，死生大別者也。故聖人節其欲，制其情，防人之亂者也。生感其志，死溺其情，又如之何"，可以說這也是《麗》的目的、主題。這一點與《李夫人》十分相似。《李夫人》的最後四句爲"生亦惑死亦惑，尤物惑人忘不得。人非木石皆有情，不如不遇傾城色"。《麗》識語前的部分也與《李夫人》相同，在確認"尤物"無限魅力（＝魔力）的同時，強調愛上"尤物"後天子的悲歎。但不像《李夫人》以"不遇傾城色"爲結局，沒有訓誡的意味。比起訓誡，《麗》更像是在對一個深陷愛情的男人發出詠歎。這一點，《麗》接近《歌》。從主題的角度來看，《麗》和《傳》相去甚遠，甚至完全相反，或許將其定位在《歌》與《李夫人》之間最爲精密。

## 【第十一段】

識語部分有較大的差異。《傳》中記述，三人共游仙游寺，王質夫勸説白居易作《歌》，陳鴻作《傳》。但在《麗》中沒有三人相聚一事，是以王質夫的提議爲契機，白居易作《歌》，陳鴻作《傳》。《長恨歌傳》的記述也提到，因爲不是史官，并不是瞭解當時的情況纔寫的。社會上對玄宗的認知，正如玄宗的傳記所記載的那樣：我衹不過是根據王質夫的敘述撰寫的。

王質夫的作用很大。《長恨歌》與《長恨歌傳》的誕生都源自王質夫的提議。而且，記述的內容既非世人所不知，亦非世人特別瞭解的。作者提到，這篇文章衹是依據王質夫的敘述撰寫的。這表明《麗》的作者并非依據事實撰寫的一種姿態。

另一問題與《麗》的主題息息相關，即《麗》中沒有記述"懲尤物"。如果說《麗》是以《傳》爲底本改編創作的話，那麼兩相比較，會發現作者着力描寫尤物的絕世美艷對天子之心的俘獲，并表達出對男女間的愛情力量的巨大感歎，反映了其獨有的主題。

## 結語

　　將《麗》與《傳》比較來看，在故事的表象敘事方面，《麗》與《傳》幾無差異。但是，在每個段落的比較分析中可以發現，《麗》對貴妃的描寫不像《傳》那樣冷淡，而是在描述貴妃的魅力方面下了很大的功夫。

　　《麗》在多處承襲了《歌》，塑造了與《歌》接近的貴妃像。另外，《麗》似乎也將《李夫人》作爲重要素材加以利用。這樣看來，《麗》在主題與表現手法兩個方面，與《傳》相去甚遠，而是介於《歌》與《李夫人》之間。

　　《歌》表達了愛的無限力量，與此相比，《麗》着力描寫"尤物"（絕世美女）的魅力（＝魔力），感歎於愛上美女而無法自拔的深愛的力量。這一點與《李夫人》不同，比起《李夫人》，更充分地表現了"尤物"的魅力，描寫了成爲"尤物"俘虜的天子，但沒有訓誡的意味。所以，《麗》應定位於《歌》與《李夫人》之間，而更接近《歌》一些。

　　關於《麗》與《傳》的前後關係，筆者已發表拙見：《傳》爲陳鴻的原作，而《麗》是後人以《傳》《歌》《李夫人》爲素材進行改編而成的，是一種新的創作。

　　再説明一下，筆者以非常簡單的理由認爲《傳》是陳鴻的原作或接近其原作。爲什麼呢？因爲傳到日本的舊鈔本金澤本中就收有《長恨歌傳》。也就是説，存世最古老、得到白居易親自肯定、且在其生前就已經流傳的《白氏文集》中就收錄了《長恨歌傳》。即使不做文字及内容的比較，也可以認定《文集》所收的《長恨歌傳》理應是原本有之（現不考慮《傳》諸本間的文字異同）。

　　當然，認爲《麗》成於《文集》編撰之前，應是陳鴻的原作，後來白居易將其改編爲《傳》并收錄到《白氏長慶集》（長慶四年［824］）中，這也是有一定可能性的。但是，這樣的話問題就出現了。《麗》是以何種狀態與《文集》所收《傳》同時流行於世的？正如錢鍾書所言，能顯示北宋初期

《麗》曾被閱讀過的材料衹有一例而已，[1] 從元和年間至唐末，没有材料能證明《麗》曾被閱讀過。所以，《麗》應是北宋初期的宋人所作。

此外，從誤字之多與脱字的情況來看，有幾個地方比較難讀，因此《麗》在被《麗情集》《京本大曲》收録之前罕有人讀的可能性極高（通常情況下，有多人閱讀通行的材料時，會經常將原本難讀字句改爲通俗文字）。《麗》誤字、脱字、難解處的存在，與其説是元和初年以來至北宋初期的200多年間很少有人讀過，倒不如説是《麗》原本就成立於北宋初期，故尚未有足夠的時間讓世人閱讀，這樣理解難道不更合理嗎？

《麗》是以《文集》所收《傳》爲底本改編加工而成的，同時在表現手法方面大量承襲了《歌》，還參考了《李夫人》，是北宋初期的作品。其主題與《歌》非常接近，對天子深愛"尤物"時愛的無限力量（＝魅力、魔力）發出了强烈的感歎。

## 附録　《長恨歌傳》:《麗情集》與《文集》的原文比較表[2]

| 段落 | 《麗》 | 《傳》 |
|---|---|---|
| 0 | 此篇又見《麗情集》及《京本大曲》，頗有異同，并録於後。 | |
| 1 | 開元中，六符炳靈，四海無波。禮樂同，人神和。天子在位歲久，倦乎旰食。始委國政於右丞相。端拱深居，儲思國色。先是元獻皇后、武惠妃皆有寵，相次夢[薨]謝。宮侍無可意者。上心忽忽[忽忽]焉不自樂。 | 開元中，泰階平，四海無事。玄宗在位歲久，勌於旰食宵衣。政無小大，始委於右丞相。稍深居游宴，以聲色自娱。先是元獻皇后、武淑妃皆有寵，相次即世。宮中雖良家子千萬數，無可悦目者。上心忽忽不樂。 |

---

[1]　周相録《〈長恨歌〉研究》依據錢鍾書《管錐編》（中華書局，1979年）第二册《太平廣記二一〇　卷四八六》《青瑣高議》前集卷六秦醇《趙飛燕別傳》中有"昭儀坐其中、若三尺寒泉浸明玉"之記載，認爲其承襲了《麗》的"清瀾三尺，中洗明玉"之記載，提出《青瑣高議》的編者是劉斧——北宋仁宗、哲宗時人，早於秦醇。秦醇與《麗情集》的編者張君房爲同時期或早於張君房的人，錢鍾書、周相録舉出了北宋初期《麗》（《麗情集》的《長恨歌傳》或單行後又被收録到《麗情集》的《長恨歌傳》）被閱讀過的一例。

[2]　《麗》原文中以"[　]"標示部分，表示原文意思不通，認定爲因字音、字形而產生的錯誤，文字的修正參考了澤崎久和《關於〈文苑英華〉所收〈麗情集〉〈長恨歌傳〉》（《東洋古典學研究》，1998年第5集）。

续表

| 段落 | 《麗》 | 《傳》 |
|---|---|---|
| 2 | 時歲十月，駕幸驪山之華清宮，浴於溫泉。內外命婦，熠耀景從。浴曰［日］餘波，賜以湯浴。靈液不凍，玉樹早芳，春色淡蕩，思生其間。上心油然，恍若有遇。顧宮女三千，粉光如土。使搜諸外宮，得弘農楊氏女。 | 時每歲十月，駕幸花清宮。內外命婦，焜耀景從。浴曰餘波，賜以湯沐。春風靈液，淡蕩其間。上心油然，若有顧遇。顧左右前後，粉色如土。詔高力士潛搜外宮，得弘農楊玄琰女於壽邸。 |
| 3 | 既笄矣。綠雲生鬢，白雪凝膚。渥□［飾］光華，纖懎［穠］有度，舉上［止］閑冶，如漢武帝李夫人。上見之，明日詔浴華清池。清瀾三尺，中洗明玉。蓮開水上，鸞舞鑒中。既出水，嬌多力微，不勝羅綺。春正月，上心始悅。自是天子不早朝，后夫人不得侍寢。 | 既笄矣。鬢髮膩理，纖穠中度，舉止閑冶，如漢武帝李夫人。別疏湯泉，詔賜澡瑩，既出水，體弱力微，若不任羅綺，光彩煥發，轉動照人。上甚悅，進見之日，奏霓裳羽衣以導之。定情之夕，授金釵鈿合以固之。又命戴步搖，垂金璫，明年冊爲貴妃，半后服用。繇是冶其容，敏其詞，婉孌萬態，以中上意，上益嬖焉。 |
| 4 | 時省風九州，泥金五岳，驪山雪夜，上陽春朝，行同輦，止同宴。妖其容，巧其詞，歌舞談笑，婉孌便佞，以中上心。故以爲上宮春色，四時在目。天寶中，後宮良家女萬數，使天子無顧昐意。 | 時省風九州，泥金五岳，驪山雪夜，上陽春朝，與上行同輦，止同室。宴專席，寢專房。雖有三夫人、九嬪、二十七世婦、八十一御妻暨後宮才人、樂府妓女，使天子無顧盼意。自是六宮無復進幸者。非徒殊艷尤態，獨能致是，蓋才智明慧，善巧洪佞，先意希旨，有不可形容者。 |
| 5 | 叔父昆弟，皆爲通候［侯］。女弟女兄，富埒王室。車服制度，爵邑邸第，與大長公主侔矣。恩澤勢力則又過之。出入禁門不問，京師長吏爲之側目。 | 叔父昆弟，皆列在清貫，爵爲通侯。姊妹封國夫人，富埒王室，車服邸第，與大長公主侔，而恩澤勢力，則又過之。出入禁門，不問名姓。京師長吏爲之側目。故當時謠詠有云，生女勿悲酸，生兒勿喜歡。又曰，男不封侯女作妃，君看女却爲門楣。其天下心羨慕如此。 |
| 6 | 天寶未［末］，兄國忠盜丞相位，竊弄國柄。羯胡亂燕，二京連陷。翠華南幸，駕出都西門。百餘里，六師俳個，擁戟不行。從官郎吏，伏上馬前，請誅錯以謝之。國忠奉氂纓盤水，死於道 | 天寶末，兄國忠盜丞相位，愚弄國柄。及安禄山引兵向闕，以討楊氏爲辭，潼關不守。翠花南幸，出咸陽道，次馬嵬亭。六軍俳個，持戟不進。從官郎吏伏上馬前，請誅錯以謝天下。國 |

| 段落 | 《麗》 | 《傳》 |
|---|---|---|
|  | 周。左右之意未快。當時敢言者，請以貴妃塞天下之怒。上慘容但［怛］心，不忍見其死。反袂掩面，使牽之而去。拜於上前，回眸血下。墜金鈿翠羽於地，上自收之。嗚呼，蕙心紈質，天王之愛不得巳［已］，而死於尺組之下。叔向母云，其［甚］美必甚惡。李延年歌曰，傾國復傾城，此之謂也。 | 忠奉犛纓盤水，死於道周。左右之意未快，上問之，當時敢亦言者，請以貴妃塞天下之怒。上知不免，而不忍見其死。反袂掩面，使牽之而去。蒼黃展轉，竟就絕於尺組之下。 |
| 7 | 既而玄宗狩成都，肅宗受命靈武。粵明年，大赦改元。大駕還都，駐六龍於馬嵬。道中君臣相顧，日月無光。不翼［翌］日，父子堯舜，天下大和，太上皇，就養南宮。宮槐夏花，梧桐秋雨，春日遲遲兮，恨深。冬夜長長兮，怨急。自死之曰［日］，齋之月，莫不感皇容，悼宸衷。每朱樓月曉，渌池冰散，梨園弟子，玉管一聲，聞電［霓］裳羽衣曲，則天口［顏］不怡，侍兒掩泣。三載一意，其念不哀［衰］。自是南宮無歌無［舞］之思。求諸夢而精魂不來，求諸神而致誠莫敢。 | 既而玄宗狩成都，肅宗受禪靈武。明年，大凶歸元。大駕還都，尊玄宗爲太上皇，就養南宮，自南宮遷於西宮内。時移事去，樂盡悲來。每至春之日，冬之夜，池蓮夏開，宮槐秋落。梨園弟子，玉管發音，聞霓裳羽衣一聲，則天顏不怡，左右歔欷。三載一意，其念不衰。求之夢魂，杳不能得。 |
| 8 | 成都方士能乘氣而游上清。感皇心追念楊貴妃不巳［已］。乃上大羅天，入地府，目眩心搖，求之不見。遂駕瑯輿，張雲蓋［蓋］，浮碧落，東下海中三山，遂入蓬萊宮中。金殿西厢有洞户，闔其門。署曰玉真太妃院。扣門久之，有青衣玉童出。方士傳漢天子命，既入瓊扉重闔，悄然無聲。方士息氣重足，拱手門下。 | 適有道士自蜀來，知皇心念楊妃如是，自言有李少君之術。玄宗大喜，命致其神，方士乃竭其術以索之，不至。又能游神馭氣，出天界，没地府以求之，又不見。又旁求四虛上下，東極絕天海，跨蓬壺，見最高仙山。上多樓闕，西厢下有洞户，東向，纏其門，署曰玉妃太真院。方士抽簪叩扉，有雙鬟童女出應門。方士造次未及言，而雙鬟復入。俄有碧衣侍女又至，詰其所從來。方士因稱唐天子使者，且致其命。碧衣雲，玉妃方寝，請少待之。於時雲海沈沈，洞天日暮。瓊户重闔，悄然無聲。方士屏息斂足，拱手門下。 |

续表

| 段落 | 《麗》 | 《傳》 |
|---|---|---|
| 9 | 海上風微，洞天日暖，乃見仙女數人，相隨出戶，延客，至玉堂。堂上褰九華帳［帳］，有一人冰雪姿。芙蓉冠，露綃帔。儼然如在姑射山，前揖。方士傳漢天子命，言未終，退立慘然，憶一念之心，復墮下界。因泣下，使青衣小童取金釵一股、鈿合一扇，奉太上皇。苟心如金堅如鈿，上爲天人，下爲世人，重相見時好合如舅［舊］。方士受其信將行，色有不足。玉妃固徵其意，復前跪致詞，曰：請付當時一事，不聞於人者，驗［驗］於漢天子。畏金釵鈿合，負新垣平之詐也。 | 久之，而碧衣延入。且曰，玉妃出。見一人冠金蓮，披紫綃，佩紅玉，曳鳳舄，左右侍者七八人。揖方士，問皇帝安否，次問天寶十四載已還事。言訖憫默。指碧衣女取金釵鈿合，各析其半，授使者曰，爲我謝太上皇，謹獻是物，尋舊好也。方士受辭與信，將行，色有不足。玉妃固徵其意，復前跪致詞，請當時一事，不聞於他人者，驗於太上皇。不然，恐鈿合金釵，負新垣平之詐也。 |
| 10 | 仙子欽［斂］容低肩［眉］，合［含］羞而言曰，昔天寶六年，侍輦［輦］避暑於驪山宮。七月，牽牛織女相見之夕。秦人風俗，是夜張錦繡繒綺，樹瓜花，陳飲食，焚香於庭，謂之乞巧。三拜畢，縷針於月，紝綫於裳，夜方半，歇侍衛於東西廂。獨侍於帝，憑肩而玄［立］。相與盟心，誓曰，世世爲夫婦。誓畢執手，各嗚咽。此獨君王知之。方士還長安，奏於太上皇。上皇甚感自悲，殆不勝情。嘻女德無極者也，死生大別者也。故聖人節其欲，制其情，防人之亂者也。生感其志，死溺其情，又如之何。 | 玉妃茫然退立，若有所思，徐而言曰，昔天寶十載，侍輦避暑驪山宮。秋七月，牽牛織女相見之夕，秦人風俗，是夜張錦繡，陳飲食，樹瓜花。焚香於庭，號爲乞巧，宮掖間尤尚之。時夜殆半，休侍衛於東西廂，獨侍上。上憑肩而立，因仰天感牛女事，密相誓心，願世世爲夫婦。言畢，執手各嗚咽，此獨君王知之耳。因自悲曰，由此一念，又不得居此，復墮下界，且結後緣。或爲天，或爲人，決再相見，好合如舊。因言太上皇亦不久人間，幸惟自安，無自苦耳。使者還，奏太上皇。皇心震悼，日不豫。其年夏四月，南宮晏駕。 |
| 11 | 元和年冬十二月，大［太］原白居易慰［尉］於盩屋［屋］。予與瑯邪王質夫，家仙游谷。因暇曰［日］，攜手入山。質夫於道中，語及於是，白樂大［天］深於思者也。有出世之才，以爲往事多情而感人也深。故爲長恨詞，以歌之。使鴻傳焉。世所隱者，鴻非史官不知，所知者有玄宗内傳今在。予所據王質夫説之爾。 | 元和元年冬十二月日，太原白樂天自校書郎尉於盩屋，鴻與瑯邪王質夫家於是邑。暇日相攜游仙游寺，語及此事，相與感歎。質夫舉酒於樂天前曰，夫希代之事，非遇出世之才潤色之，則與時銷没，不聞於世。樂天深於詩，多於情者也。試爲歌之，如何？樂天因爲長恨歌。意者不但感其事，亦欲懲尤物，窒亂階，垂於將來也。歌既成，使鴻傳焉。世所不聞者，予非開元遺民，不得知。世所知者，有玄宗本紀在，今但傳長恨歌云爾。 |

# 戚繼光兵書在朝鮮的流變考釋*

## 屈廣燕

**摘　要**　戚繼光軍事思想代表作《紀效新書》和《練兵實紀》於壬辰倭亂期間（1592—1598）東傳朝鮮，但一直存在着重《紀效新書》而輕《練兵實紀》現象。側重“禦倭”的《紀效新書》一經傳入立即受到朝鮮君臣重視，迅速應用於本國軍事訓練；側重“防胡”的《練兵實紀》曾被考慮推行於北邊界軍中，以抵禦日益崛起的女真，但并未着力實施。入清以後，朝鮮内外安定，戚氏兵書又成爲朝鮮“尊周思明”的載體。

**關鍵詞**　壬辰倭亂，《紀效新書》，《兵學指南》，《練兵實紀》

早在嘉靖年間戚繼光及其領導的戚家軍就因倭戰成名，調任薊州主持防務後，朝鮮使臣朝貢途中就對戚家軍有了初步的印象。萬曆二年（1574），使臣趙憲（1544—1592）出使明朝途經薊州，見師行有律，“步卒數千，荷兵糧以行，不敢恃衆而掠人之物”，“憩於田傍，不敢取田禾一束以秣其驢”，尋問得知爲戚氏軍隊，并瞭解到戚繼光事迹。回國後，他向朝鮮宣祖（1567—1608 在位）轉述如下：“其爲人，秉公持正，憂國忘私，頃嘗備倭於南方也。始勤募練，變弱爲强，子犯軍令，收而斬之曰：‘爾不用命，孰肯畏我。’自是三軍股栗，遂無懈玩之習，莫不以死力戰，而方張之虜，乃潰而散。江南沿海之所以迄無大警者，蓋緣戚公之所以嚴軍法而振士氣者，屹有名將之風。故穆宗皇帝移置薊門，倚爲鎖鑰。”“邊鄙之人賴以少憂。”[1]趙憲還將所得戚繼光《止止堂集》及文帖三幅呈上，即“出師時祭海岳隍

---

*　屈廣燕，寧波大學人文與傳媒學院副教授。
[1]　趙憲，《質正官回還後先上八條疏》，《重峰集》卷三，韓國文集叢刊標點影印本，第54冊，景仁文化社，1990年，第184頁。

纛等神文，祭戰亡將士及曾爲麾下而立功之人之文，及記其師臨難善處之辭”，[1]建議爲戚繼光立傳并刊印其文，廣布軍中，“使倚命自畫之徒有感慕而興起，則彼知當今之世果有如許名將，雖垂翅回溪之人，終能奮翼於澠池矣”。[2]不過此事并無下文，可能没有引起朝鮮關注，或者相關記載散失於之後的戰亂。

## 一　《紀效新書》東傳及朝鮮的推行

萬曆二十年（1592）春，日本舉兵侵入朝鮮，李氏軍隊一潰千里，宣祖逃至鴨緑江邊的義州，等待明朝援軍。七月，明朝派祖承訓領三千餘人赴朝鮮與日軍交戰，兵敗而歸。同年底，李如松率大軍前往朝鮮，并於次年正月取得平壤大捷，戰勢纔稍有緩解。宣祖詢問明軍前後勝敗之異，李如松稱“前來北方之將恒習防胡戰法，故戰不利。今來所用乃戚將軍《紀效新書》，乃禦倭之法，所以全勝也”。[3]朝鮮獲得《紀效新書》後，政丞柳成龍（1542—1607）[4]積極研習，對該書極爲推崇。恰逢此時明軍參將駱尚志[5]向柳成龍提出由南兵指導朝鮮練兵的構想，“乘此南兵未還之前，急急學習操練火炮、筤筅、長槍、用劍、鳥銃器械”，[6]“雖倭奴有復來之念，我有精兵待之”。[7]明軍南兵，即浙兵。朝鮮君臣表示讚同，募集兵卒送至駱尚志

---

[1]　趙憲，《朝天日記》，《重峰集》卷十，韓國文集叢刊標點影印本，第 54 册，景仁文化社，1990 年，第 346 頁。

[2]　韓國國史編纂委員會，《朝鮮宣祖修正實録》卷八，“七年（1574）十一月辛未”條，探求堂，1970 年，第 39 頁。

[3]　韓國國史編纂委員會，《朝鮮宣祖修正實録》卷二八，“二十七年（1594）二月庚戌”條，探求堂，1970 年，第 2 頁。

[4]　柳成龍，字而見，號西厓，名儒李滉門下，出入經幄二十五年，壬辰倭亂爆發時臨危受命，與明朝將士有廣泛接觸，所著《西厓集》《懲毖録》等成爲今天研究壬辰戰争的重要史料。

[5]　駱尚志，生卒年不詳，號雲谷，浙江餘姚（今慈溪）人，平壤之戰時，“賊從陣上滚下巨石中其腹，尚志不動，奮身直上，賊披靡，諸軍從之，遂復平壤城”，因戰功著，被朝鮮配享武烈祠。參見申欽，《天朝詔使將臣先後去來姓名（記自壬辰至庚子）》，《象村稿》卷三九，韓國文集叢刊標點影印本，第 72 册，景仁文化社，1990 年，第 272、273 頁。

[6]　柳成龍，《再乞練兵且仿浙江器械多造火炮諸具以備後用狀》，《西厓集》卷六，韓國文集叢刊標點影印本，第 52 册，景仁文化社，1990 年，第 125 頁。

[7]　《唐將書帖・唐將詩畫帖》解説，朝鮮史料叢刊，第 4 册，朝鮮總督府，1934 年，第 12 頁。

營中，後者"撥營中南校十人分教之，或親至卒伍中，手自舞劍用槍，教之甚勤"。[1]練兵活動也得到了明東征經略宋應昌的肯定，并正式移諮朝鮮國王："亟行全羅、慶尚、京畿等道，令陪臣募選膂力精壯軍人，以多爲善。即使陪臣管轄盡發副將劉綎、吳惟忠、駱尚志等營，本部令行各將知會，如選兵到日，令其所服衣甲與南兵同，所執器械與南兵同，令各營教師訓練起伏擊刺之法與南兵同，不數月間自與南兵無二……"[2]《紀效新書》本就是戚繼光訓練浙兵禦倭的經驗總結，浙兵也多按此書教授朝鮮將士。[3]

　　萬曆二十一年（1593）十月，宣祖還都漢城，設立訓練都監，任命柳成龍爲都提調，全權負責練兵，"凡戈楯炮鈹皆仿戚繼光書"，即指《紀效新書》。由於《紀效新書》"多用方言，枝蔓重複，未易究竟。且武藝有圖無譜，陣法散出不備"，[4]朝鮮積極向浙兵求教，"文字及器械名物有難曉處，趁此天兵未還之前，令聰敏之人多般辨質"，[5]洞然無疑後，命韓嶠（1556—1627）將該書整理勘校爲三卷，稱爲《紀效新書節要》，作爲"將士操練之規"。内容包括："撮要一卷，以便觀覽；又抄操練變陣之法爲一書且逐條圖畫，使之一見了然；又別圖各樣器械而詳解行用勢譜於其下。"[6]爲得到純正的戚法訓練，柳成龍聘請精通《紀效新書》的南兵到朝鮮軍中任教，確保練兵不偏離方向，有些浙籍將士戰爭結束後依然留在朝鮮軍中傳教。朝鮮還設置獎懲制度，提升軍中將士研習《紀效新書》的積極性。規定"今此各樣武藝用劍用槍之法，能中《紀效新書》規式者，別爲論賞，并試於科舉"，[7]要求武將每月至訓練都監學習《紀效新書》，"依平時賓廳講書之例，聚會考

---

[1]　柳成龍，《西厓先生年譜一》，《西厓集》後附，韓國文集叢刊標點影印本，第52冊，景仁文化社，1990年，第512頁。

[2]　宋應昌，《移朝鮮國王諮》，《經略復國要編》卷十，臺灣華文書局，1968年，第804、805頁。

[3]　關於朝鮮軍隊中南兵教官的具體情況，可參見楊海英、任幸芳，《朝鮮王朝軍隊的中國訓練師》，《中國史研究》，2013年第3期。

[4]　鄭琢，《紀效新書節要序》，《藥圃集》卷三，韓國文集叢刊標點影印本，第39冊，景仁文化社，1990年，第481頁。

[5]　韓國國史編纂委員會，《朝鮮宣祖實録》卷四三，"二十六年（1593）十月丙戌"條，探求堂，1970年，第7頁。

[6]　韓國國史編纂委員會，《朝鮮宣祖實録》卷六四，"二十八年（1595）六月甲寅"條，探求堂，1970年，第16頁。

[7]　韓國國史編纂委員會，《朝鮮宣祖實録》卷四八，"二十七年（1594）二月庚申"條，探求堂，1970年，第14頁。

講。且令兵曹一依唐陣之法，第其高下，以行賞罰”。[1]對於練兵人員，“其
有成材者，分其優等，或爲禁軍，或免賤免役”，“如有盡心訓誨確有成效
者，朝廷別加褒賞；怠慢不勤奉行成材數少而教誨無效者，輒施譴罰”。[2]
諸如此類的措施大大提升了軍中學習《紀效新書》的熱情。

　　戚法練兵首先在朝鮮中央軍進行。柳成龍認爲《紀效新書》的精髓盡在
《束伍》篇，“今人徒知多聚軍卒則可以禦賊，而不知有束伍分部之法，故參
差紊亂，不成頭緒……我國士卒之善潰，其罪不在於士卒，而在於將帥。其
時不知有《束伍》之法故也”。[3]於是要求“束伍練兵，從戚氏《紀效新書》
法”。[4]練兵的另一項重要内容即是學習使用和製造火器。柳成龍稱讚“鳥
銃最爲利器”，但朝鮮軍中所用皆“收拾倭物”，遠不能滿足需求，遂命令
工匠根據《紀效新書》中記載的製作方法“依樣鑄造”。[5]《紀效新書》記有
子母炮，軍器寺主簿李自海“增損其法”而後所得之炮與朝鮮“所用飛擊震
天雷相類而尤便利，誠爲制勝之良具”。[6]又《紀效新書》中記有六合炮，製
法不詳，柳成龍請明將戚金指導試製，但“炸裂不堪用，欲更造，而未幾戚
西去未果”。[7]此外朝鮮軍中還學習《紀效新書》中所載槍法、劍法、陣法
等技藝。

　　大約在萬曆二十二年（1594）七月，朝鮮訓練都監將練兵活動推行於諸
道軍中，訓練事宜與中央軍相似。萬曆二十四年（1596）正月，朝鮮正式頒
行“練兵規式”，此乃“依《紀效新書》而稍加增損”形成的操練之法，[8]這

---

[1]　韓國國史編纂委員會，《朝鮮宣祖實錄》卷六四，“二十八年（1595）六月乙巳”條，探求
　　堂，1970年，第4頁。
[2]　柳成龍，《請訓練軍兵啓》，《西厓集》卷七，韓國文集叢刊標點影印本，第52册，景仁文
　　化社，1990年，第142頁。
[3]　韓國國史編纂委員會，《朝鮮宣祖實錄》卷五六，“二十七年（1594）十月乙丑”條，探求
　　堂，1970年，第51頁。
[4]　柳成龍，《記蓄儲爲軍糧・仍救饑民法》，《西厓集》卷四，韓國文集叢刊標點影印本，第
　　52册，景仁文化社，1990年，第482頁。
[5]　柳成龍，《記鳥銃製造事》，《西厓集》卷十六，韓國文集叢刊標點影印本，第52册，景仁
　　文化社，1990年，第319頁。
[6]　柳成龍，《子母炮》，《西厓集》卷四，韓國文集叢刊標點影印本，第52册，景仁文化社，
　　1990年，第480頁。
[7]　柳成龍，《記火炮之始》，《西厓集》卷十六，韓國文集叢刊標點影印本，第52册，景仁文
　　化社，1990年，第320頁。
[8]　柳成龍，《西厓先生年譜二》，《西厓集》後附，韓國文集叢刊標點影印本，第52册，景仁
　　文化社，1990年，第519頁。

也標誌着《紀效新書》實際上成爲朝鮮軍事訓練的指導要義，此時距離該書傳入不過短短四年。

## 二　《紀效新書》衍生的朝鮮兵書

萬曆二十六年（1598）十二月，柳成龍因"主和誤國"被劾去職，其所實施的改革多被廢止，"獨訓練都監仍存"。[1] 該機構本就是爲推行戚法練兵而設置，它的保留使《紀效新書》得以在朝鮮繼續發揮作用。不過此後朝鮮軍中通行的并非《紀效新書》原本，而是輯《紀效新書》而成的《兵學指南》。

《兵學指南》成書於倭亂期間，"昔在壬丁，我國再遭倭難，明天子爲之發兵東救。而其時總戎受脤多是宿帥能識邊事曉軍機者，我之將士亦得以扣質疑難，於帷幢之暇仍取戚氏《新書》，撮其操練之要，名之曰《兵學指南》，則今國家之設廳講授，稱爲能麼兒者，即此法也。然《指南》一書，文不過百餘，則圖不過數十本。武士之初學者，始雖若聱牙艱棘，而不出一兩月，皆能舉而誦之"。[2] 據韓國奎章閣收藏的仁祖二十七年（1649）版《兵學指南》顯示，該書共五卷：卷一，旗鼓定法，旗鼓總訣；卷二，營陣正穀；卷三，營陣總圖上；卷四，營陣總圖下；卷五，場操程式，夜操程式，分練程式，城操程式，水操程式。乃是節取於《紀效新書》中適合朝鮮軍隊操練的部分。并且爲了減少文字障礙，該書以圖譜爲主，文字記述非常簡潔，這種便捷實用性使《兵學指南》成書之後即迅速取代《紀效新書》通行於軍中，導致《紀效新書》原本在朝鮮逐漸散失。

顯宗（1659—1674 在位）初年，兵曹判書金佐明看到"被選武官等演習陣法之際，祗憑《兵學指南》一册以爲講試之資，雖有論難證質之事，常

---

[1]　韓國國史編纂委員會，《朝鮮宣祖修正實錄》卷四一，"四十年（1607）五月癸亥"條，探求堂，1970 年，第 2 頁。
[2]　金錫冑，《行軍須知序》，《息庵先生遺稿》卷八，韓國文集叢刊標點影印本，第 145 册，景仁文化社，1990 年，第 245 頁。

患無所考據",故開始搜尋《紀效新書》,最後求得"唐鄉本各一件","令能麼兒堂上及武官中曉解兵書者再三讎校,正其訛誤。且以唐本所載新增八陣圖式及《練兵實紀》中車騎營陣登壇口授等篇,以爲別集二卷,合成一帙,用活字印出"。[1]此版被稱爲顯宗五年(1664)《紀效新書》增刊本。該版除了增加《練兵實紀》內容外,勘定工作依據唐鄉本互校且由朝鮮武將完成,這本身就是對《紀效新書》的再加工,融入了朝鮮自己的理解,因此也可以稱爲朝鮮本《紀效新書》。[2]

正祖(1776—1800在位)時期,爲了規範《兵學指南》,朝鮮又編修了《兵學通》,"我朝兵制實本戚繼光之《紀效新書》,而內則四營簡閱,互有出入,外則諸道團束,自相沿襲,按圖審形,率多齟齬於《新書》,非其制之各守也,習之者失其本耳"。於是將各版《兵學指南》依照《紀效新書》重新梳理,"凡中外營閫、場操、城操、水操之式,無不備載。又爲陣圖附其下"。[3]據奎章閣收藏的正祖九年(1785)《御製兵學通》顯示,該書分爲兩卷:卷一,場操、別陣號令、分練、夜操、城操、水操;卷二,陣圖。就《御製兵學通》整理原則而言,"凡其進退格鬥、經緯奇正,無一不返於戚氏之遺典",目的是"通一國之兵制而一之於《新書》也"。[4]

此外,正祖時期還修訂了成書於宣祖時的《武藝圖譜通誌》,該書主要記載軍事技能。壬辰以前,朝鮮軍衛祇習弓矢一技,獲得《紀效新書》後,韓嶠"遍質東來將士,究解其棍棒等六技,作爲圖譜"。英祖己卯年(1759)增入竹長槍、旗槍、銳刀、倭劍、交戰、月刀、挾刀、雙劍、提督劍、本國劍、拳法、鞭棍等十二技。正祖己酉年(1789)又增加騎槍、月刀、雙劍、鞭棍、擊球、猿騎六項騎技,共二十四技。[5]《武藝圖譜通誌》編修過程中

[1]　金佐明,《進紀效新書札》,《歸溪遺稿》卷上,韓國文集叢刊標點影印本,第122冊,景仁文化社,1990年,第253頁。

[2]　盧永九,《朝鮮增刊本〈紀效新書〉的體制和內容——以顯宗五年〈紀效新書〉再刊本在兵學史上的意義爲中心》,《軍史》第36號,1998年。

[3]　正祖,《兵學通序》,《弘齋全書》卷八,韓國文集叢刊標點影印本,第262冊,景仁文化社,1990年,第135頁。

[4]　徐瀅修,《兵學通後序》,《明皋全集》卷七,韓國文集叢刊標點影印本,第261冊,景仁文化社,1990年,第139頁。

[5]　正祖,《武藝圖譜敘述》,《弘齋全書》卷五九,韓國文集叢刊標點影印本,第263冊,景仁文化社,1990年,第427頁。

所參照的除《紀效新書》外，《武備誌》的比例也相當高。

　　總之，朝鮮以《紀效新書》爲基礎，結合本國實際情況，編纂出若干本土兵書，并在實踐中不斷修改完善，這一系列過程表明《紀效新書》融入朝鮮兵制并非壬辰倭亂一時而已，之後也是一直居於指導地位的。

## 三　朝鮮對《練兵實紀》的非重視

　　同樣是戚繼光兵書，《練兵實紀》在朝鮮的流傳情形與《紀效新書》截然不同。《練兵實紀》可能也是倭亂時期傳入的，因其側重防胡，當時并未受到朝鮮重視。倭亂平息未久，女真却又崛起，朝鮮開始强調《練兵實紀》的重要性。萬曆三十二年（1604），訓練都監擬在南北軍中分授戚繼光兩部兵書，“《練兵實紀》則實是防胡大法：車載火器阻截虜馬，又以騎步藏在車陣之内，俟其敗北，飛追鏖殺，此其大略也。與我國陣法亦多符合……誠用是法則實亦參用祖宗之陣法也。自京中行此兩法，立其規模；京畿、忠清、全羅、慶尚四道則教以《新書》之法；江原、黄海、平安、咸鏡四道則教以《實紀》之法，一如中朝南北防備之制，亦爲宜當”。[1] 萬曆三十九年（1611），韓嶠上疏光海君（1608—1623 年在位），認爲《練兵實紀》部分内容也可以用於南方軍中，“至如《實紀》車騎步之法則亦可以通用於南倭……若以炮車戰車相間列陣，夾以炮殺，用騎爲翼，賊遠則車中大炮車下小炮更迭放打，而我之戰車遮板可防倭銃；賊近則戰車所排槍鈀可以製劍，殺手騎兵又從而并力，則彼惡敢當我乎？誠能講行《實紀》之法，而若騎若步若車皆得以練習，則北可以禦胡，南可以禦倭矣”。[2]

　　顯然朝鮮已對《練兵實紀》有了較爲深入的理解，但是該書可能并沒有被應用於實際的軍事訓練中，或者説推行僅流於形式，其力度遠不及《紀效

［１］　韓國國史編纂委員會，《朝鮮宣祖實錄》卷一八二，“三十七年（1604）十二月辛酉”條，探求堂，1970 年，第 21 頁。
［２］　韓國國史編纂委員會，《光海君日記》卷三九，“三年（1611）三月己巳”條，探求堂，1970 年，第 20 頁。

新書》，以至於仁祖六年（1628）時，《練兵實紀》原版就已在朝鮮散失，兵曹稱："今者方依祖宗朝舊規，別設武學教授，印兵書、教訓武士，以爲養將之舉。而以教練軍卒之道言之，都監所練祇禦倭之技，至於防胡之策則詳在《練兵實記》，而并與其書而亡之。"[1] 這也説明朝鮮一直存在重《紀效新書》而輕《練兵實紀》的現象，朝鮮所稱 "戚繼光之法" 僅指《紀效新書》。後世將這種情況稱爲 "偏習"。"繼光初而禦倭，晚而禦胡，用固各有變，而我國乃膠於癸巳（1593）以後近二百年偏習之久。"[2] "偏習" 的直接後果就是朝鮮與女真交鋒時仍然採用禦倭之法，戰事失利後，朝鮮國內掀起 "戚繼光陣法便於禦倭不利於防胡" 的言論。[3]

僅就清、鮮戰爭而言，造成朝鮮兵敗的原因是多方面的。壬辰之役的重創使朝鮮很難在短時間內恢復國力，而持續不斷的黨爭又極大地消耗了朝鮮上層的精力，就連主抓練兵的訓練都監也遠不如前。壬辰之時，都監所募皆 "游手壯丁"，倭亂平息以後，"應募者皆市井富人子及庶族子弟，蓋廩給優而名號新，比六軍頗閑逸故也。其後將不得人，酷加賤役，非舊屬丁壯之類皆求落籍，饑寒老弱之流托名糊口，奸細無賴者借以作弊，大抵已爲無用之軍矣"。[4] 上述種種原因綜合作用下，朝鮮兵敗乃是必然，歸咎於《紀效新書》祇不過是推諉的借口而已。其實，朝鮮官員也大多認識到教條地以《紀效新書》之法抵禦女真并不可行。如韓元震（1682—1751）認爲戚繼光作《紀效新書》是爲了使 "後之禦倭者有考乎此也，非謂可爲戰陣之常法而無處不宜也"，[5] 黃胤錫（1729—1791）稱 "北胡須用車戰可製，南倭祇用步騎及舟戰可也。時方憂倭，不急於車，此所以缺。及丙丁北變，在在奔潰，

[1] 韓國國史編纂委員會，《朝鮮仁祖實錄》卷十九，"六年（1628）九月丙戌" 條，探求堂，1970 年，第 33 頁。
[2] 黃胤錫，《書兵學指南後》，《頤齋遺稿》卷十三，韓國文集叢刊標點影印本，第 246 冊，景仁文化社，1990 年，第 286 頁。
[3] 李頤命，《明陵誌》，《疏齋集》卷十三，韓國文集叢刊標點影印本，第 172 冊，景仁文化社，1990 年，第 324 頁。
[4] 韓國國史編纂委員會，《光海君日記》卷七三，"五年（1613）十二月丙申" 條，探求堂，1970 年，第 8 頁。
[5] 韓元震，《擬上時務封事》，《南塘文集》拾遺卷二，韓國文集叢刊標點影印本，第 202 冊，景仁文化社，1990 年，第 336 頁。

亦可懲矣"。[1]正是這些客觀認識，使得《紀效新書》并没有因對後金作戰失利而喪失其在朝鮮軍中的指導地位。

　　入清以後，《練兵實紀》未能在朝鮮流傳主要受周邊環境影響。雖説朝鮮臣服清朝有其無可奈何，但清朝後來的以禮相待、以德撫慰的態度却客觀上使朝鮮傳統的"北虜"之患基本消失，朝鮮雖心懷"故明"但也不願武力"反清"，所以"防胡"之法自然也不受重視。

## 餘論

　　《紀效新書》能夠在朝鮮迅速傳播得益於當時特殊的歷史環境。明軍入朝即是爲了抗倭，《紀效新書》訓練而成的浙兵集團在戰爭中發揮了重要作用。在這種現實效用的促使下，朝鮮統治層爲保存社稷而將《紀效新書》應用於本國軍事訓練中，并在短時間内取得了一定成效。萬曆二十五年（1597）"丁酉再亂"時，朝鮮軍隊"望風奔潰"的情況已不多見，説明"束伍"已初見成效。待明、清松錦大戰時，"漢兵死亡甚多，而中炮者十居七八"，[2]清軍炮手主要來自朝鮮，因此明人稱"大明之覆亡，專由於錦州之淪陷，錦州之淪陷，專由於爾國（朝鮮）之精炮"。[3]可見朝鮮在火器使用方面亦有巨大進步。雖然之後也有其他兵書傳入，但是没有出現更適合的取代者，當然其他兵書也很難具備《紀效新書》傳入朝鮮時的那些特殊歷史條件。這些因素共同促成了《紀效新書》在朝鮮的持久影響力，因此有詩稱："紀效一編傳海左，八般遵襲百年餘。"[4]

　　戚氏兵書東傳，不僅帶來了朝鮮軍事訓練的變革，也對朝鮮兵制産生了

---

［1］　黄胤錫，《書兵學指南後》，《頤齋遺稿》卷十三，韓國文集叢刊點校影印本，第 246 册，景仁文化社，1990 年，第 286 頁。
［2］　韓國國史編纂委員會，《朝鮮仁祖實録》卷四二，"十九年（1641）九月庚辰"條，探求堂，1970 年，第 31 頁
［3］　韓國國史編纂委員會，《朝鮮孝宗實録》卷十九，"八年（1657）十月甲午"條，探求堂，1970 年，第 37 頁。
［4］　李裕元，《皇明史詠》，《嘉梧稿略》册三，韓國文集叢刊點校影印本，第 315 册，景仁文化社，1990 年，第 93 頁。

重大影響。朝鮮前期兵制可以概括爲"五衛鎮管"制，到明宗十年（1555）朝鮮發生"乙卯倭變"，鎮管體系没能發揮作用，而濟州牧使金秀文創建的"制勝方略"大敗倭寇，由此"諸道皆效之"，[1]"五衛鎮管"名目尚存，但已形同虚設。到萬曆壬辰年（1592），南方諸道面對日本侵襲潰不成軍時，"制勝方略"開始遭到詬病，[2]并逐漸被"束伍管領"所取代，朝鮮史料明確記載，"乙卯倭變後，廢鎮管而爲制勝方略，壬辰後方略廢而爲束伍"。[3]這也成爲朝鮮實行軍營制的肇始。

戚氏兵書東傳爲朝鮮改善軍隊作戰能力提供了機會，但是兵書能發揮作用有賴於朝鮮制定切實可行的政策，付諸長期不懈的實踐。雖然朝鮮統治層努力將戚氏兵書與本國實際情况相結合，編修了諸如《兵學指南》《武藝圖譜通誌》等本土兵書，但是在諸多因素影響下，朝鮮在與後金作戰時并没有取得勝利。入清以後，朝鮮對清朝的依附事大，與日本的交鄰相處，使其"北虜南倭"之患基本消失，内外安定，軍事上也漸趨懈怠。戚氏兵書逐漸成爲朝鮮"尊周思明"的載體。朝鮮將戚氏兵書作爲精神寄托以抒發對故明的懷念。"畫像楊經理，兵書戚繼光。中原久胡璺，下國此皇觴。義漸王春晦，恩難萬曆忘。崇壇歲一祭，我後續寧王。"[4]對戚繼光兵書的推崇已然成爲朝鮮"思明"儀式中不可或缺的部分。

---

［1］　韓國國史編纂委員會，《朝鮮宣祖修正實録》卷二五，"二十四年（1591）十月癸巳"條，探求堂，1970年，第19頁。
［2］　柳成龍認爲正是"制勝方略"導致了朝鮮軍隊的潰敗，"朝廷遣將於千里之外，不能朝聞夕至。而無將之軍，處處屯聚，無約束、無紀律、無號令，紛紜暴露於原野之中。一日二日，待將不至，以至於三日四日之久，而賊鋒已迫，饑渴繼之，則鳥驚獸駭，相率而潰散，土崩瓦解，不可收拾。然後所謂京將帥等單騎馳下，已散之軍藏匿山谷，其誰招集？而賊之先驅，已至於數十里内，不敗何待！"柳成龍，《請修舉鎮管之制啓》，《西厓集》卷七，韓國文集叢刊標點影印本，第52册，景仁文化社，1990年，第146頁。
［3］　申琓，《進八條萬言封事册子札》，《絅庵集》卷四，韓國文集叢刊標點影印本（續），第47册，景仁文化社，2005年，第257頁。
［4］　金時敏，《大報壇親祭》，《東圃集》卷五，韓國文集叢刊標點影印本（續），第62册，景仁文化社，2005年，第420頁。

# 堅守與創新：日本德川時期漢學塾的教材抉擇<sup>*</sup>

## 張曉霏

**摘　要**　日本德川時期的漢學塾教材大致可以分爲核心教材、常規教材和特殊教材三大類。核心教材指的是四書五經。常規教材又可以分爲中國儒家書籍、史學書籍、文學書籍、先秦諸子書籍（儒家之外）、蒙學書籍以及日本書籍。特殊教材主要由三類組成：塾師的著作，學塾所屬學派學者的著作，塾内師生特殊愛好的書籍。從德川早期到後期，漢學塾教材在堅持漢學爲核心的基礎上，根據時代變遷產生了一些改變，逐漸趨於多元化。德川漢學塾教材整體呈現出多樣性、傳統性、儒學性三大特點，其選擇緣由主要是該時期程朱理學的風靡、儒家各學派的發展以及漢學塾本身的自由性和獨立性。

**關鍵詞**　德川漢學塾，教材，類型，特點，選擇緣由

德川時代（1603—1868）由於長期的政治社會穩定，文化和教育都取得了空前的發展。漢學從皇室貴族、禪林僧侶普及到庶民大衆，多種教育機構包括寺子屋、私塾、鄉校、藩校并行發展。漢學塾作爲德川時代私塾的核心，也是當時民衆（尤其是庶民）習得漢學素養的重鎮。德川時代的漢學塾不僅對中日文化交流、日本漢學發展具有重要的意義，也對日本的教育近代化、地域文化的發展產生了不可估量的積極影響。

關於德川時期漢學塾的研究自明治（1868—1912）早期開始，至今已有一百五十年左右的歷史。在這漫長歷史中，關於德川漢學塾教材的討論却并不多見，至今還停留在個案、區域級別或者泛泛而談，未曾有全局性的詳細討論和分析，因此很多相關疑問懸而未決。比如德川時期漢學塾中的教材

---

\*　　張曉霏，杭州師範大學人文學院助理研究員。

具體有哪一些？四書五經是否一直是德川漢學塾教材的核心？不同學術流派的漢學塾之間是否有比較明顯的教材使用區別？在德川時期前後 265 年間漢學塾教材的使用是否存在分期特徵？漢學塾是否使用中國漢籍以外的教材？漢學塾的教材有什麼特點？選擇的緣由又是什麼？以下，就這些疑問提出筆者的看法，以求教於方家。

## 一　核心教材

　　德川時期漢學塾中所使用的教材具體有哪些？首先，筆者收集到十四所德川漢學塾的教材信息，并統計出至少爲其中兩所漢學塾所採用的教材（分見附錄表 A1、圖 A1）。其次，整理出生馬寬信統計的阿武郡二十五所私塾[1]中至少被其中兩所採用的教材（詳見附錄圖 A2）。最後，綜合《德島縣教育沿革史》記載的該縣德川時期的私塾常用教材，[2]以及《吉敷郡教育史》記載的該郡德川時期漢學塾常用教材，[3]得到德川時期漢學塾（私塾）教材使用的總體情況（如表 1 所示）。不難看出，四書（《孟子》《大學》《中庸》《論語》）、五經（《詩經》《尚書》《禮記》《易經》《春秋》）是德川漢學塾的核心教材。十四所德川漢學塾案例中最頻繁使用的九本教材即是四書五經，這一點在阿武郡私塾、德島縣私塾和吉敷郡漢學塾中同樣得到有力驗證。可見，17—19 世紀日本的漢學世界，程朱理學確實占據了主體地位，其提倡的四書五經體系基本統一了德川時代漢學塾的教材選擇。德川儒者在漢學塾中講授四書五經的具體例子也不勝枚舉，如林羅山"長而益精研經籍，博馳騁於百家，遂銳意以興閩洛之學自任。開門集徒，講説四書新注，此爲民間講書之權輿"。[4]

[1]　生馬寬信，《漢学私塾と寺子屋の区別化をめぐって：山口県『教育沿革史草稿』による実態比較》，幕末維新期漢學塾研究會、生馬寬信編《幕末維新期漢学塾の研究》，淡水社，2003 年，第 146 頁。

[2]　德島縣教育會編，《德島県教育沿革史》，德島縣教育會，1920 年，第 268 頁。

[3]　吉敷郡教育史編纂委員會編，《吉敷郡教育史》，山口縣吉敷郡，1912 年，第 34 頁。

[4]　張文朝，《江戶時代經學者傳略及其著作》，萬卷樓，2014 年，第 3 頁。

表 1　德川時期漢學塾（私塾）教材使用情況彙總

| 二十五所阿武郡私塾中至少兩所使用 | 四書五經，《十八史略》《蒙求》《唐宋八大家文》《日本外史》《國史略》《孝經》《元明史略》《日本政記》《左傳》《史記》《史記評林》《小學》《唐詩選》《漢書》《資治通鑒》《文選》《國語》《大日本史》《皇朝史略》 |
|---|---|
| 十四所漢學塾中至少兩所使用 | 四書五經，《左傳》《小學》《史記》《十八史略》《日本外史》《唐宋八大家文》《蒙求》《近思録》《古文真寶》《資治通鑒》《文選》《漢書》《國語》《文章範》《國史略》《莊子》《戰國策》《孝經》《日本政記》《孔子家語》《靖獻遺言》《傳習録》 |
| 德島縣私塾常用 | 四書五經，《小學》《近思録》《古文真寶》《文選》《十八史略》《元明史略》《國史略》《蒙求》《日本外史》《文章軌範》《唐鑒》《左傳》《大日本史》《史記》《漢書》《後漢書》《國語》《戰國策》《莊子》《韓非子》《資治通鑒》《資治通鑒綱目》《二十一史》《六國史》《大學衍義》《貞觀政要》《宋名臣言行録》《九經談》《日本書紀》《令義解》《三代實録》《唐宋八大家文》 |
| 吉敷郡漢學塾常用 | 四書五經，《孔子家語》《左傳》《日本外史》《日本政記》《近古史談》《十八史略》《元明史略》《文章軌範》《古文真寶》《唐宋八大家文》《唐詩選》《靖獻遺言》 |

　　當然，歷史是複雜的，漢學塾的教材擇取也具有自由性和多樣性，在不同漢學塾中四書五經的待遇也有所區別。以古義學派開創者伊藤仁齋（1627—1705）爲例，他推崇《論語》《孟子》和《中庸》，所謂"及丙辰之歲服闋，十月始開講《論語》，月定三八日，自是《論》《孟》《中庸》三書，反復輪環，終而復始"，[1] 却將《大學》排除在教材之外。他專門寫就《大學非孔子之遺書辨》來進行批判，其中有言道：

　　　　大學本在《禮記》，則爲一篇書，而不詳出於誰人之手。至於朱考亭氏，始分爲經一章傳十章，經以爲夫子之言，傳以爲曾子之意，而門人記之。蓋出於其意所好尚，而非有所考證而言。後學不知自辨，直以爲孔子之言，而曾子傳之，可謂害道之尤者也。[2]

[1]　三宅正彥編集、解説，《先君子貽範先生行狀》，相良亨等編《近世儒家文集集成（第一卷）：古學先生詩文集》，ぺりかん社，1985 年，第 10a 頁。
[2]　伊藤仁齋，《語孟字義》，吉川幸次郎、清水茂校注《日本思想大系（33）：伊藤仁齋・伊藤東涯》，岩波書店，1971 年，第 164a 頁。

但是，整體而言，四書五經在德川時期一直占據着漢學塾教育的核心位置，這一點毋庸置疑。

## 二　常規教材

常規教材指的是漢學塾普遍採用的教材，在表 1 基礎上，將至少出現兩次的教材進行整理分類，得到德川時期漢學塾的常規教材六類。

表 2　德川時期漢學塾常規教材

| | | |
|---|---|---|
| 中國書籍 | 儒家 | 《左傳》《近思錄》《孔子家語》《孝經》 |
| | 史學 | 《史記》《國語》《資治通鑒》《戰國策》《漢書》《十八史略》 |
| | 文學 | 《文選》《唐宋八大家文》《唐詩選》《古文真寶》《文章軌範》 |
| | 先秦諸子（儒家之外） | 《莊子》 |
| | 蒙學 | 《小學》《蒙求》 |
| 日本書籍 | | 《日本外史》《日本政記》《靖獻遺言》《國史略》《元明史略》《大日本史》 |

## （一）中國儒家書籍

漢學塾常規教材中，中國儒家經典包括《左傳》《近思錄》《孔子家語》和《孝經》。《左傳》作爲《春秋》三傳之一，相比於《穀梁傳》和《公羊傳》更受歡迎，十四所漢學塾案例中有一半在講授《左傳》，阿武郡的二十五所私塾中也有五所講授《左傳》，同時德島縣私塾、吉敷郡漢學塾的常用漢學教材中也包含了《左傳》。

《近思錄》作爲一部程朱理學的典型著作，在德川漢學塾中的流行與當時日本對程朱理學的推崇是分不開的。據國際漢學家陳榮捷（1901—1994）統計，德川時代產生的與《近思錄》相關的注解、講述、翻譯文獻不下百餘種。[1]

---

[1]　陳榮捷，《朱學論集》，華東師範大學出版社，2007 年，第 84 頁。

關於學者在漢學塾中教導《近思録》的記録同樣非常多，尤其在程朱學派的漢學塾中，《近思録》幾乎是必備的一份教材。山崎暗齋（1618—1682）講學時"先《小學》，次《近思録》，次《四書》"。[1]

《孔子家語》作爲記載孔子及其弟子言行的儒家典籍，傳入日本的具體時間不詳，但可知在德川時期頗受歡迎，1599 年德川家康（1543—1616）就命令足利學校九代庠主三要元佶（1548—1612）出版《標題句解孔子家語》，即所謂的活字本伏見版。之後，《孔子家語》即成爲昌平阪學問所、藩校、私塾各種教育機關的共通教材。[2]德川中後期《孔子家語》研究漸盛，主要有1741 年岡百駒（1692—1767）的補注《孔子家語》、1742 年太宰純（1680—1747）的增注《孔子家語》、西山元（1739—1814）的《孔子家語標注》（出版年份不詳）以及 1792 年塚田大峰（1745—1832）的《注孔子家語》。尤其是塚田大峰在其經營的漢學塾中頻繁使用《孔子家語》作爲教材，他曾説道：

> 近世太宰純所增注及岡白駒所補注，既與施行之，則不以爲無益於學者也。然我黨子弟依二氏之所增補讀之，猶頗有不曉文義者也。虎也少而讀《家語》，猶讀《論語》。今而誘子弟，亦傳《家語》，猶傳《論語》。然爲其頗有不曉文義者，乃以纍年務，而比諸本異同，兼方傳記及諸子百家所記載，參之以校文，伍之以合義，從其多且穩者，謹以修經文訛舛，更私作訓解，以立之於家塾。唯欲使我黨子弟，益信之猶《論語》，而永不失二《語》之耦也已矣。[3]

《孝經》同樣備受歡迎，漢學塾講授《孝經》的例子不勝枚舉。例如，藤田幽谷（1774—1826）、青山延光（1807—1871）都非常注重《孝經》的教學。幽谷的青藍舍教學中以《孝經》爲先，四書五經次之；[4]延光"平

[1]　朱謙之，《日本的朱子學》，人民出版社，2000 年，第 250 頁。
[2]　南澤良彦，《日本に於ける『孔子家語』の受容：德川時代を中心として》，《日本中國學會報》第 65 卷，2013 年，第 234 頁。
[3]　塚田虎，《序》，塚田多門述《冢注家語》，嵩山房，1792 年。
[4]　會澤正志齋，《及門遺範》，淺井吉兵衛，1882 年，第 2 頁。

生尤崇尚《孝經》，歲首必試讀之，嘗命勇[1]日一誦之，授門童亦自是書始"。[2]此外，三國幽眠（1810—1896）也是德川後期有名的一位儒者，其"業成，以講説爲業，其所奉持者爲《孝經》"。[3]《孝經》在德川時期的風靡，由此可見一斑。

## （二）中國史學書籍

漢學塾中常用的中國史學書籍包括《史記》《國語》《漢書》《戰國策》《資治通鑒》《十八史略》六本教材。首先，《史記》《國語》《漢書》《資治通鑒》和《戰國策》作爲中國傳統的史學經典著作，在古代的整個東亞漢字圈都是不可忽視的史學教材，因此德川漢學塾也不例外。伊藤東涯（1670—1736，伊藤仁齋長子）的《作文真訣》（寫本，寫作年份不詳）記録有其推薦的漢籍書目，其中史學類即包括《史記》《漢書》《後漢書》《國語》《戰國策》《資治通鑒》和《通鑒綱目》。德島縣私塾的常用史學教材也包括《史記》《漢書》《後漢書》《國語》《戰國策》《資治通鑒》《貞觀政要》《宋名臣言行録》等。[4]

需要特別説明的是《十八史略》。該書爲元代曾先之編纂，記録中國自太古時期到南宋的歷史，編纂之初即作爲官私學的啓蒙史學讀物。一般認爲該書在室町時代（1336—1573）傳入日本，躋身最有名望和地位的幾種（中國）史籍之列。[5]德川後期著名學者中村敬宇（1832—1891）就曾説："吾觀今世公私學校課生徒多以《十八史略》《文章軌範》等書，故爲之注釋者日月加多……"[6]村上居稽曾著有《十八史略便蒙》，其卷首有當時的儒者三野謙谷（1783—1852）所撰寫的序，其中描述道：

---

[1] 指青山勇，青山延光之子。
[2] 青山勇，《先考行狀》，1895 年，第 11 頁。
[3] 張文朝，《江户時代經學者傳略及其著作》，萬卷樓，2014 年，第 79 頁。
[4] 德島縣教育會編，《德島県教育沿革史》，德島縣教育會，1920 年，第 268 頁。
[5] 喬治忠，《〈十八史略〉及其在日本的影響》，《南開學報》，2001 年第 1 期。
[6] 中村敬宇，《宋名臣言行録定釈序》，米良石操《增補宋名臣言行録前集定釈》，1879 年，第 1 頁。

  《十八史略》之爲書也，搜羅衆史，裁斷千古，簡而不漏，整而不煩。數千載之間治亂興廢，歷歷若日星之麗天，焕然可觀。當今之時，四海内外家藏户誦，日課童蒙，爲讀書之階梯，不亦宜乎！[1]

可見《十八史略》作爲一本中國選編的史書，通俗易懂、包羅廣闊，在德川時期的漢學教育界廣受歡迎。上文統計的阿武郡私塾採用的教材中，《十八史略》緊隨四書五經之後，二十五所中竟然有十六所私塾將其列爲史學教材（詳見附録圖 A2）。

## （三）中國文學書籍

  漢詩文的地位在德川時期隨着時間的推移不斷提高，其中有以荻生徂徠（1666—1728）爲首的萱園學派的諸多推動之功。德川中後期，漢詩結社非常盛行，大阪混沌社就是其中一個非常著名的例子。混沌社成員多是漢學塾的師生，如賴春水（1746—1816）、菅茶山（1748—1827）等。漢詩的繁榮自然推動了漢學塾中漢詩教育的普及和推廣。德川時期漢學塾中漢詩文教育的常規教材包括《唐宋八大家文》《文章軌範》《文選》《唐詩選》和《古文真寶》，這五本教材信息擇要如下（見表 3）。

表 3　德川時期漢學塾常規教材中的中國文學書籍信息

| 書名 | 作（編）者 | 内容 | 漢學塾案例 | 其他 |
|---|---|---|---|---|
| 《文選》 | 南梁蕭統及當時一衆文人 | 收録先秦至南朝梁代一百三十餘位作家的詩文佳作 | 鈴木文臺，長善館 | 中國現存最早的詩文集，飛鳥時代傳入日本 |
| 《文章軌範》 | 宋末謝枋得 | 點評漢晉唐宋十五位作家的六十九篇文章 | 田宮宇内，北固私塾 | 目的在於指導士子科舉 |

---

[1]　三野謙谷，《十八史略便蒙序》，村上居稽《十八史略便》卷之上，岡田茂兵衛，1880 年，第 1 頁。

续表

| 書名 | 作（編）者 | 内容 | 漢學塾案例 | 其他 |
|---|---|---|---|---|
| 《古文真寶》 | 宋末元初黄堅 | 收録屈原《離騷》到南宋謝枋得《菖蒲歌》期間的一些詩文 | 鳥山芝軒，芝軒塾 | 自明亡以後，《古文真寶》在國内逐漸少人問津，在日本、韓國等域外國度却長期持續傳播[1] |
| 《唐詩選》 | 明末李攀龍 | 收録一百二十八位唐詩人的詩作 | 梁川星岩，星岩塾 | 在德川時期的流行得益於尊崇李攀龍的徂徠學派，尤以荻生徂徠與服部南郭的貢獻最大 |
| 《唐宋八大家文》 | 清代沈德潛 | 選編唐宋八大家文章 | 池田草庵，青黏書院 | |

## （四）中國先秦諸子書籍（儒家之外）

儒家以外的先秦諸子著作在德川時期的漢學教育中整體地位遠不如儒家經典，這一點毋庸置疑，因爲德川漢學是以儒學爲核心的。因此在漢學塾教學中，先秦諸子的著作并不常見，而《莊子》是唯一可以算得上較爲常規的教材。例如，服部南郭（1683—1759）曾在他的漢學塾芙蕖館中講授《莊子》："南郭齡十四來江户，十六起仕柳澤仕侯，三十四而致仕，乃下帷教授……嘗講《莊子》，聽徒寔多，門外爲市，當是時京師松岡玄達講本草，其盛匹南郭雲。"[2] 此外，山田方谷（1805—1877）的長瀬塾、廣瀬淡窗（1782—1856）的咸宜園和岩崎泰助（1818—1852）的秋香村舍中也都有講授《莊子》的記録。

## （五）中國蒙學書籍

德川漢學塾中經常使用的蒙學教材包括《蒙求》和《小學》。《蒙求》是唐朝李翰（？—772）編著，以介紹掌故和各科知識爲主要内容的兒童

---

[1] 劉娜，《日本中世漢詩啓蒙教材考論》，中國歷史文獻研究會編《歷史文獻研究》總第46輯，廣陵書社，2021年，第342頁。

[2] 原念齋、東條琴臺，《先哲叢談（前編）》卷六，東學堂，1893年，第137頁。

識字課本，宋代徐子光加入補注，該補注版本傳入日本，成爲廣受歡迎的啓蒙教材。《三代實錄》記錄陽成天皇（868—949）元慶二年（878）八月二十五日，“皇弟貞保親王於飛香舍始讀《蒙求》”，[1]這是日本有關學習《蒙求》的最早記載。另外，《實隆公記》記錄了三條西公條（1487—1563）二十至二十五歲聽講學習的情況，其中包括《貞觀政要》《蒙求》《古文真寶》《文選》等書。[2]德川漢學塾中使用《蒙求》的情況也比比皆是，比如藍城南澤（1792—1860）的三餘塾中《蒙求》是必修書目之一。[3]古賀武夫通過調查儒者村上佛山（1810—1879）的日記，發現佛山最常講授的是《古文（真寶）》《大學》《蒙求》《史記》《孟子》《小學》《日本外史》等。[4]上文所列的十四所案例中也有五所漢學塾確認有《蒙求》的使用情況。

　　朱熹（1130—1200）及其弟子劉清之（1133—1189）編纂的童蒙書《小學》，明清時期在國內也極被看重。崇禎皇帝（1521—1567在位）在《御製重刊小學序》就寫道：“宋儒朱子《小學》一書，其教在於明倫，其要在於敬身，而古人嘉言善行靡不備具，誠果行育德之根，抵齊治均平之權輿也。朕敕論禮臣，通飭督學及郡邑有司表章是書，以爲士鵠生儒非能熟習力踐者不許克試。”[5]程朱理學席捲東亞社會契機之下，《小學》也自然成爲當時漢學教育的重要教材。漢學塾中教授《小學》的案例也非常之多，比如藤田幽谷在其漢學塾青藍舍中有講授《小學》的記錄，“講《小學》四書，力究《家禮》，葬祭全依禮，不敢同流俗”；[6]細野要齋（1811—1878）在其漢學塾培根社中規定“以《小學》《朱子家禮》《近思錄》等必修的十五書爲主，其他隨意”。[7]在十四個漢學塾案例中，一半的漢學塾講授《小學》，包

[1]　經濟雜誌社編，《國史大系（第4卷）：日本三代實錄》卷三四，經濟雜誌社，1897年，第499頁。

[2]　劉娜，《日本中世漢詩啓蒙教材考論》，中國歷史文獻研究會編《歷史文獻研究》總第46輯，廣陵書社，2021年，第342頁。

[3]　村山敬三，《藍澤南城的三餘堂》，《大東文化大學漢學會誌》第55期，2016年，第168頁。

[4]　張寶三、楊儒賓編，《日本漢學研究初探》，華東師範大學出版社，2008年，第295—296頁。

[5]　朱由檢，《御製重刊小學序》，陳選《小學集注》卷首，明崇禎八年（1635）內府刻本。

[6]　藤田東湖、會澤正志齋校，《二連異稱付藤衣（水戶先哲叢書）》，東崖堂，1887年，第22頁。

[7]　高木靖文，《漢学塾の普及と地域学習環境の形成》，幕末維新期漢學塾研究會、生馬寬信編《幕末維新期漢学塾の研究》，淡水社，2003年，第517頁。

括山崎暗齋的暗齋塾、大谷家族的大谷塾、廣瀬淡窗的咸宜園、村上佛山的水哉園、田宮宇内（1761—1830）的北固私塾、丹羽伯弘（1795—1844）的積善堂以及池田草庵（1813—1878）的青谿書院。

## （六）日本書籍

常規教材中的日本書籍是指由日本人撰寫的書籍，包括《元明史略》《國史略》《靖獻遺言》《日本外史》《日本政記》和《大日本史》。《元明史略》是德川時期儒者後藤世鈞（1721—1782）以明代舒弘諤的《古今全史》爲底本，參考明代薛瑄（1389—1464）的《通鑒》、袁了凡（1533—1606）的《綱鑒》、梁寅（1303—1389）的《十九史略》等書，爲補正元明史而寫就的一本史書。該書成於寶曆元年（1751），在序跋中後藤世鈞寫明成書緣由：

> 一日獲明舒弘諤所著《古今全史》者讀之。其書趙宋以前與曾氏《十八史略》大抵相似，其體裁雖不同，若其事實則大同小異。至元明二史之略，則曾氏之書又所未有也。余嘗欲録其元以後，授讀《十八史略》者，使之備覽《古今》。然舒氏之書過略於元，獨存名號歲月，乃所載者，不過文謝二子節義，武宗贈大成，順帝淫荒等若干事。洪武以後稍詳，然僅止於泰昌新政，顧在初學，猶不能無憾焉。故竊取薛氏《通鑒》、袁氏《綱鑒》，《十九史略》及《明史紀事》《明季遺聞》《名山藏》等書，於元則補其過略者，於明則校訂其同異，且略載天啓至明亡，題曰《元明史略》，以授童蒙求我者云。[1]

《元明史略》面世之後，逐漸獲得漢學者的歡迎，作爲漢學教育的常用史學教材。比如恒遠醒窗（1803—1863）的藏春園將學生分爲上會生、中會生、下會生，并將《元明史略》作爲下會生的常用教材，這也可看出《元明史略》是較爲基礎的漢學教材，與後藤世鈞序中所講的"以授童蒙"可

---

[1]　後藤世鈞編次，藤原正臣增補，《序》，《增補元明史略》，五車樓，1860年，第6頁。

相互呼應。

《國史略》是德川後期儒者岩垣松苗（1774—1849）模仿《十八史略》所編纂的一本日本史書，上至神代，下至 1588 年後陽成天皇（1586—1611 在位）的聚樂第行幸，以編年體形式，漢文寫就，總計五卷，文政九年（1826）首次刊行。松苗强調，此書的編纂是爲童蒙之學史，力求簡約：

> 此編專欲爲童蒙史學之階梯耳，其體本效《十八史略》而無義例也……此編既以略爲名，務在簡約，或節取其文，或略記其意而以不失其本義爲要也。[1]

《國史略》的出現已經在德川後期，但是一經面世仍迅速受到市場的歡迎。阿武郡受統計的二十五所私塾中已經有接近一半使用《國史略》作爲教材，同時漢學塾的案例中咸宜園、藏春園以及瀧誠齋的鳴尾鄉學所也都有使用《國史略》作爲教材的記錄。

《靖獻遺言》的作者是淺見絅齋（1652—1711），作爲山崎暗齋得意門生，被譽爲“崎門三傑”之一。他繼承了暗齋純正的朱子學風，因仰慕中世武將楠木正成（1294？—1336），而將漢學塾命名爲望楠軒，一生教育門人，未曾入仕途。淺見絅齋收集了中國八位忠孝節烈之士——屈原、諸葛亮、陶淵明、顔真卿、文天祥、謝枋得、劉因、方孝孺的文章、傳記以及一些日本忠臣義士的行狀，於 1687 年編輯而成《靖獻遺言》。絅齋推崇這些人物的忠君愛國和個人修養，宣揚尊皇思想，該書對德川後期的勤王思想有很大影響。幕末維新志士吉田松陰（1830—1859）也愛讀《靖獻遺言》，認爲該書“使讀者勃然沛然，興起忠義之心”。[2] 吉敷郡的漢學塾也將其列爲常用教材之一。

《日本外史》是德川後期著名漢學家賴山陽花費二十幾年心血所著的日本通史，上至源平之亂，下至德川幕府末期，總計二十二卷，1826 年完成，

[1] 岩垣松苗編次，《國史畧凡例》，《國史畧》卷一，五車樓，1826 年，第 1 頁。
[2] 吉田松陰，《野山獄文稿》，山口縣教育會編《吉田松陰全集》卷二，岩波書店，1934 年，第 9 頁。

在山陽生前以寫本形式流傳於世，1836—1837 年刊行，成爲當時極爲流行的史學著作。《日本外史》模仿《史記》的體例，以漢文寫就，貫穿尊王思想，對幕末的尊王攘夷運動影響巨大。《日本政記》也同爲賴山陽的日本史著作，是關於聖武天皇（724—749 在位）到後陽成天皇這段歷史的編年體史書，脫稿於山陽去世之後，以漢文寫就，全部十六卷。池田草庵的青谿書院和恒遠醒窗的藏春園都同時採用這兩本日本史書作爲教材，阿武郡的統計材料也顯示《日本政記》和《日本外史》分別有六所和十三所私塾使用。

《大日本史》是水戶藩德川光國（1628—1700）發起編纂的日本史上規模最大的一本漢文紀傳體史書，全書涵蓋神武天皇（前 660—前 585 在位）至南北朝（1336—1392）時期的歷史。修史時間從 1657 至 1906 年，幾乎涵蓋整個德川時期。《大日本史》以朱子學之"大義名分"論貫穿全書，在編纂過程中形成了所謂的水戶學派。德島縣的私塾將《大日本史》作爲常用教材，阿武郡中也有兩所私塾將《大日本史》作爲教材。

## 三　特殊教材

所謂"特殊教材"是指德川時期各個漢學塾因塾內師生的才能、愛好、流派歸屬等差異而特別採用的教材。由於當時漢學塾不在官府統一管轄範圍內，建設和經營相對獨立和自由，其教材也就存在明顯的多樣性。特殊教材大致可分成三類：塾師的著作、學塾所屬學派學者的著作、塾內師生特殊愛好的書籍。

### （一）塾師的著作

漢學塾相較於當時官方學校昌平阪學問所以及各藩藩校的主要特色在於它們的獨立、自由和多樣。漢學塾的教師或因道德修養，或因知識才情而吸引學子負笈前來。這裏不僅是學者們傳授知識的場地，同時也是他們宣揚自己學問主張，形成一家之言的最佳陣地。如德川時期兩位儒學泰斗——伊藤仁齋和荻生徂徠都分別在各自漢學塾的教學中逐漸建立起自己獨特的儒學流派：古義學和古文辭學。因此，塾內教師在漢學塾中使用自己的著作被認爲再自然不過的事情。以荻生徂徠的萱園塾爲例，天明元年（1781）出版的由荻生徂徠口授，其弟子平義質筆受的《經子史要覽》（寫本，書寫年份不詳）中記載的經、子、史三類書籍主要包括：

（經）《毛詩》《尚書》《禮記》《易經》《春秋》《論語》《孝經》
（子）《孟子》《荀子》《楊子》《老子》《莊子》《列子》《管子》
（史）《左傳》《國語》《史記》《漢書》

皆爲中國書籍，其中絕大多數也在上文討論的漢學塾核心教材和常規教材之列。但萱園塾也有一些獨特的教材，是其他學塾所不用的，比如《譯文筌蹄》（1692 年荻生徂徠向學生口授，初編六卷 1715 年刊行，後編三卷 1796年刊行）。《譯文筌蹄》即是荻生徂徠自己創作的漢語類教材，徂徠非常鼓勵學習漢語，堅決反對通過翻譯和訓讀學習漢籍，認爲祇有原文直讀纔能真正理解和掌握漢籍。

中江藤樹（1608—1648）在藤樹書院講授的《捷徑醫筌》《大學考》《大學蒙注并解》，伊藤仁齋在古義堂講授的《語孟字義》《中庸發揮》《童子問》，淺見絅齋在望楠塾講授的《聖學圖》《靖獻遺言》，峰平藏在信齋塾講授的《信齋茶話》都是塾主自己的著作。可見，在漢學塾中使用教師自己的著作是較爲普遍的現象。

## （二）學塾所屬學派學者的著作

首先必須強調的是，并不是每個德川時期的漢學塾都有明確的學派分類，但是在一些有明確學派意識的漢學塾中，本派學者的著作就經常成爲其教材。首先以伊藤東涯時期的古義堂爲例。東涯被稱爲“紹述先生”，他的學問貴在繼承和發揚其父伊藤仁齋的古義學，因此東涯時期的古義堂教學中包含大量伊藤仁齋著作。根據《伊藤仁齋·伊藤東涯略年譜》記載：伊藤東涯 1706—1733 年講授《語孟字義》六回，1708—1734 年講授《童子問》九回，1713—1731 年講授《論語古義》六回，1715—1730 年講授《中庸發揮》六回，1715—1736 講授《大學定本》六回，1721—1733 年講授《孟子古義》三回。[1]這六本正是仁齋古義學之經典著作。

再以淺見絅齋的漢學塾爲例。《絅齋先生的文獻》（《絅齋先生の文獻》）收録《仁義問答講義》《靖獻遺言講義》《靖獻遺言付講》《先生小學講義》《先生著聖學圖講義》《先生著白鹿洞書院揭示講義》《西銘講義》《新版西銘講義》《敬齋箴附録講義》《大家商量集講義》《易學啓蒙序講義》《易學啓蒙講義》《性理學義講義》《感興詩講義》《大學經文講義》《易本義講義》《大學或問敬説講義》《大學講義》《薄施濟衆講義》《大學傳五章講義》。[2]根據此份書單至少可以確定在淺見絅齋先生的望楠塾中有講授《靖獻遺言》《小學》《聖學圖》《白鹿洞書院揭示》《西銘》《敬齋箴》《大家商量集》《易學啓蒙》《性理字義》《感興詩》《大學》《周易本義》《大學或問》和《論語》十四本教材。其中，《論語》和《大學》，《小學》和《靖獻遺言》分屬上文已論述的核心教材和常規教材，而《聖學圖》屬於絅齋自身的著作，《大家商量集》是絅齋老師山崎暗齋的作品，《西銘》爲張載（1020—1077）作品，其餘《白鹿洞書院揭示》《敬齋箴》《易學啓蒙》《性理字義》《感興詩》《周易本義》和《大學或問》皆爲朱熹的著作。這一份教材清單清楚地展示了淺見絅齋作爲一位堅定的暗齋學派程朱學者的學術立場。

最後以池田草庵的青谿書院爲例。池田草庵，出生於但馬養父郡的農家，曾師事相馬九方（1801—1879），學問原爲徂徠學，後轉爲融合朱子學和陽明學，三十一歲時回歸故鄉，開設漢學塾，教授子弟，直至去世，世稱"但馬聖人"，著有《池田草庵先生著作集》《讀易録》等。從《但馬讀本》的記録中可以知曉，池田草庵的青谿書院講義是經書和史書隔日講授，經書

[1] 吉川幸次郎、清水茂校注，《日本思想大系（33）：伊藤仁齋·伊藤東涯》，岩波書店，1971 年，第 644—645 頁。
[2] 大久保勇市，《教學真髓 淺見絅齋の研究》，第一出版協會，1938 年，第 311—319 頁。

包括《小學》《大學》《論語》《孟子》《中庸》《人譜》《近思錄》；史書包括
《日本外史》《日本政記》《十八史略》《左傳》；講授史書的午後，還講授
《尚書》《詩經》《易經》《傳習錄》《文章軌範》和《唐宋八大家文》。[1]其中
大多數都屬於上文已討論的四書五經和常規教材，特殊教材僅包括《人譜》
和《傳習錄》。《傳習錄》爲王陽明（1472—1529）的門人對其語錄和信件
進行整理編撰而成，是陽明學之經典著作。《人譜》分爲《人極圖説》《記
過説》和《改過説》三篇，作者劉宗周（1578—1645）集宋明理學之大成，
被譽爲“明代最後一位儒學大師”。青谿書院的教材選擇上也清晰體現了池
田草庵本身融合宋明理學的學問特徵。

　　總結而言，漢學塾作爲漢學和漢學教育的重要陣地，也是儒學流派發揚
和繼承的關鍵場所，各學派在自己的漢學塾中頻繁採用本派的著作，這一點
不可避免。

## （三）塾内師生特殊愛好的書籍

　　漢學塾内教材除却上文已經論述的核心教材、常規教材、塾師著作、學
塾所屬學派學者著作，還有一部分是根據塾内師生的特殊愛好而選取的。茲舉
幾例：據《伊藤仁齋・伊藤東涯略年譜》記載，1683 年七八月間仁齋曾應門人
中島恕元所請講解《春秋經傳通解》；[2]山田方谷的漢學塾教材一般包括《論語》
《詩經》《左傳》《日本外史》《史記》《資治通鑒》《莊子》等，講解以朱子注解
爲主，但因爲有學生喜歡陽明學，他便也講授《古本大學》；[3]廣瀨淡窗日記
中也曾記載，“從諸生請，休《尚書》講，開《遠思樓詩鈔》講”；[4]吉田松
陰作爲山鹿素行（1622—1685）的擁躉，他的松下村塾經常使用素行的著

---

[1]　兵庫縣立豐岡中學校鄉土研究會編著，《但馬読本》，兵庫縣立豐岡中學校，1939 年，第
　　　85 頁。
[2]　吉川幸次郎、清水茂校注《日本思想大系（33）：伊藤仁齋・伊藤東涯》，岩波書店，1971
　　　年，第 642 頁。
[3]　安部崇慶，《山田方谷と備中の漢學塾——長瀬塾と小阪部塾》，幕末維新期漢學塾研究會、
　　　生馬寛信《幕末維新期漢学塾の研究》，淡水社，2003 年，第 648 頁。
[4]　廣瀨淡窗，《醒齋日曆》，日田郡教育會編《淡窓全集（下卷）》，日田郡教育會，1927 年，
　　　第 645 頁。

作如《武教小學》[1]《配所殘筆》[2]作爲課程教材，同時，松下村塾中也曾講授會澤正志齋（1782—1863）的《新論》，吉田松陰雖没有正式拜入正志齋門下，但曾先後六次討教於正志齋，并盛讚其爲"人中之虎"。[3]

## 四　教材特點

### （一）多樣性

德川漢學塾教材的多樣化在上文討論教材三種類型中已經多有闡述。此處特別值得强調的是德川後期漢學塾數量急速增加，不斷向各地方擴展的過程中，其教材選擇并没有局限在"漢學"領域，而是敏鋭感知時代的變化，爲適應當時日本民衆本國意識逐漸覺醒、文化需求多樣化的特點，涵括諸多日本相關的書籍，比如上文提到的《日本外史》《日本政記》《靖獻遺言》《大日本史》《國史略》《元明史略》。而且，一定數量的漢學塾採用了蒙學書籍《小學》和《蒙求》作爲教材，據此也可看出，漢學塾在自我定位中并不是絶對化的，而是因時因地調整，將原本應該在寺子屋蒙學階段學習的教材也包容其中，以適應一部分學生的學習需求。總而言之，各個漢學塾可以根據自身的特長、喜好、學派歸屬以及市場需求等靈活調整自己的教材。如此，不僅能吸引更多的學子前來求學，也能最大程度呈現該學塾的優勢，促進學派的繼承和發展。

### （二）傳統性

核心教材和常規教材中絶大部分都是中國漢籍經典，極少出現明末以

---

[1]　川口雅昭，《吉田松陰の女子教育論》，《人間と環境》，2016 年第 7 期。
[2]　吉田松陰，《武教全書講録》，山口縣教育會編《吉田松陰全集》卷四，岩波書店，1934年，第 208 頁。
[3]　高須芳次郎，《幽谷·正志齋·東湖》，北海出版社，1937 年，第 100 頁。

後，即相對於德川時期來説同時代的漢籍。核心教材即四書五經，常規教材中除却《唐詩選》是明末作品，《唐宋八大家文》是清代書籍，其他最晚出自宋代。尤其是經學和史學類書籍，基本還是沿用早期漢學經典。也就是説，德川漢學塾在主要的教材選擇上還是偏向已經過歷史沉澱、獲得普世價值認同的漢籍，以此教導塾内學子。

## （三）儒學性

漢學塾教材呈現出的儒學性特點指的是，漢學塾教材仍然以儒學典籍爲中心。絶大多數漢學塾都以四書五經這些儒家經典爲核心教材，在常規教材和特殊教材中儒學著作也占很大比重。漢學不僅限於儒學，但儒學一直是漢學的重中之重。所以在許多場合，尤其是德川時期和明治早期，漢學可以看作儒學的代名詞，這一點在接觸中華文明較早、深受儒家文化影響的日本、韓國、越南等亞洲國家都比較常見。[1]這也不怪乎小學館《例解學習國語辭典（第十版）》（1965）中對“漢學”的定義直接就是：“研究中國儒學的學問。”

## 五　選擇緣由

## （一）程朱理學的風靡

雖説程朱理學在德川時期是否屬於官學一直存在着争論，但其在這一時期的風靡是不可否認的。尤其是寬政“異學之禁”後，昌平阪學問所和各藩藩校基本統一於程朱理學之下，民間的漢學塾雖然保有極大的獨立和自主，但也難免跟隨官方風尚，多以程朱理學爲宗，教材選擇上也偏向程朱理學所提倡的四書五經體系，所以四書五經幾乎是所有漢學塾的教材核心。同時，朱熹的《小學》《近思録》等著作也被諸多漢學塾選爲教材。

---

[1]　何培忠主編，《當代國外中國學研究》，商務印書館，2006年，第2頁。

## （二）儒學各流派的發展

德川時期儒學發展的一大特徵即學派紛繁，百花齊放。雖然如上文所言，程朱理學占據了主要的學術地位，但德川時期有陽明學派、古義學派、古文辭學派、折中學派等多種儒家學派共存於世，而且各個學派都有自己的漢學塾大本營。如陽明學派中江藤樹的藤樹書院、古義學派伊藤仁齋的古義堂、古文辭學派荻生徂徠的萱園塾、折中學派廣瀨淡窗的咸宜園都是非常著名的漢學塾。不同的儒學學派發展極大地豐富了德川時期漢學塾的教材選擇，各學派漢學塾中不僅學習該塾教師的作品，同時也會積極選擇該學派其他學者的相關著作，這個在上文已經有詳細案例，此處不再闡述。總而言之，德川時期儒學學派的發展爲漢學塾的教材的多樣化選擇奠定了堅實的基礎。

## （三）漢學塾本身的獨立性和靈活性

最後，德川時期官方缺乏全國性的教育系統，對民間教育缺乏統一管理，以及沒有科舉制度等原因綜合導致該時期的漢學塾具有很強的獨立性和靈活性。雖然也偶有公權力對漢學塾教育的介入，比如咸宜園就曾多次遭受地方官的粗暴干涉，以至於塾主廣瀨淡窗因不滿官府干涉一度辭職引退；但是這種案例畢竟是少數，在整個德川時期也非常少見，官府對於漢學塾的發展一般都是放任自流。這種情況一來使得漢學塾在教材選擇上有很大的空間和自主性，可以根據自身的具體情況自由選擇教材；二來也要求漢學塾緊跟教育市場的變化，及時做出調整，以便更好地符合當時學子的求學愛好和需求。

## 結語

現在是時候回答文初提出的幾個疑問。首先，如上文所述，德川時期的漢學塾教材大致可以分爲核心教材、常規教材、特殊教材三大類（詳見圖 1）。其次，四書五經確實一直是德川漢學塾教材的核心，始終未曾改變。再次，德川時期隸屬不同儒學流派的漢學塾是存在一定的教材選擇區別的。漢學塾教師們一般偏好選擇自己所屬儒學流派學者的著作。然後，德川不同時期漢學塾的教材選擇變化較爲明顯。早中期漢學塾的課程多集中在儒學上，後期漢學塾中詩文類的重要性得到很大提升，史學類、先秦諸子類的教材也逐漸豐富，一般也會包含日本相關的內容。總體而言，從德川早期到後期，漢學塾教材在堅持漢學爲核心的基礎上根據時代變遷產生了一些改變，逐漸趨於多元化。最後，德川時期漢學塾擁有多樣性、儒學性和傳統性的特點，其選擇緣由主要是德川時期程朱理學的風靡，其他儒學流派的發展，以及漢學塾本身的獨立性和靈活性。

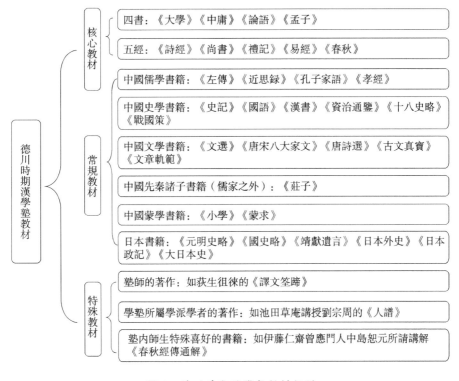

圖 1　德川時期漢學塾教材類型

## 附録

表 A1　十四所德川時期漢學塾案例教材使用情況彙總

| 塾名 | 塾主 | 學派 | 教材 |
|---|---|---|---|
| 暗齋塾 | 山崎暗齋 | 朱子學 | 《小學》《近思録》《大學》《孟子》《論語》《中庸》《周易本義》《程傳》[1] |
| 古義堂 | 伊藤仁齋 | 古義學 | 《論語》《孟子》《中庸》《春秋》《尚書》《性理字義》《唐宋八大家文》《朱子家禮》《資治通鑒綱目》《語孟字義》《中庸發揮》[2]《童子問》[3] |
| 咸宜園 | 廣瀬淡窗 | 折中學 | 《孝經》《論語》《大學》《中庸》《春秋》《禮記》《孟子》《小學》《國史略》《尚書》《詩經》《易經》《十八史略》《蒙求》《孔子家語》《日本外史》《左傳》《國語》《文範》《漢書》《遠思樓詩鈔》《史記》《資治通鑒》《世説新語》《荀子》《名臣言行録》《唐宋八大家文》《莊子》《傳習録》《近思録》《墨子》《管子》《淡窗六種》[4] |
| 積善堂 | 丹羽伯弘 | 不詳 | 《白鹿洞學規》《大學》《孟子》《論語》《中庸》《詩經》《尚書》《禮記》《易經》《春秋》《小學》《近思録》《靖獻遺言》《古文真寶》[5] |
| 長善館 | 鈴木文臺 | 折中學 | 《孝經》《論語》《孟子》《詩經》《尚書》《禮記》《易經》《春秋》《文選》《廣雅》《説文解字》《爾雅》、李杜詩文、韓柳詩文、白氏詩文[6] |
| 藏春園 | 恒遠醒窓 | 折中學 | 《國史略》《日本外史》《日本政記》《十八史略》《元明史略》《蒙求》《史記》《國語》《戰國策》《韓非子》《漢書》《唐宋八大家文》《文章軌範》《楚辭》《文選》《左傳》《春秋穀梁傳》《資治通鑒綱目》、諸子的講義[7] |
| 水哉園 | 村上佛山 | 折中學 | 《古文真寶》《大學》《蒙求》《史記》《孟子》《小學》《日本外史》等[8] |

---

[1] 京都府教育會編,《京都府教育史》上卷,京都教育會,1926年,第105頁。

[2] 山本正身,《伊藤仁斎の生涯と教育活動に関する素描》,《哲學》第111集,2004年,第120頁。

[3] 1703年六月五日至1704年九月五日,伊藤仁齋在古義堂講授《童子問》。參見吉川幸次郎、清水茂校注《日本思想大系(33):伊藤仁斎·伊藤東涯》,岩波書店,1971年,第643頁。

[4] 中島市三郎,《教聖·広瀬淡窓の研究》,第一出版協會,1935年,第254頁。

[5] 新發田教育會編,《新発田町教育史》,新發田教育會,1936年,第100頁。

[6] 斯文會編,《斯文六十年史》,斯文會,1929年,第142頁。

[7] 恒遠俊輔,《幕末の私塾·蔵春園:教育の源流をたずねて》,葦書房,1992年,第83頁。

[8] 張寶三、楊儒賓編,《日本漢學研究初探》,華東師範大學出版社,2008年,第295—296頁。

續表

| 塾名 | 塾主 | 學派 | 教材 |
|---|---|---|---|
| 秋香村舍 | 岩崎泰助 | 朱子學 | 《大學》《孟子》《論語》《中庸》《詩經》《尚書》《禮記》《易經》《春秋》《史記》《左傳》《國語》《戰國策》《孔子家語》《莊子》《文章軌範》《古文真寶》《蒙求》《文選》《歷史綱鑒》[1] |
| 北固私塾 | 田宮宇内 | 朱子學 | 《小學》《大學》《孟子》《論語》《中庸》《詩經》《尚書》《禮記》《易經》《春秋》《史記》《左傳》《漢書》《國語》《文章軌範》《唐宋八大家文》《四書集注》《五經集注》《易經本義》《四書正解》《大學衍義》《四書鼈頭》《史記評林》《近思錄》《靖獻遺言》《古文真寶》《八大家文集》《資治通鑒綱目》《三國誌》《晉書》《唐書》[2] |
| 青谿書院 | 池田草庵 | 朱子學、陽明學融合 | 《小學》《大學》《論語》《孟子》《中庸》《近思錄》《日本外史》《日本政記》《十八史略》《左傳》《尚書》《詩經》《易經》《劉氏人譜》《傳習錄》《文章軌範》《唐宋八大家文》等[3] |
| 登龍館 | 安國彦介 | 不詳 | 《唐書》《五代史》《千字文》《十八史略》《杜氏通典》《貞觀政要》《大學》《孟子》《論語》《中庸》《詩經》《尚書》《禮記》《易經》《春秋》《三國史》《日本外史》等[4] |
| 盈科堂 | 淡河敬二郎 | 不詳 | 《大學》《孟子》《論語》《中庸》《詩經》《尚書》《禮記》《易經》《春秋》《三體詩》《十八史略》《蒙求》《史記》等[5] |
| 鳴尾鄉學所 | 瀧誠齋 | 不詳 | 《大學》《孟子》《論語》《中庸》《詩經》《尚書》《禮記》《易經》《春秋》《古文真寶》《文選》《唐詩選》《十八史略》《左傳》《二十一史》《日本外史》《國史略》[6] |
| 大谷塾 | 大谷茂次郎、大谷謙作 | 朱子學 | 《小學》《大學》《孟子》《論語》《中庸》《詩經》《尚書》《禮記》《易經》《春秋》《左傳》《漢書》《資治通鑒綱目》[7] |

［1］　高知縣編纂，《高知藩教育沿革取調》，青楓會，1932年，第170頁。
［2］　高知縣編纂，《高知藩教育沿革取調》，青楓會，1932年，第174頁。
［3］　兵庫縣立豐岡中學校鄉土研究會編著，《但馬讀本》，兵庫縣立豐岡中學校，1939年，第85頁。
［4］　兵庫縣教育會編，《兵庫縣教育史：藩學、鄉學、私塾、寺小屋篇》，兵庫縣教育會，1943年，第25頁。
［5］　兵庫縣教育會編，《兵庫縣教育史：藩學、鄉學、私塾、寺小屋篇》，兵庫縣教育會，1943年，第26頁。
［6］　兵庫縣教育會編，《兵庫縣教育史：藩學、鄉學、私塾、寺小屋篇》，兵庫縣教育會，1943年，第27頁。
［7］　高知縣編纂，《高知藩教育沿革取調》，青楓會，1932年，第192頁。

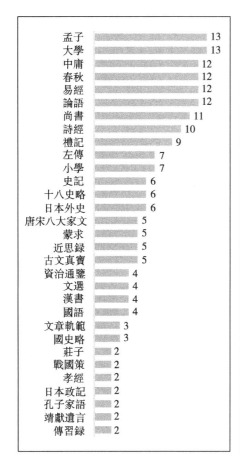 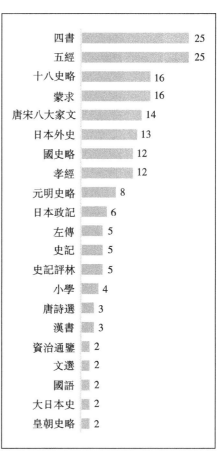

圖 A1　德川時期十四所漢學塾中多次　　圖 A2　德川時期阿武郡私塾多次
　　　　使用教材名稱及頻次　　　　　　　　　使用教材名稱及頻次

文化環流

# 東亞視域下的日本律令木簡[*]

葛繼勇　蘇亦偉

**摘　要**　中日韓三國均出土有書寫律令條文的木簡。日本的律令木簡以及文獻記載中，律令條文多以"凡"字開頭，朝鮮半島的律令雖然缺乏文獻記載，但出土木簡中也發現了"凡"字開頭的律令條文，而中國的律令簡牘中未見此種情況，但在8世紀前期的唐令文獻中有"凡"字開頭的律令條文。另外，中國律令簡牘多出自官府，除了具有公文書的實用性之外，墓葬出土律令簡牘還具有咒術性、非實用性；朝鮮半島、日本的律令木簡是官吏學習律令時抄寫、練習所用，具有習書的隨意性。其原因可能在於，日韓使用木簡的時期是紙木并用的，官吏所用正式的律令文本書寫於紙上，木簡僅用作日常練習書寫、學習律令。中日韓三國的律令簡牘雖然在時代、内容、性質等方面存在差異，但中國漢簡所呈現出的"律"與"令"的法律形式爲日本所繼承，在日本律令木簡中也有體現，且從作爲書寫材料的簡牘以及律令制度在東亞文化圈的傳播來看，其之間也具有繼承關係。

**關鍵詞**　律令木簡，習書，簡牘文化，東亞文化圈，繼承關係

律令制度作爲東亞文化圈的基本要素之一，從古代中國傳播至朝鮮半島、日本列島，并得到了廣泛推行。除傳世文獻的記載外，中韓日三國的出土文物中也發現了寫有律令條文的木簡，從中可以瞭解律令在古代東亞的傳播情況。

圍繞律令木簡，日本學者佐藤信介紹了《醫疾令》《户令》條文的習書

---

[*]　葛繼勇，鄭州大學外國語與國際關係學院教授；蘇亦偉，鄭州大學外國語與國際關係學院講師。
　　本文係國家社科基金重大項目"中日合作版《中日文化交流史叢書》"（17ZDA227）、國家社科基金青年項目"基於韓日出土木簡的漢字東亞傳播衍變研究"（21CYY033）、"國家資助博士後研究人員計劃"（GZC20232442）的階段性成果。

木簡，指出其對《大寶令》（701 年撰成）條文的復原研究具有非常重要的意義。[1] 丸山裕美子探討了中日兩國律令體系與傳播情況、日本對中國律令的接受過程、日本出土的《考仕令》《醫疾令》《户令》等律令木簡，并指出，這些律令木簡極有可能是官吏在紙上抄寫律令文書之前先在木簡上練習書寫而成，且在《大寶律令》實施後的至少 20 至 40 年之内，官吏應該經常接觸并學習律令條文。[2] 但是，丸山裕美子文中僅涉及 5 枚木簡，實際出土的律令木簡數量不止於此，故有必要對日本的律令木簡進行更加全面的考察；且韓國也出土有律令木簡，須將韓國、中國的律令木簡也納入研究視野，進行綜合、系統的分析。此外，三上喜孝介紹了韓國出土的 1 枚律令木簡，并指出，從該木簡上以"凡"開頭的律令條文來看，當時應存在以"凡"開頭的律令文本。[3] 國内學者主要着眼於中國出土的秦漢時期律令簡牘，而對日本、韓國出土的律令木簡鮮有詳細論及。

綜上，筆者試以日本出土的律令木簡爲中心，結合傳世文獻的記載，并與中國、韓國的律令木簡進行對比，探討東亞各國律令木簡的特質以及《大寶律令》在古代日本的傳播情況。

## 一　傳世文獻所載日本律令的傳播

7 世紀中葉，日本效仿唐令編撰并施行律令。律令作爲國家的基本行政手段，爲確保其得到有效的貫徹實施，首先要求執行政務的官吏熟知律令。《續日本紀》卷一"文武四年（700）三月甲子"條載：

　　　詔諸王臣讀習令文。又撰成律條。[4]

--------

[1]　佐藤信，《日本古代の宫都と木簡》，吉川弘文館，1997 年。
[2]　丸山裕美子，《律令》，平川南等編《支配と文字》，吉川弘文館，2004 年，第 96—115 頁。
[3]　三上喜孝，《東아시아의 法規範 전파의　실태와 出土文字資料》，成均館大學校編《大東文化研究》第 99 卷，成均館大學校大東文化研究院，2017 年，第 137—158 頁。
[4]　黑板勝美、國史大系編修會編，《新訂增補國史大系・續日本紀》，吉川弘文館，1985 年，第 6 頁。

卷二"大寶元年（701）四月庚戌"條載：

> 遣右大弁從四位下下毛野朝臣古麻吕等三人，始講新令，親王諸臣百官人等就而習之。[1]

可知，新令編纂完成之後，由諸王臣先行閱讀學習令文，并由律令的編撰者"下毛野朝臣古麻吕等三人"給親王、諸臣、百官講授新令。同時也可知，《大寶令》的編纂早于《大寶律》。

此外，《續日本紀》卷二"大寶元年（701）六月壬寅朔"條載：

> 令正七位下道君首名説《僧尼令》於大安寺。[2]

"大寶元年（701）八月戊申"條載：

> 遣明法博士於六道講新令。[3]

可知，除爲中央官吏層講授新令之外，還派遣律令編撰者之一道君首名赴大安寺講説《僧尼令》，派遣負責教授律令格式的明法博士赴除西海道之外的其他六個行政區域講授新令，以推動新令在日本全國的實施。

"大寶二年（702）七月乙亥"條載：

> 乙亥，詔令內外文武官讀習新令……乙未，始講律。[4]

[1] 黑板勝美、國史大系編修會編，《新訂增補國史大系·續日本紀》，吉川弘文館，1985 年，第 10 頁。
[2] 黑板勝美、國史大系編修會編，《新訂增補國史大系·續日本紀》，吉川弘文館，1985 年，第 11 頁。
[3] 黑板勝美、國史大系編修會編，《新訂增補國史大系·續日本紀》，吉川弘文館，1985 年，第 12 頁。
[4] 黑板勝美、國史大系編修會編，《新訂增補國史大系·續日本紀》，吉川弘文館，1985 年，第 15 頁。

翌年，又詔令都城及各地方的文武百官閱讀學習新令，并開始講授律文。

古代日本爲有效貫徹實施律令，除在官吏之間講授律令之外，還將律令知識規定爲選拔任用官吏的重要標準。如《養老令·選敘令》第十九"帳內勞滿"條載：

> 凡帳內，勞滿應敘，才堪理務，本主欲於內位敘者聽。[1]

帳內指親王身邊的雜役、警衛等下級官吏，其敘任內位的條件爲"才堪理務"。關於"理務"，《令集解》所引《古記》載：

> 才堪理務，謂工書算，并知法令。[2]

可知，"理務"指擅長文書寫作與算術，且知曉法令。換言之，知曉法令是帳內敘任內位的條件之一。此外，《續日本紀》卷二二"天平寶字三年（759）六月丙辰"條載：

> 其《維城典訓》者，敘爲政之規模，著修身之檢括；律令格式者，錄當今之要務，具庶官之紀綱。并是窮安上治民之道，盡濟世弼化之宜。……父兄不誠，斯何以導子弟。官吏不行，此何以教士民。若有修習仁義禮智信之善，戒慎貪嗔癡淫盜之惡，兼讀前二色書者，舉而察之，隨品升進。自今以後，除此色外，不得任用。[3]

其中"二色書"指《維城典訓》與律令格式兩種書籍。由此可知，官吏任命升職的重要標準，一是須修習仁義禮智信等儒家道德標準，二是須閱讀官吏

---

[1] 井上光貞等校注，《律令》，岩波書店，1976 年，第 275 頁。
[2] 黑板勝美、國史大系編修會編，《新訂增補國史大系·令集解（第二）》，吉川弘文館，1983 年，第 494 頁。
[3] 黑板勝美、國史大系編修會編，《新訂增補國史大系·續日本紀》，吉川弘文館，1985 年，第 263—264 頁。

的修身典範《維城典訓》及庶官之綱紀的律令格式。"官吏不行，此何以教士民"一句表明，官吏在向民衆普及、傳播律令的過程中發揮着重要作用。

關於官吏升職考核的具體方式可見於《弘仁式·式部》"試補諸司史生"條：

> 諸司番上有讀律、令、格、式、《維城典訓》并工書算者，省召其身試之。……史生置所試書於丞座側，直丁置被試人前（若工書算者，陳紙筆算等），丞命讀其篇，候人稱唯，披書而讀，略問綱例。訖，丞判命之，候人稱唯退出。[1]

史生爲諸司四等官的下級書記官，主要負責抄寫、裝訂公文書。其録用考試的内容分爲律令格式、《維城典訓》以及書算兩種，考試律令格式、《維城典訓》時，須當場閱讀指定篇目，并簡要陳述大體内容。由此可知，律令在官吏的任命、升職中具有非常重要的作用，這也是律令制國家在官吏層中推行律令的有效手段。

那麼，律令在普通民衆層之間是如何普及的呢？據《養老令·公式令》第七十五"詔敕頒行"條載：

> 凡詔敕頒行，關百姓事者，行下至鄉，皆令里長、坊長巡歷部内，宣示百姓，使人曉悉。[2]

可知，《公式令》規定，天皇的詔敕中與百姓相關之事，須令里長、坊長負責向百姓宣示，使百姓知悉。故可推測，律令中與百姓相關的規定同樣可能通過里長、坊長等人向百姓傳達。關於具體的傳達方式，《養老令·賦役令》第三十六"調物"條載：

---

[1]　黑板勝美、國史大系編修會編，《新訂增補國史大系·弘仁式》，吉川弘文館，1983 年，第10—11 頁。
[2]　井上光貞等校注，《律令》，岩波書店，1976 年，第 403 頁。

> 凡調物及地租、雜税，皆明寫應輸物數，立牌坊里，使衆庶同知。[1]

有關調、租以及其他雜税應該繳納的物品及數量，須在坊、里立木牌明示民衆，即可通過在公共場合立木牌的方式使民衆知悉法令。

石川縣加茂遺址出土的 9 世紀中期的加賀郡牓示札便屬於立牌公示，該木簡爲加賀郡下達給深見村的文書，内容爲關於勸課農桑政策的禁令。其中還引用了加賀國下達給各郡的文書，有一句載“郡宜承知并口示符事，早令勤作”，[2]即要求各郡知曉文書内容并口頭傳達給百姓。

此外，《令集解・儀制令》“春時祭田”條的注釋所引《古記》載：

> 春時祭田之日，謂國郡鄉里每村在社神，人夫集聚祭……預造設酒祭田之日，設備飲食，并人別設食，男女悉集，告國家法，令知訖。[3]

可知，春季祭田日，在各村舉行的祭祀集會上宣告“國家法”，令民衆知悉。該“國家法”的内容雖没有明確説明，但可推測其應爲與民衆息息相關的法令内容。因此，在村落的集會中宣告也是傳達律令的方式之一，且應爲口頭宣告。

綜上可知，古代日本爲貫徹實施律令制度，在官吏層之間講授律令，并將律令知識的掌握程度規定爲選拔任用官吏的考核標準，官吏熟悉掌握律令并教化民衆、傳播律令；在民衆層之間通過里長、坊長等向百姓傳達律令，傳達方式包括立牌明示的文字傳達以及集會宣告的口頭傳達等。通過一系列的措施，使各級官吏和普通民衆都能通曉律令，爲律令制度的實施打下堅實的基礎。

---

[1] 井上光貞等校注，《律令》，岩波書店，1976 年，第 261 頁。
[2] 平川南監修，石川縣埋藏文化財中心編，《発見！古代のお触れ書き——石川県加茂遺跡出土加賀郡牓示札》，大修館書店，2001 年，第 14 頁。
[3] 黑板勝美、國史大系編修會編，《新訂增補國史大系・令集解（第三）》，吉川弘文館，1985 年，第 723 頁。

## 二　日本出土的律令木簡

除傳世文獻所載律令在官吏層與民衆層的傳播之外，出土文獻中也發現了書寫有律令條文的木簡，包括《醫疾令》《户令》《考仕令》等，從中也可窺探出律令的傳播情况。

### （一）《醫疾令》木簡

書寫《醫疾令》條文的木簡有 2 枚，均出土於平城宫遺址。其中平城宫南面東門（壬生門）内式部省東役所出土木簡載（"○"表示此處爲空格，無文字；"「　」"表示其中的文字爲不同筆迹書寫；"＼"表示換行；"□"表示缺損模糊、不可釋讀的文字，一個符號代表一字；"●"表示木簡兩面都有文字時，用來區分各個面。下同）：

①○「醫○酢○醫○鳥」＼○醫博土選醫師□＼「凡凡田田□謹」[1]
②●醫醫醫疾疾疾第十九九凡凡醫博博咒咒禁博博士士亦＼士選選選醫師師内内法内内法術術優優準此此凡凡醫生＼○□□□○○□□□□
（正面）

　　　　●大伴（背面）[2]

這兩枚木簡爲《醫疾令》"醫博士"條所載"**醫博士，取醫人内法術優**長者爲之。按摩、**咒禁博士亦準此**"[3]與"醫生等取藥部及世習"條所載"**凡醫生、按摩生、咒禁生、藥園生，先取藥部及世習**，次取庶人年十三以上、十六以下聰令者爲之"[4]部分内容（黑體部分）的習書。

[1]　舘野和己，《平城宫跡》，《木簡研究》第 14 號，1992 年，第 11 頁。
[2]　東野治之，《平城宫跡》，木簡學會編《日本古代木簡選》，岩波書店，2003 年，第 134 頁。
[3]　井上光貞等校注，《律令》，岩波書店，1976 年，第 421 頁。
[4]　井上光貞等校注，《律令》，岩波書店，1976 年，第 421 頁。

　　以上所列條文爲《養老令》（757 年施行）中《醫疾令》的内容。可以發現，其中的“取醫人”在兩枚木簡上均寫作“選醫師”，加之木簡①年代爲奈良（710—794）前期，木簡②年代爲養老（717—724）、神龜（724—729）年間，故推測這兩枚木簡的書寫内容應爲《大寶令》中的《醫疾令》條文。[1]此外，據《令集解》所載，《養老令》中《醫疾令》的篇章順序爲第二十四，木簡②開頭部分的“第十九”應爲《大寶令》中《醫疾令》的篇章順序。[2]在書寫完篇目名與篇次之後，緊接着書寫了第一條“凡醫博士……”，但《養老令》中是以“醫博士”開頭，并無“凡”字，這一點也體現出了律令木簡依據的原始文本爲《大寶令》，而非《養老令》。

　　這兩枚木簡均出土於都城平城宮，故可推測，在《大寶令》頒布實施之後，中央官吏的身邊應存在《大寶令》的文本，并通過練習抄寫其中的條文來學習律令。

## （二）《户令》木簡

　　書寫《户令》條文的木簡有 3 枚，出土於同一遺址，即平城宮左京二坊坊間大路西側溝，釋文如下（“＝”爲“米”+“行”字）：

　　　　③ ●凡官奴婢年六十六以上乃□（正面）

　　　　　　●家官户家人公私奴婢皆當□（背面）[3]

　　　　④ ○官官○官人 \ 及廢疾若[4]

　　　　⑤ ●□○施物惣惣惣惣 \ 施他大夫窮惣惣○窮必必必必必必窮窮 \ 施施施施大夫夫○窮窮窮字宇窮空（正面）

---

[1]　東野治之，《平城宮跡》，木簡學會編《日本古代木簡選》，岩波書店，2003 年，第 134 頁；舘野和己，《平城宮跡》，《木簡研究》第 14 號，1992 年，第 14 頁。
[2]　丸山裕美子，《律令》，平川南等編《支配と文字》，吉川弘文館，2004 年，第 110 頁。
[3]　鬼頭清明，《奈良·平城宮跡》，《木簡研究》第 10 號，1988 年，第 90 頁。
[4]　奈良國立文化財研究所編，《平城宮発掘調査出土木簡概報（六）》，奈良國立文化財研究所，1969 年，第 4 頁。

　　●＝○蘇必朋必○必○凡凡番長長長長凡凡凡＼凡化外奴婢奸○凡
凡凡凡覺覓覓＼又又又水水水水水○水○必[1]（背面）

　　其中，木簡③④爲《户令》第三十五"當色爲婚"條所載"凡陵户、**官户、
家人、公私奴婢，皆當色爲婚**"、[2]第三十八"官奴婢"條所載"**凡官奴婢，
年六十六以上及廢疾，若被配没令爲户者，并爲官户**"[3]部分内容（黑體部
分）的習書。

　　對照木簡所載内容與《養老令》的條文可知，木簡③中缺少"陵户"
一語。關於"陵户"，據《令集解·職員令》第十九"諸陵司"條、《令集
解·户令》第十九"造户籍"條所引《古記》載"雜户陵户籍"可知，"陵
户"并非賤民，而是雜户的一種，極有可能是《大寶令》中原本無"陵户"
一詞。木簡③中"官户"前的"家"可能爲"凡"之訛，加之與該木簡一同
出土的木簡年代爲天平九年（737）到天平十九年（747），故其極有可能爲
《大寶令·户令》的習書。[4]

　　與其他習書木簡不同的是，木簡③并没有出現重複書寫同一個字的現
象，除了將"凡"字錯寫爲"家"字、"及"字錯寫爲"乃"字之外，其餘
均完整書寫了《户令》第三十五條與第三十八條令文的前半部分。該木簡下
端缺損，但可推測原木簡極有可能完整地書寫了兩條令文的内容。此外，由
其無重複書寫以及有兩個錯字可推測，該木簡可能并非抄寫或是爲了習字而
書寫，而是書寫者學習過令文之後，爲了檢驗學習成果，將文本放在一邊，
獨立默寫而成。

　　木簡⑤中的"凡化外奴婢"爲《户令》第四十四"化外奴婢"條所載
"**凡化外奴婢，自來投國者，悉放爲良**"[5]開頭部分的習書，"奸"字可見於
第四十三"奴奸主"條所載"凡家人、**奴奸**主及主五等以上親，所生男女，

[1]　奈良國立文化財研究所編，《平城宮発掘調查出土木簡概報（六）》，奈良國立文化財研究
　　所，1969年，第4頁。
[2]　井上光貞等校注，《律令》，岩波書店，1976年，第237頁。
[3]　井上光貞等校注，《律令》，岩波書店，1976年，第237頁。
[4]　井上光貞等校注，《律令》，岩波書店，1976年，第566頁。
[5]　井上光貞等校注，《律令》，岩波書店，1976年，第239頁。

各没官"。[1]該木簡與③④出土於同一遺址，年代也爲奈良時代前半期，故同樣可能爲《大寶令》的習書。

關於木簡⑤中的"凡番長"，"凡"字可能爲某律令條文的開頭，"番長"指律令制下諸衛府的下級職員，文獻記載可見於《養老令・職員令》第六十二"左兵衛府"條所載"（右兵衛府準此）督一人……番長四人，兵衛四百人，使部卅人，直丁二人"。[2]可知，兵衛府中設有番長一職。故推測該木簡與兵衛府有關，可能是兵衛府中的下級官吏爲熟悉業務或升職考核而練習書寫的律令條文。

由此可知，律令官吏在使用木簡學習律令條文時，不僅通過重複書寫漢字進行習字記憶，還會爲檢驗學習成果進行背默書寫。

## （三）《考仕令》木簡

書寫《考仕令》條文的木簡有 2 枚，分別出土於藤原宮遺址與平城宮遺址。藤原宮南面西門西方地區出土木簡載：

⑥ 考仕令[3]

平城宮壬生門東方南面大垣出土木簡載（□内文字爲根據殘留筆畫釋讀的文字，下同）：

⑦ □部□ ＼ ○□□恭愼[4]

木簡⑥年代爲 7 世紀末至 8 世紀初，其中的"考仕令"可見於《日本書紀》卷三十"持統四年（690）四月庚申"條所載"詔曰：百官人及畿内人，

---

[1]　井上光貞等校注，《律令》，岩波書店，1976 年，第 239 頁。
[2]　井上光貞等校注，《律令》，岩波書店，1976 年，第 187 頁。
[3]　加藤優，《奈良・藤原宮跡》，《木簡研究》第 3 號，1981 年，第 21 頁。
[4]　奈良文化財研究所編《平城宮木簡 6》（《平城宮木簡 6》，奈良文化財研究所，2004 年）收錄的第 9918 號木簡。

有位者限六年，無位者限七年，以其上日選定九等；四等以上者，依《考仕令》，以其善最功能、氏姓大小，量授冠位"，[1]以及《令集解·考課令》引用了《古記》載"《考仕令》，考者，校也；仕者，勞也"。[2]可知，其可能爲689年實施的《飛鳥净御原令》或《大寶令》中的篇名，在《養老令》中改爲了《考課令》。[3]但是，該木簡的年代即藤原京時期（694—710），距《飛鳥净御原令》實施的689年已過去至少5年，《飛鳥净御原令》的學習應該在其頒布實施後的1至2年内進行，5年後仍在學習的可能性較小。因此，該木簡應爲8世紀初官吏學習《大寶令》的産物。

木簡⑦中的"恭慎"可見於《令集解·考課令》所載"恭慎無愆、容止合禮爲舍人之最"。[4]該條的注釋先引用了《古記》中關於"容止合禮"的解釋，後載"此條新令除而不取，仍爲不用之"。[5]可知，該條爲《大寶令·考仕令》中的條文，《養老令·考課令》删除了此條内容。[6]加之木簡⑦年代爲平城京時期（710—784），故其書寫的也是《大寶令》的内容。

這兩枚木簡的出土遺址位於都城，可能也爲官吏學習《大寶令》時練習書寫而成。

## （四）其他律令木簡

除上述根據簡文可明確判斷出具體律令條文的木簡外，日本還出土了無法明確具體條文的木簡，如藤原宫迹北面中門地區出土木簡載：

---

［1］　黑板勝美、國史大系編修會編，《新訂增補國史大系·日本書紀》，吉川弘文館，1981年，第405頁。
［2］　黑板勝美、國史大系編修會編，《新訂增補國史大系·令集解（第三）》，吉川弘文館，1985年，第529頁。
［3］　丸山裕美子，《律令》，平川南等編《支配と文字》，吉川弘文館，2004年，第109頁。
［4］　黑板勝美、國史大系編修會編，《新訂增補國史大系·令集解（第三）》，吉川弘文館，1985年，第571頁。
［5］　黑板勝美、國史大系編修會編，《新訂增補國史大系·令集解（第三）》，吉川弘文館，1985年，第571頁。
［6］　井上光貞等校注，《律令》，岩波書店，1976年，第606—607頁。

⑧ 凡凡造[1]

該木簡以"凡"字開頭，推測可能爲律令條文的開頭。其年代爲 7 世紀末至 8 世紀初，與木簡⑥一樣，很可能爲《大寶律令》的習書。以"凡造"開頭的條文可見於《户令》《職制律》《賊盜律》，其中《户令》第十八"造計帳"條載：

> 凡造計帳，每年六月卅日以前，京國官司責所部手實，具注家口年紀。若全户不在鄉者，即依舊籍轉寫，并顯不在所由。收訖，依式造帳，連署。八月卅日以前，申送太政官。[2]

《職制律》第十三"造御膳"條載：

> 凡造御膳，誤犯食禁者，典膳徒三年。若穢惡之物在食飲中，杖一百。簡擇不精，減二等。不品嘗者，杖六十。[3]

《賊盜律》第十五"造畜"條載：

> 凡造畜蠱毒及教令者，絞。造畜者同居家口，雖不知情者，遠流。若里長知而不糾者，徒三年。造畜者雖會赦，并同居家口及教令人亦遠流。即以蠱毒毒同居者，被毒之人父母妻妾子孫不知造蠱情者，不坐。[4]

《賊盜律》第二十一"造妖書"條載：

---

[1]　奈良國立文化財研究所編《藤原宮木簡 1》(《藤原宮木簡 1》，奈良國立文化財研究所，1978 年) 收録的第 5 號木簡。
[2]　井上光貞等校注，《律令》，岩波書店，1976 年，第 230 頁。
[3]　井上光貞等校注，《律令》，岩波書店，1976 年，第 66 頁。
[4]　井上光貞等校注，《律令》，岩波書店，1976 年，第 95 頁。

凡造妖書及妖言，遠流。傳用以惑衆者，亦如之。其不滿衆者，減一等。言理無害者，杖六十。即私有妖書，雖不行用，杖八十。言理無害者，笞卌。[1]

該木簡⑧可能爲以上令文或律文的習書。

此外，與律文相關的還有藤原京左京七條一坊西南坪出土的木簡：

⑨ 杖廿○杖廿[2]

宮城縣多賀城市川橋遺址出土木簡（"◇"表示穿孔）：

⑩ 禁杖八十◇□[3]

據上述《職制律》第十三"造御膳"條所載"杖一百""杖六十"以及《賊盜律》第二十一"造妖書"條所載"杖六十""杖八十""笞卌"可知，木簡⑨⑩可能爲律文的習書，記載了刑罰的内容。木簡⑨的年代爲 7 世紀末至 8 世紀初，且書寫的是律文，故應爲《大寶律》的内容。木簡⑩的年代爲奈良（710—794）至平安（794—1192）時代，故應爲《大寶律》或《養老律》的内容。

與木簡⑨一同出土的木簡中有兩枚分別寫有"衛門府"的習書以及"杖笞五十"。[4]其中寫有"杖笞五十"的木簡形狀較爲特殊，上端呈箭頭狀，左右兩側有三角形切口，推測其應爲杖笞的標籤，與衛門府中負責看守犯人及實施刑罰的下級官吏有關。[5]因此，木簡⑨可能爲衛門府的下級官吏練習

---

[1]　井上光貞等校注，《律令》，岩波書店，1976 年，第 99 頁。
[2]　市大樹，《奈良·藤原京跡左京七條一坊》，《木簡研究》第 25 號，2003 年，第 26 頁。
[3]　高倉敏明，《宮城·市川橋遺跡》，《木簡研究》第 7 號，1985 年，第 95 頁。
[4]　市大樹，《奈良·藤原京跡左京七條一坊》，《木簡研究》第 25 號，2003 年，第 26 頁。
[5]　市大樹，《奈良·藤原京跡左京七條一坊》，《木簡研究》第 25 號，2003 年，第 32 頁。

書寫而成。

　　上述律令木簡①—⑨皆出土於中央都城，而木簡⑩的出土地點市川橋遺址位於古代陸奧國國府所在地多賀城的南側。該遺址中律文習書木簡的出土説明地方官衙中也存在練習書寫律令條文的現象，且陸奧國作爲古代日本的東北邊境地區，距離中央行政中心較遠，説明律令在如此偏遠的地方也得到了有效傳播。由此可知，律令不僅在中央都城被廣泛學習，在地方社會中也得到了廣泛傳播。此外，通過練習書寫律令條文，在習字的同時也學習了律令，文字的學習與律令文化的學習是同步進行的。文字的普及是推行律令、實施文書行政的基礎，從中可窺探出日本文字的普及方式以及文化水準。

　　此外，愛知縣下懸遺址出土有一枚木簡。該木簡的内容雖然不是律令條文，但從中亦可窺探出律令的傳播情況。釋文如下：

　　　⑪ ●春春春秋秋尚尚書書律（正面）
　　　 ●令令文文□□㫋是人（背面）[1]

該木簡上書寫的内容可見於漢史游《急就篇》所載"宦學諷詩孝經論，**春秋尚書律令文**"。[2]《日本國見在書目録》收録有"《急就篇》一卷史游撰"，可知《急就篇》確曾傳入日本。故木簡⑪極有可能爲《急就篇》的習書。木簡⑪的年代爲奈良時代，由此可推測，《急就篇》極有可能於奈良時代便已傳入日本。這兩句強調的是官吏所需學習的知識，即讀《詩經》《孝經》《論語》《春秋》《尚書》及律令、文書。可知，律令與《詩經》《孝經》等儒家經典一樣是官吏必須學習的内容。

　　《急就篇》是漢代字書，内容包括三個部分，一是"姓氏名字"，二是"器服百物"，三是"文學法理"，包括官職名稱和法律知識等。其中第三部分除了最初兩句"宦學諷詩孝經論，春秋尚書律令文"強調儒家經典的重要性之外，其他語句多涉及官職、罪名、户籍、刑罰等各類事項，是貫穿於秦

---

[1]　池本正明，《愛知·下懸遺跡》，《木簡研究》第 24 號，2002 年，第 52 頁。

[2]　史游撰，顏師古注，王應麟補注，錢保塘補音，《急就篇》，商務印書館，1936 年，第 60 頁。

漢時代的制度名詞的彙編。秦漢朝廷組織撰寫習字教科書的重要目的之一是試圖整理與各類政務相關的名詞，使官員們通過習字來熟悉律令術語，形成對律令之概貌的基本體會。[1]

由此可推測，《急就篇》在日本的傳播可能也具有同樣的意義。木簡⑪的出土説明《急就篇》已傳播至古代日本的地方社會，地方官吏練習書寫《急就篇》，在習字的同時也熟悉律令知識。

## 三　韓國出土的律令木簡

作爲東亞文化圈的一環，朝鮮半島也接受了中國的律令制度。其出土文獻中也包括與律令有關的木簡，如扶餘陵山里寺址出土木簡載：

> ①　●書亦從此法爲之凡六卩（部）五方（正面）
> 　　●人行（之／色）也凡作形之中了具（背面）[2]

該木簡爲6—7世紀的百濟之物，上下端缺損，書寫内容不明確，但由"凡"字可推測，其中應包括以"凡"開頭的律令條文，加之"亦從此法"的表述，該木簡應是從某法令集中摘出多條律令條文抄寫而成的，但具體出典尚不明確。[3]如"亦從此法"所示，該句之前應該書寫有某法令條文。從"凡"字開始應爲另一條法令條文。

陵山里寺被推定百濟威德王（526—598）爲紀念在554年與新羅的戰爭中犧牲的父親聖王（聖明王）而建造的王室寺院。該遺址出土的木簡中除與佛教相關内容之外，還有與行政相關的文書、記録木簡，可知該寺院由國

---

[1]　朱騰，《秦漢時代律令的傳播》，《法學評論》，2017年第4期。
[2]　韓國國立昌原文化財研究所編《韓國的木簡》（《韓國의 古代木簡》，韓國國立昌原文化財研究所，2006年）收録的第301號木簡。
[3]　三上喜孝，《東아시아의 法規範 전파의 실태와 出土文字資料》，成均館大學校編《大東文化研究》第99卷，成均館大學校大東文化研究院，2017年，第154頁。

家行政機關掌管。[1]因此，木簡①可能爲在陵山里寺任職的官吏抄寫的律令條文。

此外，扶餘宮南池遺址出土木簡載：

② ●文文文文文文文文文文（第 1 面）
　●書文□□文□令□文二也也文也文（第 2 面）
　●之之之二人之之之……（第 3 面）
　●進文之也也也也也也（第 4 面）[2]

宮南池爲百濟武王（？—641）634 年在王宮南邊的別宮建造的庭院池塘。從中出土的該木簡爲習書木簡，具體出典不明，但從其中的"令文"二字可推測，當時應存在律令文本。該遺址中還出土了户籍類的記錄木簡，可知該地區曾通行文書行政。因此，木簡②應該也爲官吏練習書寫之物。

## 四　中國出土的律令簡牘

與韓國、日本相比，中國出土的律令簡牘數量衆多，内容豐富，主要爲秦漢時期的律令文。在衆多的律令簡牘中，首先值得注意的是律令簡牘的來源與性質。通過考古發掘出土的遺址主要有墓葬、邊境屯戍遺址以及井窖遺址。墓葬出土的律令簡牘主要有雲夢睡虎地秦墓竹簡、江陵張家山漢墓竹簡等。睡虎地 11 號秦墓出土《秦律十八種》竹簡，共 201 枚，每條律文末尾都記載有律名或律名的簡稱，包括《田律》《廄苑律》《倉律》《金布律》《關市》《工律》《工人程》《均工》《徭律》《司空》《軍爵律》《置吏律》《效》

[1] 李鎔賢，《百済の仏教と文字——陵山里寺木簡を中心に》，東亞古典研究研討會第 10 回，2010 年 7 月 17 日。
[2] 國立扶餘文化財研究所編，《宮南池Ⅱ：現宮南池西北便一帶》，國立扶餘文化財研究所，2001 年，第 176 頁，圖版 239—①。

《傳食律》《行書》《内史雜》《尉雜》《屬邦》等十八種律名。[1]以下列舉《田律》的一條：

①百姓居田舍者毋敢酤酉（酒?），田嗇夫、部佐謹禁禦之，有不從令者有辠（罪）。[2]

該簡文爲禁止農民賣酒的律文。此外，張家山247號漢墓出土有《二年律令》漢簡500餘枚，包含27種律和1種令。以下列舉律文、令文各一條：

②亡、殺、傷縣官畜産，不可復以爲畜産，及牧之而疾死，其肉、革腐敗毋用，皆令以平賈償。入死、傷縣官，賈以減償。[3]

③□、制詔御史：其令諸關，禁毋出私金□□。或以金器入者，關謹籍書，出復以閱，出之。籍器，飾及所服者不用此令。[4]

②爲《金布律》的一條律文，規定了丢失、殺死或損傷官府畜産的賠償辦法。③爲《津關令》的一條令文，規定了攜帶金器入關時須認真登記，出關時須再次核查。

關於這些墓葬出土律令簡牘的性質判斷，目前具有代表性的觀點有作爲陪葬器物具有非實用性的“明器説”、具有鎮墓闢邪作用的“鎮墓説”，[5]還有學者認爲隨葬律令簡牘是墓主人生前請人或自己抄録以作爲行政參考所用，隨墓主葬入墓中，與“視死如生”的埋葬習俗有關。[6]筆者認同隨葬律令簡牘具有

---

［1］　陳偉主編，彭浩、劉樂賢等撰，《秦簡牘合集：釋文注釋修訂本（第1、2輯）》，武漢大學出版社，2016年，第39頁。

［2］　陳偉主編，彭浩、劉樂賢等撰，《秦簡牘合集：釋文注釋修訂本（第1、2輯）》，武漢大學出版社，2016年，第47頁。

［3］　張家山二四七號漢墓竹簡整理小組編，《張家山漢墓竹簡（二四七號墓）》，文物出版社，2001年，第191頁。

［4］　張家山二四七號漢墓竹簡整理小組編，《張家山漢墓竹簡（二四七號墓）》，文物出版社，2001年，第206頁。

［5］　“明器説”與“鎮墓説”的觀點，轉引自張忠煒，《墓葬出土律令文獻的性質及其他》，《中國人民大學學報》，2015年第5期。

［6］　周海鋒，《秦律令之流布及隨葬律令性質問題》，《華東政法大學學報》，2016年第4期。

非實用性、鎮墓闕邪作用的觀點。作爲隨葬品的律令簡牘，其本身并不具備實際使用的意義，而是具有咒術性，但并不否認簡牘所載律令文本的歷史價值。

邊境遺址與井窖遺址出土律令簡牘的産生主體多爲官府，因此其公文書的特徵明顯，如記録漢代西北邊境屯戍者生活的敦煌漢簡、居延漢簡以及里耶古城遺址 1 號古井出土的里耶秦簡等均包含各種律令相關資料。[1] 例如居延漢簡 395・11 號簡載：

　　④ 捕律：禁吏毋夜入人廬舍捕人。犯者，其室毆傷之，以毋故入人室律從事。[2]

居延漢簡 285・17 號簡載：

　　⑤ 功令第卌五：士吏、候長、蓬隧長常以令秋試射，以六爲程，過六賜勞矢十五日。[3]

這兩枚簡皆爲邊塞官府所作。④記載的是《捕律》的内容，即禁止官吏夜間進入私宅逮捕犯罪嫌疑人，違反者一旦被私宅主人毆傷，則按照漢律的"毋故入人室"律處理。⑤記載的是關於計算功勞的《功令》的内容，即每年舉行"秋射"，令士兵試射，射中六矢爲合格，每多射中一矢，便賜勞十五日。這些律令簡牘作爲公文書，具有較强的實用性。

關於簡牘的形態，日本的律令木簡大部分爲習書，故多爲單簡的形態，中國的律令簡牘中則有較多册書，如上述《秦律十八種》由 201 枚簡組成，《二年律令》由 500 餘枚簡組成，均爲册書的形態。此外，1959 年出土於甘肅武威磨咀子 18 號漢墓的王杖十簡也爲册書，釋文如下：

———————————

[1]　徐世虹，《出土簡牘法律文獻的定名、性質與類别》，《古代文明》，2017 年第 3 期。
[2]　中國簡牘集成編輯委員會編，《中國簡牘集成（標注本）》第 8 册，敦煌文藝出版社，2001年，第 21 頁。
[3]　中國簡牘集成編輯委員會編，《中國簡牘集成（標注本）》第 7 册，敦煌文藝出版社，2001年，第 204 頁。

⑥●制詔丞相、御史：高皇帝以來，至本（始）二年，勝（朕）甚哀老小，高年受王杖，上有鳩，使百姓望見之，（第 1 簡）

●比於節。有敢妄罵詈、毆之者，比逆不道。得出入官府、郎第，行馳道旁道，市賣，復毋所與（第 2 簡）

●如山東復。有旁人養謹者，常養扶持，復除之。明在蘭臺石室之中。王杖不鮮明，（第 3 簡）

●得更繕治之。河平元年，汝南西陵縣昌里先，年七十，受王杖，類部游徼吳賞，使從者（第 4 簡）

●毆擊先，用詫，地大守上讞廷尉，報：罪名（第 5 簡）

●明白，賞，當棄市。（第 6 簡）

●制詔御史曰：年七十受王杖者，比六百石，入官廷不趨，犯罪耐以上，毋二尺告劾。有敢徵召、侵辱（第 7 簡）

●者，比大逆不道。建始二年九月甲辰下。（第 8 簡）

●蘭臺令第卅三，御史令第卅三，尚書令滅，受在金。（第 9 簡）

●孝平皇帝元始五年，幼伯生，永平十五年受王杖。（第 10 簡）[1]

以上十簡爲一册書，内容主要與漢代養老尊老、尊禮高年的王杖制度有關，王杖即帝王賜老者之杖，持有王杖的老者可享受各種優待。與其内容相關的還有甘肅武威出土的王杖詔書令、王杖斷簡，其中王杖詔書令由二十六簡組成，王杖斷簡由十六簡組成，均爲册書。

## 結語

通過上述考察可發現，日本的律令木簡以及文獻記載中，律令條文多以

---

[1]　中國簡牘集成編輯委員會編，《中國簡牘集成（標注本）》第 4 册，敦煌文藝出版社，2001年，第 199—200 頁。

"凡"字開頭，韓國的木簡中也出現了以"凡"字開頭的律令條文，而中國的律令簡牘中未見有此種情況。然而，在唐令中，存在以"凡"開頭的律令條文，如唐《開元七年令・户令》載：

> 凡反逆相坐，没其家爲官奴婢……年六十及廢疾，雖赦令不該，并免爲番户，七十則免爲良人，任所居樂處，而編附之。[1]

但是，也有較多律令條文以"諸"字開頭，如唐《開元二十五年令・户令》載：

> 諸工、樂、雜户、官户，皆當色爲婚。[2]
> 諸化外奴婢，歸朝者，悉放爲良。[3]

以上三條唐令分別與日本《養老令・户令》第三十八"官奴婢"條、第三十五"當色爲婚"條、第四十四"化外奴婢"條相對應。《養老令・户令》的三條令文皆以"凡"字開頭，唐令的三條令文中，既有"諸"開頭，又有"凡"開頭。由此可見，日本律令在内容上雖依據唐令編纂、修訂，但在用詞上并未使用唐令中的"諸"，而祇使用了"凡"。

上述列舉的《開元七年令》（719）、《開元二十五年令》（737）中均既有"凡"字開頭、又有"諸"字開頭的條文。此外，《唐六典》中的條文均以"凡"開頭。《唐六典》是由唐玄宗李隆基詔令中書舍人陸堅依據《周禮》太宰六典撰修而成的行政法典，於開元十年（722）開始，歷時十六年，於開元二十六年（738）撰成，内容以唐代中央及地方各級官吏的名稱、員品、職掌爲正文，以其自周官以來之沿革爲注文，[4]即主要依據《周禮》之後至

---

[1] 仁井田陞著，池田温編集代表，《唐令拾遺補：附唐日両令対照一覧》，東京大學出版會，1997年，第1038頁。
[2] 仁井田陞著，池田温編集代表，《唐令拾遺補：附唐日両令対照一覧》，東京大學出版會，1997年，第1037頁。
[3] 仁井田陞著，池田温編集代表，《唐令拾遺補：附唐日両令対照一覧》，東京大學出版會，1997年，第1040頁。
[4] 陳仲夫，《唐六典簡介》，李林甫等撰、陳仲夫點校《唐六典》，中華書局，2014年，第1—2頁。

唐代之前的政典編纂而成。

　　朝鮮半島三國的律令受魏晉南北朝時期律令的影響較深。[1]日本律令的形成不僅接受了經由朝鮮半島傳播而來的魏晉南北朝至隋代的律令，《大寶律令》更是直接受初唐律令體系影響。[2]依據唐代之前的政典編纂而成的《唐六典》均以"凡"字開頭，受魏晉南北朝時期律令影響較深的韓國與日本的律令也是以"凡"字開頭，故推測"凡"字開頭的條文格式可能來源於魏晉南北朝時期的律令。但是，唐代律令如《永徽令》(651)、《開元七年令》《開元二十五年令》中均既有"凡"字開頭又有"諸"字開頭的條文，可知，《大寶令》以及在其基礎上修訂而成的《養老令》雖然也受到唐令的直接影響，但并未使用唐令中的"諸"，而是延續唐令之前已開始使用的"凡"字。

　　此外，律令簡牘在東亞的傳播過程中，其性質也發生了變化。中國的律令簡牘多出自官府，除了具有"公文書"的實用性之外，墓葬出土的律令簡牘還具有咒術性、非實用性。日本的律令木簡是官吏學習律令時的練習書寫，韓國的律令木簡也爲官吏抄寫學習所用，兩者均具有習書的隨意性，不具備公文書的性質，祇是官吏練習書寫的工具。這一性質變化的原因可能在於，韓國、日本開始使用木簡的時期（六、七世紀）是紙木并用的時代，官吏所用正式的律令文本可能均書寫於紙上，木簡僅用來日常練習書寫、學習律令。

　　中國、韓國以及日本的律令簡牘雖然在時代、内容、性質等方面存在差異，但中國漢簡所呈現出的"律"與"令"的法律形式爲日本所繼承，在日本律令木簡中也有體現。此外，從作爲書寫材料的簡牘以及律令制度的傳播來看，三國簡牘之間也是具有繼承關係的。這一差異與繼承的關係可以用"中國大陸（A）→朝鮮半島（A'→B）→日本列島（B'→C）"的圖式來説明。[3]不過，從律令制度在東亞文化圈的傳播與接受來看，如前所述，日

---

［1］　參照橋本繁、李成市，《朝鮮古代法制史研究の現狀と課題》，《法制史研究》第65卷，2015年，第53—77頁。

［2］　大隅清陽，《大寶律令の歷史的位相》，大津透編《日唐律令比較研究の新段階》，山川出版社，2008年，第219—239頁。

［3］　關於這一圖式，可參考李成市，《從韓國出土木簡看東亞世界論——以〈論語〉木簡爲中心》，葛繼勇譯，《鄭州大學學報（哲學社會科學版）》，2016年第6期。

本律令在接受經由朝鮮半島傳入的魏晉南北朝至隋代的律令的基礎之上，也直接受到唐律令的影響，即日本律令的形成"C"不僅包括來自朝鮮半島的"B'"，也有直接來自中國大陸的"A'"。從中我們可以進一步明確東亞漢字文化的傳播與接受情況。

# 古代浙江台州與日本的交流研究<sup>*</sup>

## 陳小法

**摘　要**　隋唐之前台州與日本的交流，由於文獻不足抑或史料記載語焉不詳等原因，許多史實有待進一步分析研究。唐代的官方交流、宋代的半官方交流迎來了台州與日本文化交流的高潮，國內外史料也相對豐富，圍繞遣唐使、入宋僧的宗教文化交流、天台茶事的日本移植、台州商人的對日貿易等問題成果較多，但也存在品質不高的重複研究、史料引證不夠嚴謹等缺憾。到了元代，除一山一寧東渡日本的研究外，許多交流事項有待補強。元末明初，因罹於鋒鏑而亡命日本的台州人逐漸增多，加之倭寇侵略引發的死難者、被擄人等，台州與日本的關係再次凸顯。明代時期，中日之間雖然一度恢復了國交，但台州與日本的官方交流幾乎名不見經傳，民間交流卻不可小覷。要言之，元明時期台州與日本的關係研究，重點之一是與人物往來相關的文化傳播，這必須要深挖中日兩國的文獻記載，尤其要借助國內相關家族的譜牒資料，也許會有重要新發現。

**關鍵詞**　台州，日本，入元僧，遣明使

　　浙江台州地區歷史文化悠久，據轄內仙居橫溪鎮的下湯遺址發掘表明，距今約九千至一萬年前已有先民在此生息繁衍的迹象。[1]台州地處浙江省沿海中部，負山枕海，東臨東海，擁有三門灣、台州灣和半個樂清灣。南、北、西三面分別由雁蕩山、天台山和括蒼山環繞，"三山一海"的地理形態

---

*　陳小法，湖南師範大學外國語學院教授。

[1]　參見馮源，《浙江仙居下湯遺址揭開面紗：距今已有約 9000 年》，《金華日報》，2017 年 2 月 22 日第 8 版；沈科妤、劉小玥、王昱璐等，《我國新石器時代大遺址保護研究——以浙江省仙居縣下湯遺址爲例》，《遺産與保護研究》，2019 年第 3 期。

孕育了特殊的人文習俗，台州黃岩人喻長霖（1857—1940）就把它概括爲："台郡山海雄奇，士多磊落挺拔。"[1]

而明代台州臨海人王士性（1547—1598）在《廣誌繹》卷四"江南諸省"中，則把浙江省十一府的民情風俗分作了"澤國之民""山谷之民""海濱之民"三大類。對屬於"海濱之民"的寧、紹、台、溫區域，他認爲，這些地帶"餐風宿水，百死一生，以有海利爲生不甚窮，以不通商販不甚富，閭閻與縉紳相安，官民得貴賤之中，俗尚居奢儉之半"。[2]

儘管王士性在世的隆慶元年（1567）明廷終於有"隆慶開港"之舉，但當初真正受益的唯有福建月港，浙江依然是海禁如故。因此王士性纔會對家鄉民衆的生活有"餐風宿水，百死一生"抑或"不通商販"之描述。當然，王士性的認識是特殊歷史時期的產物。其實，追溯台州與海外的交通史，不失爲源遠，而與僅一海之隔的日本，其交流歷史尤其悠久與多樣。

# 一　台州與"亶洲"的交通

《三國誌・吳誌》卷二"孫權"的"黃龍二年（230）春正月"條有載：

> 遣將軍衛溫、諸葛直將甲士萬人，浮海求夷洲及亶洲。亶洲在海中，長老傳言秦始皇帝遣方士徐福將童男童女數千人入海，求蓬萊神山及仙藥，止此洲不還。世相承有數萬家，其上人民，時有至會稽貨布。會稽東縣人海行，亦有遭風流移至亶洲者。所在絕遠，卒不可得至，但得夷洲數千人還。

關於"會稽東縣人"漂流地"亶洲"究爲何處，學界意見不一，主要有"日

---

[1]　喻長霖等纂修，《台州府誌》，民國二十五年（1936）鉛印本影印本，成文出版社有限公司，1970年，第11頁。
[2]　王士性，《廣誌繹》，《叢書集成續編》第226冊，新文豐出版公司，1988年，第807頁。

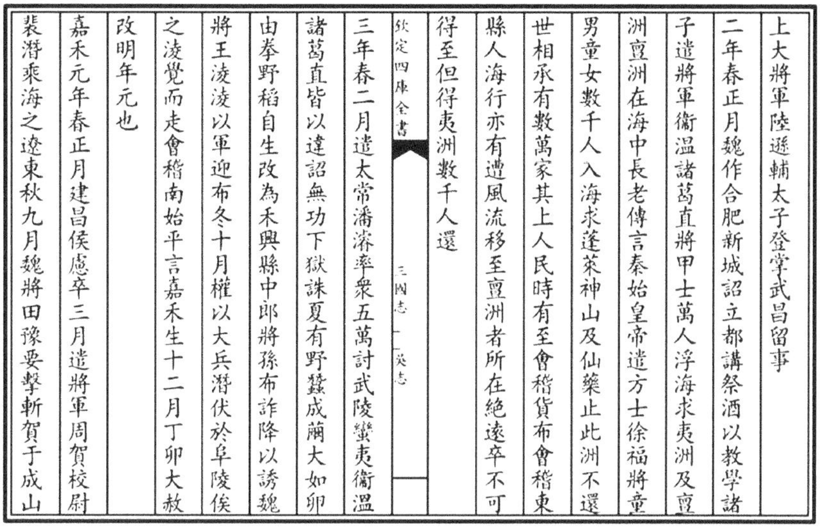

裴潛乘海之遼東秋九月魏將田豫要擊斬賀于成山

嘉禾元年春正月建昌侯慮卒三月遣將軍周賀校尉

改明年元也

之淩覺而走會稽南始平言嘉禾生十二月丁卯大赦

將王淩淩以軍迎布冬十月權以大兵潛伏於阜陵侯

由拳野稻自生改為禾興縣中郎將孫布詐降以誘魏

諸葛直皆以違詔無功下獄誅夏有野蠶成繭大如卵

三年春二月遣太常潘濬率衆五萬討武陵蠻夷衛溫

欽定四庫全書

三國志 吳志

得至但得夷洲數千人還

縣人海行亦有遭風流移至亶洲者所在絕遠卒不可

世相承有數萬家其上人民時有至會稽貨布會稽東

男女數千人入海求蓬萊神山及仙藥止此洲不還

洲亶洲在海中長老傳言秦始皇帝遣方士徐福將童

子遣將軍衛溫諸葛直將甲士萬人浮海求夷洲及亶

二年春正月魏作合肥新城詔立都講祭酒以教學諸

上大將軍陸遜輔太子登掌武昌留事

圖 1 《三國誌·吳誌》卷二 "孫權" 黃龍二年記事（四庫全書本）

本說""菲律賓說""海南島說"及"印尼說"等，[1]但總的來說，"日本說"
占據上風。

引文記載了"亶洲"與會稽之間存在的兩種主要交往：一是亶洲人"時
有至會稽貨布"，二是會稽人亦有遭風流漂至亶洲者。而這裏的"貨布"可
能是"貨市"之誤，因爲《後漢書》《太平御覽》等文獻就作"貨市"。究竟
是"布"抑或"市"，因兩字形相似，存在版本差異。[2]但不管如何，會稽
郡民至遲在秦代已與海外存在貿易關係。

那麼，"會稽東縣"具體指向哪裏？《三國誌·吳誌》"三嗣主傳"有
載："太平二年（257）春二月，以會稽郡東部（都尉）爲臨海郡。"而《宋
書·州郡誌》也有"臨海太守，本會稽東部都尉"之記，因而"會稽東縣"
應是"會稽東部臨海郡"，時治章安縣。[3]此外，三國吳丹陽太守沈瑩（？—

［1］ 王鏗，《六朝時期會稽郡的海外貿易——以古代中日之間的一條海上航道爲中心》，《中華文
史論叢》，2018 年第 2 期。
［2］ 王鏗，《六朝時期會稽郡的海外貿易——以古代中日之間的一條海上航道爲中心》，《中華文
史論叢》，2018 年第 2 期。
［3］ 周琦，《台州與中國古代海外貿易概説》，第九屆中國海洋文化論壇論文集，2014 年，第
101—113 頁。

280）在《臨海水土異物誌》中，對臨海東南兩千里的"夷洲"有着詳細的生活習俗記載，[1] 這表明臨海與海外的"夷洲"也存在某種交流。

關於遠古時期臨海與海外交流的記載，也可見魏仲舉於南宋寧宗慶元六年（1200）彙編并刊印的《五百家注昌黎文集》。該書體例是按文體分類編纂，詩文題目下有詳細的題解、校語及注文散入相應正文中，并附錄有他人與韓愈互相酬答的詩文作品。[2] 卷二十一"送鄭權尚書序"中對距離臨海兩千里的"毛人國"有如下記載：

> 其海外雜國若躭浮羅、躭音耽。祝曰："自此以下皆東南海外國名。"流求、毛人、夷、亶之州。孫曰："《山海經》海外有毛民之國。"郭璞云："臨海東南二千里有毛人，在大海中洲島上。吳孫權黃龍二年使人浮海求夷州，亶州在海中，所在絕遠，卒不可至，但得夷州數千人還。"林邑、扶南、真臘、于陀利之屬。孫曰："林邑一日環玉，在交州南海行三千里。真臘一日吉蔑，在林邑西北，去京師二萬七百里。"東南際天，地以萬數。……

上述內容引自韓愈的《送鄭尚書序》，但魏仲舉在其中加入了不少歷代名家的注釋，并注明出處。如"祝曰"中的"祝"，即"文溪祝氏，名充，字廷賓"。祝充著有《音注韓文公文集》。[3] 根據魏仲舉引用祝充的意見分析，"躭浮羅、流求、毛人、夷、亶之州"皆東南海外國名。

清代浙江德清人胡渭（1633—1714）在《禹貢錐指》卷六中提到："韓退之《送鄭尚書帥嶺南序》云：'海外雜國若躭浮羅、流求、毛人、夷亶之洲、林邑、扶南、真臘、于陀利之屬，東南際天地以萬數。'今按：林邑以

---

[１]　姚永森，《〈臨海水土異物誌〉：世界上最早記述臺灣的文獻》，《安徽師範大學學報（人文社會科學版）》，2005年第4期。《臨海水土異物誌》記載夷洲風俗的內容如下："夷州在臨海郡東南，去郡二千里。土地無霜雪，草木不死。四面是山，衆山夷所居。山頂有越王射的正白，乃是石也。此夷各號爲王，分劃土地，人民各自別異，人皆髡頭，穿耳，女人不穿耳。作室居，種荊爲蕃鄣。土地饒沃，既生五穀，又多魚肉。舅姑子父，男女臥息共一大床。交會之時，各不相避。能作細布，亦作斑文。布刻畫，其內有文章，好以爲飾也。"

[２]　王東峰，《〈詳注昌黎文集〉與〈五百家注昌黎文集〉的關係》，《山西師大學報（社會科學版）》，2012年第6期。

[３]　景雪敏，《祝充〈音注韓文公文集〉研究——以詩歌注釋爲考察中心》，西北師範大學碩士學位論文，2012年。

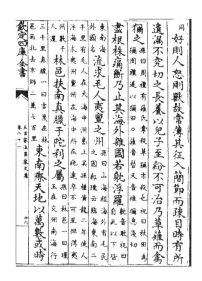

圖2　《五百家注昌黎文集》卷二十一"序"中的"毛人國"（四庫全書本）

下在西南海中，不得言東南。此等距揚海絕遠，告成時，并未來貢也。"[1]也就是説，在胡渭看來，海外雜國中的若䍐浮羅、流求、毛人、夷亶之洲應屬東南海，而林邑、扶南、真臘、于陀利屬於西南海。

綜上所言，我們可以得知在秦及以前，台州人與東南海域的一些國家或地區已經有了交通貿易的往來。

## 二　唐宋時期的台州與日本

唐宋時期的台州，迎來了與日本交流的高潮，日本遣唐使、入宋僧、赴日台州商人成爲交流舞臺上的主角，天台山國清寺、萬年寺、石橋、赤城山等成爲日僧嚮往的聖地。以最澄、圓載、圓珍、奝然、成尋、重源、榮西等求法巡禮的日僧，台州周氏家族、鄭仁德等赴日貿易的商人最爲突出，名留史册。

---

[1]　胡渭著，鄒逸麟整理，《禹貢錐指》，上海古籍出版社，2006年，第187頁。

## （一）交流概況

在參閱已有研究成果和相關文獻記載的基礎上，經筆者初步統計整理，唐宋時期台州與日本的主要文化交流情況大致如下（——後爲出典）：

805 年二月，日僧最澄抵達天台山。在龍興寺期間以金換紙抄寫天台教典。同年三月三日，台州地方爲即將前往明州的最澄及其弟子義真、翻譯丹福成舉行茶會。806 年三月離台時，台州官員士僧作詩贈別最澄，詩歌合集稱《台州相送詩》。[1]——《送最澄上人還日本國》《入唐求法目錄》《〈顯戒論〉緣起》

838 年六月，日僧圓載、仁好、順昌、仁濟搭乘遣唐使船抵達台州。——《入唐求法巡禮行記》《續日本紀》

842 年八月，唐代商人李處人從日本回到台州玉環。——《安祥寺伽藍緣起資財帳》《太宰府天滿宮史料》

843 年，日僧惠運、圓修搭乘唐朝商人李處人之船抵達天台山。——《續日本紀》《入唐五家傳》

853 年十二月，日僧圓珍及弟子豐智、閑靜、揮宗搭乘王超、李延孝、欽良暉的商船抵達天台山國清寺。[2]回國之際，圓珍攜歸《天台智者大師佛隴道場記》《天台山修禪道場碑文》以及在台州求得的較多内典。——《行歷抄》《入唐五家傳》《元珍傳》《智證大師年譜》《福州溫州台州求得經律論疏記外書等目録》

---

[1] 户崎哲彦，《唐代台州刺史陸淳與日僧最澄（上）——唐詩在日本》，《台州學院學報》，2019 年第 1 期；《唐代台州刺史陸淳與日僧最澄（下）——唐詩在日本》，《台州學院學報》，2019 年第 2 期。

[2] 木宮泰彦在《日中文化交流史》（胡錫年譯，商務印書館，1980 年，第 111 頁）中記載説，日僧圓珍搭乘"大唐商人欽良暉"的船隻來到中國，當時的乘客，除圓珍外，還有豐智、閑靜、丁雄萬等人。一行八月初九從值嘉島（現五島）啓航，十四日漂到了一個有吃人之習俗的"流捄國"。關於這段史料，學界存在兩個爭議：一是關於欽良暉的國籍。圓珍記其爲唐朝商人，圓仁在《入唐求法巡禮行記》"六月九日"條中記作"新羅人"，而中國學者白化文認爲"大約此人在唐已久，唐化入籍矣"。二是關於"流捄國"究竟是臺灣還是琉球國的爭議與分歧。

856 年六月，日僧圓覺到達天台山。——《行歷抄》《入唐五家傳》

858 年六月，日僧圓珍及弟子豐智、閑靜、揮宗從台州海門搭乘李延孝商舶回國。——《行歷抄》《入唐五家傳》《圓珍傳》《智證大師年譜》

868 年七月，日僧宗叡搭乘唐人張友信、金文習、任仲元商船抵達大台山。——《日本三代實錄》《入唐五家傳》

874 年，日本商人多治安江入唐求購香藥。——《日本三代實錄》

877 年六月，台州商人崔鐸等 63 人從台州港出發至日本貿易，七月抵達日本筑前國。同年，李延孝在台州臨海港送圓載回國，途中遭遇風暴罹難。——《日本三代實錄》《太宰府天滿宮史料》

953 年，日僧日延搭乘吳越商人蔣承勛之船抵達天台山。——《平安遺文》《參天台五臺山記》

983 年八月，日本東大寺僧奝然及弟子嘉因、盛算、祚壹、定緣、康城、祈乾、祈明乘坐宋商陳仁爽、徐仁滿之船抵達台州開元寺。[1]——《奝然入宋求法巡禮行并瑞像造立記》《宋史》（卷四九一）、《文獻通考》《參天台五臺山記》《盛演算法師記》

985 年八月，因日僧奝然之請，台州雕刻家張榮製作的旃檀釋迦像完工。——《鑒端造立記》《入瑞像五臟具記舍物表》

986 年七月，奝然從台州搭乘台州海商鄭仁德之船回國。——《宋史》（卷四九一）、《日本紀略》《扶桑略記》《百煉抄》

986 年，台州商人周文德首次赴日貿易。日僧源信將所撰《往生要集》三卷托付宋商帶往中國，由台州商人周文德轉贈天台國清寺。——《往生要集》《太宰府天滿宮史料》

988 年二月，日本東大寺僧嘉因搭乘台州商人鄭仁德之船抵達開封。——《扶桑略記》《小右記》

990 年，日僧嘉因、祈乾搭乘台州商人鄭仁德之船回國。——《宋史》

[1]　關於日僧奝然入宋，明代《明經世文編》卷二一四收錄的《承啓堂文集》卷之一“倭議”中有載：“宋雍熙元年，倭王守平遣僧奝然獻銅器及日本圖、年代紀一卷。明年附台州商舶而歸。此浙人通舶之始。”（陳子龍等選輯，《明經世文編》，中華書局，1987 年，第 2235 頁）即錢薇認爲，日僧奝然乘坐台州商船返回是浙江和日本進行航行的開始。

（卷四九一）、《小右記》（卷七二〇）、《權記》《勝尾寺緣起》《朝野群載》

990 年，百濟國王委任台州商人周文德等人爲使者赴日，向攝津國勝尾寺獻寶物，并爲百濟國王在日本尋找治療王后白髮的名醫。——《元亨釋書》《太宰府天滿宮史料》

1003 年五月，日僧成尋及弟子賴緣、快宗、惟觀、心賢、善久、聖秀、長明搭乘宋商曾聚、吳鑄、鄭慶、林臯之船抵達天台山國清寺。——《參天台五臺山記》

1003 年，日僧寂照及其弟子元燈、念救、覺因、明蓮入宋，攜帶慧思的《大乘止觀》兩卷贈以天台僧衆，并帶來源信有關天台宗教義的 27 個問題，知禮遂作《問目二十七條答釋》以解疑。[1]——《扶桑略記》《歷代皇記》

1015 年閏六月，台州海商周文德赴日貿易，獻孔雀於日本天皇。——《扶桑略記》《太宰府天滿宮史料》《小右記》

1026 年六月，台州海商周良史獻名籍於日本關白藤原賴通，希望繼承爵位。七月，日僧寂照派遣從僧念救搭乘台州商人周文德之船入宋。——《宇槐記》《左經記》《百煉抄》《日本紀略》

1026 年十月，台州人周良史奉日本太宰府之命向宋朝進獻土産。——《宇槐記》《左經記》《百煉抄》《日本紀略》《宋會要輯稿補編》

1028 年八月，台州商人周良史抵達對馬島，爾後到筑前國怡土郡北埼，寄書狀給僧人盛算。——《小右記》

1028 年九月，台州海商周文裔赴日，十二月致書右大臣藤原實資，并獻方物。——《小右記》

1028 年，日僧紹良奉師命求解天台宗旨 10 條，并獻金字《法華經》爲

---

[1]　遣唐使、入宋僧的使團中還設有請益僧（生），專門負責諮問疑難事宜。他們請中國高僧解答經年難解的佛教問題，決答後將留下的問答記録檔案稱爲"唐決"，亦稱"難義""難疑""未決義"等。今日本天台法華宗存有《唐決集》一書，收有最澄、修禪院（一説爲義真）、圓澄、光定、德圓、源信等日僧問與中國僧侣的對應回答，雖名"唐決"，但問答時間跨越唐宋兩朝。現存天台宗唐決合集有三個版本，即青蓮院《唐決》寫本、寬永三年（1626）本《唐決集》、正保三年（1646）中村五兵衛重刊本。今本《唐決集》是内容極爲豐富的文本，除收録僧侣問答外，另收有地方長官判文、書狀、將來目録。如青蓮院吉水藏《唐決》抄本，文末就附廣修、台州刺史李文舉書狀三篇、台州刺史藤邁的書狀和判文各一篇。參見汪馨如，《〈唐決集〉與日本天台宗入唐僧"貞元例"》，杜文玉主編《唐史論叢》第 34 輯，三秦出版社，2022 年。

禮。天台宗第十七祖嗣席廣智爲之解答。——《小右記》

1072 年三月，日僧成尋率弟子賴緣、快宗、聖秀等七人巡禮天台山。五月，國清寺僧禹珪贈送成尋《寒山子詩一貼》。——《參天台五臺山記》《宋史》（卷四九一）、《宋會要輯稿》《元亨釋書》

1167 年四月，日僧重源、榮西抵達天台山。——《玉葉》（卷一一八三）、《古事談》（卷三）、《元亨釋書》（卷二）、《興禪護國論》

1168 年，日僧榮西登天台山，後與重源同上萬年寺。九月回日本。——《本朝高僧傳》《元亨釋書》

1187 年，日僧榮西重登天台山，修建萬年寺山門和佛隴山真覺寺智者大師塔院。——《寶慶四明誌》《攻媿集》

1191 年，日僧榮西回國。——《元亨釋書》

1199 年四月，日僧俊芿與弟子安秀、長賀等一行抵達天台山。1211 年回國。——《不可棄法師傳》《律宗問答》《泉涌寺文書》

1220 年，日僧寬昌從天台山回國。——《峰相記》

1223 年三月，日僧道元抵達天台山。——《建撕記》《典座教訓》《永平寺文書》

1249 年三月，日僧無本覺心（法燈國師）抵達天台山。據傳，文殊菩薩曾在此授予其藕絲袈裟。回國後，法燈國師將袈裟獻給了伊勢神宮。鼓山大隨爲此專作《藕絲袈裟記》。——《日本圓光國師行道記》《大神宮御相傳袈裟記》《法燈緣起》《聖一年譜》（卷一二四九）、《高僧傳》（卷二十"覺心"）

1256 年，日僧無關普門入宋，師事台州籍高僧斷橋妙倫，1261 年回國。——《斷橋妙倫禪師語錄》

1262 年九月，日僧無象静照登臨天台石橋，夢見羅漢顯靈，於是吟偈二首以志，眾多宋僧相繼和韻。無象將其裝裱成軸。帶回日本後，請得大休正念爲其作序，此即傳世的《石橋頌軸》（亦曰《無象照公夢游天台偈軸》）。[1]——《無象照公夢游天台偈軸并序》《無象和尚語錄》《碧山日錄》

---

[1]　黄傑，《〈無象照公夢游天台山石橋頌軸〉——宋人茶道與詩之存檔》，《中文學術前沿》編輯委員會編《中文學術前沿》第 17 輯，浙江大學出版社，2020 年，第 27—31 頁。

　　尤其值得一提的是，最澄與空海在回國之際攜回較多的天台典籍與碑銘，其中：碑銘有《天台山智者大師墳裏碑》《天台山智者大師讃》《天台山智者大師墳前左碑》《天台山智者大師墳前右碑》《天台山國清寺智者禪師碑文》《章安大師碑文》《天台山第六祖荊溪和尚碑》等 7 通。寺院弘教碑有《天台智者大師佛隴道場記》《天台山國清寺碑》《台州龍興寺碑》3 通。佛教史迹碑有《天台山國清寺石泉碑》1 通。[1] 當然，據最澄、義真、丹福成等三位日僧於唐貞元二十一年（805）在台州龍興寺完成的《傳教大師將來台州録》記載，其所抄寫的佛典内容豐富，包括佛教經文、戒律、注疏、儀軌、僧傳、石刻碑文、修行法門、佛典讀音、咒語等，較爲完備。[2] 其中部分文獻至今仍存，爲中國文化的傳世發揮了作用。

　　從以上交流的條目可以發現，求法巡禮、海外貿易是唐宋時期台州與日本交流的主要形式，而天台宗的東傳、天台茶文化的日本移植、佛教典籍的流播、佛理教義的探討、稀缺方物的進獻等乃兩地交流的主要内容。可以説，唐宋時期的台州是浙江甚至江南地區中對日交流的重鎮，直至吴越國興起、南宋定都臨安後，其重要地位漸趨式微，而周邊杭州、明州的地位日益凸顯。

## （二）“温嶺”登上日本文學作品

　　台州的“温嶺”原是境内“嶠山”的別稱，究竟源自何時不甚明瞭，但應早於唐宋。宋代已設“温嶺驛”，《宋史》也有“温嶺”的相關記載。而作爲縣名，那是 1914 年之事，是由“太平”改名而來。

　　然據日本學者研究，“温嶺”一名早在 11 世紀的日本文學作品中就已登場。該作品名爲《濱松中納言物語》，大致成立於日本平安時期的天喜五年（1057）前後，作者本名不詳，一般認爲是平安時期著名學者菅原道真五世

---

[1]　劉慧婷，《入唐日僧最澄、空海攜歸碑銘輯考》，葉煒主編《唐研究》第 28 卷，北京大學出版社，2023 年，第 101—140 頁。

[2]　秦瓊，《〈傳教大師將來台州録〉考釋》，《海交史研究》，2022 年第 3 期。

孫菅原孝標的女兒，所以也稱其爲"菅原孝標女"（1008—？）。這位不知名的女流作家據説從少女時代開始就多愁善感，丈夫病死後寫了《更級日記》，此外還有《夜寢覺》等流世。

　　《濱松中納言物語》原有五卷，現存四卷。故事由兩大部分構成：第一部分講述了主人公濱松中納言和繼父之女大君的美麗愛情；第二部分描寫了中納言和唐後以及尼君姬之間悲戚的戀情。故事以中日兩國爲舞臺，反映的是人生輪回思想，有趣的是全文涉及中國地名十三處，與浙江有關的兩處，依次爲"温嶺"和"杭州"。

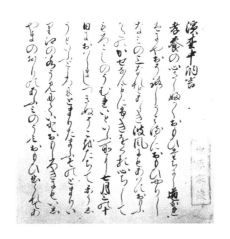

圖3　《濱松中納言物語》一上中的"温嶺"

　　文章開始就提到中納言懷着對亡父的一片孝心，乘船一路順風來到了"もろこし"的"うむれい"，然後再從"うむれい"出發抵達了"かうしう"。日本學者中西健治研究指出，"もろこし"用漢字表示即"唐土"，而"うむれい"就是浙江台州的"温嶺"，第三個"かうしう"就是"杭州"了。[1]根據故事的前後情節，上述引文的主要意思爲：孝子中納言因聽説亡父已經轉世成爲唐朝的第三皇太子，決定千里尋父。雖然入唐之途遥遠，但一路有驚無險，順利抵達。七月十日抵達唐朝的温嶺，隨後從温嶺出發，來

[1]　中西健治，《浜松中納言物語全注釈》（上卷），和泉書院，2006年，第4—5頁。

到杭州并稍作停留。入住的地方在靠近海灣的湖邊，景色非常美麗。

讓我們不禁疑惑的是，一名根本沒有到過中國的女流作家，作品中怎麼會出現"溫嶺"和"杭州"這兩個浙江地名？其實，這與日本的遣唐使有關。

衆所周知，日本遣唐使來中國主要有三條路徑：早期是北路（橫斷黃海後經山東半島登州在萊州登陸，後沿陸路經青州、兖州、曹州、汴州、洛陽，最後到達長安），中期採用南島路（橫穿東海抵達長江中下游港口），後期採用南路（橫渡東海後抵達長江流域的楚州、揚州、明州等港口）。日本學者廣瀨昌子研究認爲，菅原孝標女是從遣唐使中期使用的南島路得知了上述兩個地名，包括從溫嶺到杭州的距離和時間，也參考了當時遣唐使的相關記録，所以相關描述基本準確。[1]

## （三）向斷橋妙倫求生死語的日僧

斷橋妙倫禪師（1201—1261）是徑山無準師範之法嗣，號斷橋，俗姓徐，台州黃岩松山人，所以又號松山子。年十八，依其叔永嘉廣慈院宗嗣論禪師出家。理宗淳祐元年（1241），初住台州瑞峰祇園禪寺。十年（1250），遷瑞岩净土禪寺，後至天台國清寺。寶祐四年（1256），入五山之一的臨安府净慈報恩光孝禪寺。

在净慈期間，衆多日僧投其門下，或求學，或求法語、序跋。而在《斷橋妙倫法師語録》上卷中有如下記載：

### 日本僧以生死求語

生死事大，無常迅速。衲僧入門款子，無有不會道者。及乎問他，胡爲生耶，胡爲死耶。十個五雙，口如梣。若祇與麽行腳，走遍四天下，又濟甚事。

---

[1]　廣瀨昌子，《浜松中納言·松浦宮物語の地名表現について》，甲南女子大學國文學會編《甲南國文》第 39 號，1992 年。

一日忽有三衲子到，口不能語，手却會書，乃知來自日本國。因有頌語，求予決死生話。未免饒舌，要知生從何來麼，但於父母未生前。密密究竟，要知死向何去麼，但於風火散後研窮。十二時中，祇麼研來究去，驀然引手摸着鼻孔，便知未跨船舷，已與汝三十棒了也。其或不然，且向先徑山圓照葛藤參取。[1]

三位持着"頌語"來向斷橋妙倫求"決死生"之悟。三名不通漢語、祇會手書的日僧分別是山叟慧雲、無關普門、正見。山叟慧雲、無關普門乃東福寺圓爾的門徒。

日僧虎關師煉在《濟北集》中對山叟慧雲的行狀有比較詳細的記載，引用相關部分如下：

山叟惠雲，又作"慧雲"。姓丹治氏，武州飯澤人。母平氏。十七祝髮，踰二歲趨上都，稟單傳之旨於慧日。正嘉之二，乘商舶入宋國，徑赴杭都，會倫斷橋踞南屏山。雲作禮而問曰："如何是祖師西來意？"橋指壁間墨梅示之，雲乃呈一偈曰："一段工夫歷雪霜，嶺南消息露堂堂。花開月上雙明白，不待春風滿院香。"橋笑曰："這和闍梨會得梅意。"於時和宋新到三百餘人，咸求掛錫，橋許雲參堂。又往圻方庵心清虛之所請益，二師共稱之。雲理歸楫，斷橋讚頂相送之曰："山頭雲，天上月，雲月有殊，光影無別。此是吾端的，不許見不許聞。大唐國有人，必能辨必能別，不妨捲去掛向大溪頭。教他幾個橫論豎論，東說西說。"文永五年歸省東福，爾公令雲分坐說法。不幾瑞世築之承天，證乳香於慧日，又移宰府之崇福。……其在宋也，結伴絕天台石橋，獻茶於阿羅漢，忽甌中現出"山之"二字云。正和三年，敕諡佛智禪師。[2]

山叟於 1258 年入宋，據稱當時有來自中日兩國三百餘名僧人要求入室净慈，

---

[1]　椎名宏雄編，《語錄 2》，《五山版中國禪籍叢刊》卷七，臨川書店，2013 年，第 239 頁。
[2]　上村觀光編，《濟北集》，《五山文學全集》卷一，思文閣，1992 年，第 222—223 頁。

而山叟憑借一首墨梅的偈頌，在衆人中勝出，成爲唯一一名被允許在淨慈寺掛錫的幸運者，深得斷橋妙倫之佛法。咸淳四年（1268），山叟慧雲從宋朝回國，歷住日本多家著名寺院，得到皇家貴族的崇信。文中提到的"其在宋也，結伴絕天台石橋，獻茶於阿羅漢，忽甌中現出'山之'二字"成爲山叟在宋期間的又一佳話。

## 三　入元僧與台州

元僧明極楚俊於 1329 年赴日弘法，歷住建長寺、南禪寺、建仁寺等，培養了衆多日本弟子。1336 年圓寂於建仁寺，壽七十五。其徒弟入元期間，囑天台山國清寺住持夢堂曇噩爲明極楚俊撰寫碑銘。[1]

懶牛希融（？—1337），浙江台州人，嗣法明極楚俊（敕號佛日焰慧禪師）。天曆二年（1329）隨明極赴日。隨侍明極，歷任藏主、書記等職。日本建武四年（1337）正月二十七日圓寂。編有《滄海餘波》《明極楚俊和尚語錄》。《滄海餘波》中可能載錄了明極楚俊一行赴日航海途中的唱酬詩文，可惜不傳。上有日僧天岸慧廣的序文。[2]

元代期間台州與日本交流的文獻史料并不多見，但 1299 年三月臨海籍高僧一山一寧（1247—1317）乘坐日本商船東渡，堪稱中日交流史上一件大事，也足以彌補元代台州與日本交流之缺憾。關於一山一寧赴日以及在日活動，已有研究成果豐富，[3]在此不再贅言。

值得一提的是，元代台州人、臨濟宗一山派禪僧石梁仁恭與日本的關係。石梁仁恭，一山一寧的族親，曾參禪雪竇山資聖寺月江正印門下，并執掌紀綱一職。元大德二年（1298）隨一山一寧赴日。日本文保元年（1317）一山圓寂後，石梁出任建長寺玉雲庵塔主，後赴信濃，開創慈壽寺。歷住

---

[1]　玉村竹二，《五山禪僧傳記集成》，思文閣，2003 年，第 618—619 頁。
[2]　江靜，《天曆二年中日禪僧舟中唱和詩輯考》，《文獻》，2008 年第 3 期。
[3]　參見釋覺多，《赴日元使一山一寧禪師及其禪法》，宗教文化出版社，2013 年；樓筱環、張家成，《元代普陀山高僧一山一寧》，宗教文化出版社，2009 年；等等。

諏訪郡慈雲寺、筑前聖福寺、建仁寺等。晚年入住壽福寺，日本建武元年
（1334）十二月十八日圓寂，壽六十九，建塔於建仁寺臥雲庵。日本朝廷敕
授"慈照慧燈禪師"。因石梁與一山的容貌神似，法弟雪村友梅視石梁如恩
師一山，在對石梁塔所整修的基礎上，將臥雲庵改名爲"興雲庵"。法嗣有
竺芳祖裔、可心祖安、大閑祖雲、龍門祖膺、傑山曇英、一溪等。[1]

## 四　明代的台州與日本

### （一）陳延祐與透頂香

陳延祐（亦稱陳順祖），台州人，因族人陳友諒在鄱陽湖之戰中兵敗而
被迫亡命日本。據日本文獻《新編相模國風土記稿》卷二十四的記載，洪武
元年（1368）十二月三十日，陳延祐定居九州博多。[2]因擅長醫術，室町幕
府第三代將軍足利義滿邀其入宮，固辭不就，長子陳宗壽（又稱"陳有年"，
日本名"大年宗壽"）代爲出仕。之後陳延祐出家崇福寺，參法無方宗應和
尚，由此號"台山宗敬"，并爲無方和尚[3]在博多妙樂寺建造明照庵，1395
年七月二日在博多去世，享年七十三。

陳宗壽作爲足利義滿、義持兩代將軍的御醫外，還積極參與外國使節的
接待翻譯工作，亦稱"陳外郎"。陳宗壽的兒子陳吉久（日本名"平方吉久"
抑或"月海常佑"）在博多經商，1419年十一月作爲妙樂寺無涯亮倪的副
使、將軍義持的使者出使朝鮮，1420年三月回國。之後，平方氏的根據地
轉至兵庫，《海東諸國紀》中記作"攝州兵庫津平方民部尉忠吉"。[4]

---

［1］　玉村竹二，《五山禪僧傳記集成》，思文閣，2003年，第362頁。
［2］　《陳外郎家譜》中陳延祐的赴日時間爲1369。參見榎本渉，《東アジア海域と日中交流：
　　　九一十四世紀》，吉川弘文館，2007年，第221頁。
［3］　無方宗應和尚曾在1364年左右入元，帶着法兄無我省吾的遺物、中國高僧的墨迹等回到妙
　　　樂寺。在明期間，明太祖曾將其招至宮內問法，得到古林清茂贈"無方號"書并文。照顧
　　　臥床的入元僧無我省吾直至圓寂，而在明的絕海中津還爲其撰寫山門疏，在中國兩人應該
　　　有過交流。
［4］　廣渡正利編，《石城遺寶》，文獻出版社，1991年，第25—26頁。

關於陳延祐的後代，日本學者湯谷稔編纂的《日明勘合貿易史料》中，摘引日僧月舟壽桂（1470—1533）著作《幻雲文集》的相關記載如下：

### 陳有年員外郎遺像

禮部員外郎陳氏祖田字有年，其先大醫院順祖，法諱宗敬號台山，乃台州人，而江南總管陳友諒宗族也。大元至正二十年，友諒殺僞主徐壽輝於太平路，自稱皇帝，國號漢，改元大義，割據江州，兵威大振。後大明太祖高皇帝伐之，天下一統，順祖愧事二朝，來於吾邦，家築之博多津。鹿苑相國聞其名，召之不起，嗣子宗壽字大年，應相國之召入洛，遂奉鈞命，使於大明，大有功也。大年子月海常佑，復承相府恩眷，診脉發藥，人皆爲神，固三世醫也。有年幹事，如水傳器，學醫之餘，詠和歌制唐律，未曾起草，率然成矣。然而瑞竹堂前，吉林亭上，愛憎延客，一觴一詠，夜以繼日。特拜吾幻住門下青松明鑒祖嫡骨玄要龍室老人，扣教外旨，克始克終者也。是歲正月廿五日，奄然逝矣。識與不識，莫不感喟。今之員外郎友蘭周晤，就予需讚其像，予與玄要同漱幻住一派，有年於吾豈無好乎！何况彼此往還，而熟心熱。於是不克固辭，漫題其上云。……[1]

而朝鮮文獻《老松堂日本行録》中還有其孫子陳吉久的記載。無論是陳延祐、長子陳宗壽還是孫子陳吉久，他們在日本都以“陳外郎”著稱。日本文明十三年（1481），幕府向島津氏徵求硫黄，當時的使者就是陳延祐的兒子陳祖田。明應二年（1493），陳祖田隨遣明使來到中國。

據稱陳延祐在元期間曾任“大醫院禮部員外郎”，到了日本後，一時改名“珍外郎”。爲了生計，陳延祐重操舊業，在日本仿製中國的漢方藥“透頂香”，由於此藥見效快、能治百病，立即受到好評。陳延祐的子孫後來即以“外郎”作爲家族名稱，開創了京都外郎家，將京都爲據點，以販賣“透

---

[1]　湯谷稔編，《日明勘合貿易史料》，國書刊行會，1983 年，第 326—327 頁。

頂香"爲生。"外郎"譽滿日本，甚至有"萬能藥"之稱。

所謂良藥苦口，爲了減輕服用透頂香時的苦味，陳外郎特意製作了一種紅豆餡餅以與透頂香一起吃，不料這種"外郎"餡餅甚至比透頂香更加受人歡迎，成爲山口、名古屋等地炙手可熱的代表性糕點。所以即使現在，提起"外郎"，一是糕點，二纔是藥物透頂香。

1504 年，外郎家族受到戰國梟雄北條早雲的邀請遷居小田原。北條家非常重視透頂香的生產和經營，以"虎屋"之名進行專門銷售。"虎屋"即如今"株式會社外郎"的前身。

圖 4　至今還在銷售的外郎藥（左）和外郎糕點（右）

## （二）季潭宗泐與日本

釋宗泐（1318—1391），浙江臨海人，字季潭，號全室，元末明初臨濟宗名僧。明代史籍一般記載其族姓周，父吉甫，母葛氏。[1]天一閣藏明代方誌選刊《嘉靖太平縣誌》卷八"外誌"的"仙釋"中，對其有如下記載：

> 泐季潭，名宗泐，號季潭，本姓陳，邑人，投臨海周氏爲養子。後出家從龍翔廣智業。洪武初，以高僧召住天界寺，賜復見心齋名。宗泐杜門坐一室，取古人載籍矻矻讀之，

---

[1]　清代文獻對季潭宗泐的籍貫有不同記載，稱其爲元代台州路屬黃岩州或温州路樂清人，其家姓陳，因父母早逝，而臨海周家養子，從周姓。參見何孝榮，《元末明初名僧宗泐事迹考》，《江西社會科學》，2012 年第 12 期。

至忘寢食。游於縉紳宿德間，嘗曰："爲文辭者，識性不高則見地膚陋，體裁無度則鋪敍失倫。"識者稱之。所著有《全室集》。論曰："吾道視天地之化，靡斯須可舍也。夫子蓋嘗於川上發之，顧方外之士乃欲舍之爲已有，理安取是哉？然有一焉，其志堅，其氣凝，視諸未可與立者，則有間矣。"[1]

作爲明初傑出人物，記載季潭宗泐事迹和傳聞的史料很多，其中明代嘉興人嚴從簡在《殊域周諮録》中對這位浙江同鄉做如下描述：

　　按宗泐，台州人。博通古今，凡經書過目輒成誦，善爲詞章。住持京師天界寺。上一日幸寺，見其動止異常，命蓄髮授官，固辭。上不欲奪其志，從之，賜宗泐《免官説》。嘗奉詔注《心經》《金剛》《楞伽》三經。有《全室集》行世。時又有僧來復，字見心，豫章人。通儒術，工詩文，一時名士皆與之友，與泐齊名。上聞召見之，嘗承賜御食。謝詩云："淇園花雨曉吹香，手援袈裟近御床。闕下彩雲生雉尾，座中紅拂動龍光。金盤蘇合來殊域，玉盌醍醐出上方。稠疊濫承天上賜，自慚無德頌陶唐。"上見詩大怒。曰："汝詩用殊字，是謂我爲歹朱耶？又言無德頌陶唐，是謂朕無德，不若陶唐也。何物奸僧，敢大膽如此！"遂誅之。所著有《蒲庵集》。夫宗泐詩呈而蒙和，來復詩呈而受戮，是固有命存焉。而祖闡、無逸宣化海外，能格戎心，又可見異端之中，亦有乘槎應星之彦。論者謂國初高僧泐、復爲首，予則謂闡、逸秉節懷遠，不辱君命，勝於元朝水犀十萬多矣。戒行弘勛，又當出泐、復之上也。[2]

季潭宗泐先後住持杭州中天竺寺、徑山寺以及南京天界寺，擔任僧録司右善世，堪稱當時佛教領袖。精通經法，與明太祖唱和詩賦，拒絕還俗爲官。所以明末周清源在《西湖二集》中感慨道："亦有宗泐，稱爲泐翁，迫以官而不受，高僧哉！高僧哉！"[3]

---

[1]　《太平縣誌》卷八，《天一閣藏明代方誌選刊》，上海古籍書店，1963 年，第 15 頁。
[2]　嚴從簡著，余思黎点校，《殊域周諮録》(中外交通史籍叢刊)，中華書局，2000 年，第 54 頁。
[3]　周清源，《西湖二集》序，據原刊本排印，貝葉山房張氏藏版，國家圖書館藏，第 2 頁。

　　宗泐奉命注釋《心經》等三經，頒行天下。能詩，與豫章人來復見心并稱明初最有名的詩僧。善書，明初陶宗儀在《書史會要》卷七稱其"詩文淡雅，隸書亦古拙"。他既曾受到明太祖多年寵榮，名噪於時，最終又因連坐胡惟庸謀反案而遭到皇權拋棄。

　　嚴從簡之所以在《殊域周諮錄》卷二"日本"中詳細介紹宗泐，是因爲仲猷祖闡、無逸克勤兩位高僧奉命出使日本之際，宗泐專程賦詩餞行，而朱元璋也和詩一首。兩詩如下：

### 送祖闡、克勤二師使日本

宗泐

帝德廣如天，聖化無遠邇。重驛海外國，貢獻日旹委。

維彼日本王，獨遣沙門至。寶刀與名馬，用致臣服意。

天子鑒其衷，復命重乃事。由彼尚佛乘，亦以僧爲使。

仲猷（闡名）知心宗，無逸寫經義。二師當此任，才力有餘地。

朝辭閶闔門，夕宿蛟川涘。鉅艦揚獨帆，長風天萬里。

鯢鯨不敢驕，馮夷效驅使。滄茫熊野山，一髮青雲際。

王臣聞招徠，郊迎大欣喜。時則揚帝命，次乃談佛理。

中國師法尊，遠人所崇禮。況茲將命行，孰有重於此。

海天渺無涯，相念情何已。去去善自持，願言慎終始。


### 和宗泐韻

太祖

嘗聞古帝王，同仁無遐邇。蠻貊盡來賓，我今使臣委。

仲猷通洪玄，倭夷當往至。諭善化凶人，不負西來意。

遣僧使遠方，毋得多生事。入爲佛弟子，出爲我朝使。

珍重浦泉徑，勿失君臣義。此行飛瀚海，一去萬里地。

既辭釋迦門，白日宿海涘。艨艟掛飛帆，天風駕萬里。

平心勿憂驚，自然天之使。休問海茫茫，直是尋根際。

諸彼佛放光，倭民大欣喜。行止必端方，毋失經之理。

入國有齋時，齋畢還施禮。是法皆平等，語言休彼此。

盡善凶頑心，了畢纔方已。歸來爲拂塵，見終又見始。[1]

但是，嚴從簡的上述按語，其真正用意并非在於頌揚宗泐或來復，他認爲同樣是呈詩與皇上，結果宗泐承蒙皇恩，而來復遭受殺戮，也許這就是他們的宿命吧。可是，奉命出使日本的仲猷祖闡、無逸克勤"秉節懷遠，不辱君命"，不僅勝於元朝水犀十萬，而且他們的戒行弘勛，也在宗泐、來復之上。

仲猷祖闡、無逸克勤一行凱旋回國複命後，朱元璋天顏怡悅，欲賜祖闡白金一百兩、文綺二縑。但祖闡"粉黄金爲泥"，惟願將宗泐餞行詩、皇上的和詩合爲一帙，刻勒頒行天下名山。於是宋濂特撰《恭跋御製詩後》以記。

### 1. 日本弟子絶海中津

絶海中津（1336—1405），名中津，原號要關，又號絶海，別號蕉堅道人，日本室町時期臨濟宗夢窗派禪僧。

洪武元年（1368）入明，先上湖州道場山萬壽寺，拜謁清遠懷渭禪師，後入杭州中天竺法净寺，師事季潭宗泐，并任燒香侍者，後升任藏主。[2]

據《絶海年譜》的記載，洪武四年（1371）一月二十五日，絶海隨宗泐登徑山禪寺，宗泐邀其出任後堂首座，絶海固辭不就。其間，絶海師從宗泐研習笑隱大訢"蒲室疏法"四六駢體文的創作，歸國後爲日本禪林四六文的發展奠定了重要基礎。[3]

洪武九年（1376）一月，受宗泐引薦，絶海受明太祖召見，太祖指着日本地圖向絶海詢問熊野峰前徐福祠的情況，兩人就徐福祠進行了詩文唱和。絶海的詩才深受朱元璋賞識，後獲賞歸國。回國後的絶海受到幕府將軍足利義滿之重用，先後住持惠林禪、等持寺等，并三次入住相國寺。絶海圓寂

---

[1] 嚴從簡著，余思黎点校，《殊域周諮録》（中外交通史籍叢刊），中華書局，2000年，第53頁。
[2] 蔭木英雄，《絶海中津略年譜》，"應安元年（1368）"條，清文堂，1998年。
[3] 任萍，《五山僧絶海中津與日本中世禪林文學》，《日本研究》，2010年第4期。

後，後小松天皇追賜"佛智廣照國師"稱號，稱光天皇又追賜"净印翊聖國師"之號。著有《絕海和尚語錄》與詩文集《蕉堅稿》。

在明期間，絕海與業師宗泐還留有關於錢塘的詩文唱和，兩詩分別如下：

### 錢塘懷古

欲識錢塘王氣徂，紫宸宮殿入青蕪。
朔方鐵騎飛天塹，師相樓船宿里湖。
白雁不知南國破，青山還傍海門孤。
百年又見城池改，多少英雄屈壯圖。（其一）


天地無情日月徂，鳳凰山下久榛蕪。
獨憐內殿成荒寺，空見前山映後湖。
塞北有誰留一老，海南無處問諸孤。
蓬萊閣上秋風起，先向燕京入畫圖。（其二）[1]


也許是宗泐詩中洋溢的歷史傷感觸動了絕海，絕海也步原韻，和詩兩首：

### 錢塘懷古次韻宗泐

天日山崩炎運徂，東南王氣委平蕪。
鼓鼙聲震三州地，歌舞香消十里湖。
古殿重尋芳草合，諸陵何在斷雲孤。
百年江左風流盡，小海空環舊版圖。（其一）


興亡一夢歲雲徂，葵麥春風久就蕪。

---

[1]　上村觀光編，《錢塘懷古次韻》，《五山文學全集》，思文閣，1992年，第1912頁。

父老何心悲往事，英雄有恨滿平湖。

朱崖未洗三軍血，瀛國空歸六尺孤。

天地百年同戲劇，燕人又獻督亢圖。（其二）[1]

日本宮內廳圖書寮藏有一册宗泐撰述的《金剛般若波羅蜜經注解》，上有"康曆二年庚申八月日重刊於臨川寺"的刊記，主要內容爲御製心經序、般若波羅蜜多心經注解正文等。因書中有朱筆"必是正覺國師之徒絶海和尚將來"之字樣，日本學者牧田諦亮研究認爲應是洪武十一年（1378）絶海回國之際帶回日本的典籍。[2]

### 2. 爲日僧作文

鑒於宗泐在當時叢林、文壇的盛譽，向其求文的日僧也是絡繹不絶，這些詩文散在中日多種文獻之中，兹摘録經眼之作如下。

（1）《日本比丘净業請爲亡僧周寂等對靈小參》

洪武四年（1371）七月十一日，因入明僧子建净業之請，宗泐爲各種原因去世的10位入明日僧撰寫《日本比丘净業請爲亡僧周寂等對靈小參》，內容如下：

亡僧十人。周寂、正肇、至道三人，到天界亡；用怡、一桂、善資三人，海中舟亡；良穗、建萃二人，明州正慶寺亡；明輔，明州天寧寺亡；净見，越州舟中亡。因業上主請書小參。

洪武七年七月十有一日，天界住山宗泐書[3]

向宗泐求文的子建净業初名去病祖訓，臨濟宗大慧派禪僧。日本延文五年（1360）前入室中岩圓月，出生大概爲京都，俗姓不知。玉村竹二推測子建乃中岩之俗侄。賦有名詩《護花鈴》一首："掖外郎當風力斜，寧王心護

---

[1]　上村觀光編，《錢塘懷古次韻》，《五山文學全集》，思文閣，1992年，第1912頁。
[2]　牧田諦亮，《絶海中津と明僧との交涉》，荻須純道編《禪と日本文化の諸問題》，平樂寺書店，1969年。
[3]　東京大學史料編纂所編，《萬法語》，《大日本史料》卷六之四十，東京大學出版會，1999年，第375頁。

玉皇家。漁陽烏鵲猶狼藉, 蹴落沉香亭畔花。"[1]此詩膾炙人口, 據稱當時在中日兩國禪林廣爲傳頌。

子建净業入明後, 上天界寺謁見了宗泐。在明期間, 作有"不識何山松竹底, 又添一個土饅頭"[2]一名句。根據《東山塔頭略傳》"妙喜庵"條"開基佛種慧濟禪師, 子建名净業, 藏主, 入元, 殆於彼地"[3]等的記載, 子建净業曾任建仁寺妙喜庵看寮, 二三年後也即入明之前出任建長寺梅洲庵藏主, 最後客死大明。關於子建在明的詳情, 有待今後進一步研究。

（2）《日本國建長寺明禪師語録》

洪武八年（1375）五月十九日, 宗泐爲入宋僧南浦紹明的語録《大應録》作序, 序文《日本國建長寺明禪師語録》在伊藤松編纂的《鄰交徵書》初篇卷一中有收録, 在此不再贅録。

（3）《獨芳曇禪師像讚》

洪武八年（1375）, 豐後國萬壽寺僧人靈昆請得明人畫師爲自己寺院的住持獨芳清曇（？—1390）[4]繪頂相一幅, 并向宗泐求取了畫讚, 内容如下：

> 萬壽之真, 水中之月。影不可狀, 光不可撮, 靈機全露兮。斗轉星迴, 玄音普霑兮。山遥海闊, 恒自牧乎水牯, 粲獨芳乎優鉢。慈悲喜舍, 嗔拳熱喝。蓋曾遍參中華諸老, 未免指鹿爲馬, 而於大鑒言下, 因之證龜成鱉者也。
>
> 右日本國豐州萬壽獨芳曇長老壽像, 小師靈昆請讚。
>
> 　　　　　洪武乙卯四月朔, 天界全室叟宗泐書[5]

據稱, 獨芳清曇的頂相藏於豐後大智寺。關於此畫的來龍去脉, 日本文獻

［1］　玉村竹二,《五山禪僧傳記集成》, 思文閣, 2003 年, 第 246—248 頁。
［2］　上村觀光編,《五山文學全集》別卷, 思文閣, 1992 年, 第 438—439 頁。
［3］　玉村竹二,《日本禪宗史論集》卷上, 思文閣, 1976 年, 第 463 頁。
［4］　獨芳清曇, 豐後（今大分）人, 日本南北朝時期臨濟宗僧人, 京都天龍寺第二十四代住持。入元師事清拙正澄, 日本永德年間（1381—1384）回國, 受將軍足利義滿之邀入住天龍寺, 1385 年應玉庵居士（大友親著）之請轉任豐後萬壽寺, 開創大智寺。
［5］　伊藤幸司,《日明交流と肖像画贊》, 東亞美術文化交流研究會編《寧波の美術と海域交流》, 中國書店, 2009 年。

《東山諸派古德像讚佛事》有如下記載：

> 古雜記曰：在靈源，豊後萬壽獨芳曇禪師其徒南游，欲圖師像以
> 需讚名宿。然歸舶汲汲不遑，圖之以一絹，就全室先需讚，其意歸朝圖
> 像也。舶於海中逢賊，彼讚絹被奪，賊割絹畫讚語之處投海中，其徒不
> 知之心惜之耳。着岸之後，或人於寺前海濱拾之，蓋風波令然，可謂稀
> 有。遂圖像加以全室讚語其像，見在禪居。[1]

萬壽寺僧靈岊在歸國之際，匆忙請人爲獨芳清曇禪師畫了頂相，并求得了宗
泐的畫讚。在歸國途中，因遭遇海賊，頂相的畫讚部分被撕裂扔向海中。登
岸之後，有人在寺前的海灘上撿到了畫讚，頂相總算破鏡重圓。

（4）《空華室歌》

洪武九年（1376）二月五日，宗泐在龍河傳法，應正宗堂的東軒之請爲
日僧義堂周信作《空華室歌》一首，這在義堂周信的《空華集》和伊藤松的
《鄰交徵書》都有記載，不再贅録。

（5）《贈立恒中》

立恒中，又稱"恒中宗立"，博多妙樂寺第七世住持，嗣法入宋僧南浦
紹明。入明和歸國時間不詳。在中國期間購得徑山高僧虛堂智愚的墨迹《虎
丘十詠》一幅，并於成化十四年（1478）由歸國的遣明使攜回日本，然後再
由堺市大應派的僧侶送至博多妙樂寺。[2]

由於洪武帝禁止日僧的活動，至遲在洪武十年（1377）恒中等被軟禁在
南京天界寺。宗泐的《全室外集》中有"贈立恒中"的五言詩，詩文如下：

> 海外趁商船，江東住幾年。華音雖已習，鄉信若爲傳。
> 一缽隨緣飯，諸峰到處禪。凉秋明月夜，夢度石橋煙。[3]

[1] 伊藤幸司，《日明交流と肖像画贊》，東亞美術文化交流研究會編《寧波の美術と海域交
    流》，中國書店，2009年。
[2] 伊藤幸司，《日明交流と雲南：初期入明僧の雲南移送事件と流転する『虎丘十詠』》，《仏
    教史學研究》第52卷第1號，2009年。
[3] 源秋峰，《異稱錦繡段》卷下，寶永二年（1705）山形屋傳兵衛刻本，早稻田大學圖書館
    藏，葉13A。

乘坐私人商船入明的日僧恒中宗立在江南參法多年，習得中文的他遍訪名山高僧，從最後一句的"涼秋明月夜，夢度石橋煙"來看，恒中宗立也曾巡禮天台石橋。

（6）《送吾長老歸日本》

日本江戶時代釋性宗（？—1717）編撰的《石城遺寶》中，收錄了宗泐的詩作《送吾長老歸日本》一首，內容如下：

> 大坐牛頭啓祖關，真燈照世古風還。
> 一庵高臥衣堂寂，百鳥不來春晝閑。
> 白下正提新鉏斧，日東猶憶舊家山。
> 鐵船打就渾閑事，滿載清風不可攀。[1]

據卞東波研究，此詩不載宗泐的所有文集，可能是直接保存在日本的真書手迹，因此彌足珍貴。[2]送行的"吾長老"應該就是入元僧無我省吾。

無我省吾（1310—1381），日本南北朝時期臨濟宗僧，諱省吾，道號無我，謚省吾菩薩。出生京都，師事宗峰妙超、月堂宗規。1348年入元，參法楚石梵琦、月江正印，巡禮牛頭山，1357年回國。因恰逢月堂宗規圓寂，於是決定再次入元，明朝建立後，洪武帝曾賜予其菩薩號，最後客死金陵。

從詩中南京的別稱"白下"一語可見，吾長老與宗泐在南京多有過從。因第二次入元後沒能回國，所以宗泐的這首餞行詩應該作於1357年即吾長老第一次回國之際。

### 3. 爲日僧取字

上村觀光的《五山文學全集》中，收錄了義堂周信《空華集》中的一篇文章，名爲《仲明說》，全文如下：

---

[1]　釋宗性編，《石城遺寶》，元祿十三年（1700）妙樂寺刊本，日本國立國會圖書館藏，葉24B。

[2]　卞東波，《明初詩僧季潭宗泐文集的版本及其作品在日本的流傳》，《中華文史論叢》，2015年第1期。

今之明國天界寺季潭師，嘗爲日東察上人字之曰仲明。而以八分書之，筆勢遒勁。上人得之，如獲至寶，必欲空華子爲説，以申明之。夫在天者，莫明乎日月。在人者，莫明乎智慧。故於法智慧爲明，於文日月爲明。然用晦養焉，則厥明不可勝用矣。是以日之明也，顯於畫而隱於夜。月之明也朒於望，而霸於朔。聖賢智慧之明也，幽乎勿用之時，則焕乎利見之際。故曰時晦則晦，時明則明，不失其時。於戲明之時，義遠乎哉。今以上人家學而言，明也者，妙明之心也。而心固，妙矣明矣。而情蔽之，曰奚以復之，曰自省而已，既自省矣。奚以養之，曰用晦。夫晦養之道，所以吾之弗匱也矣。諮爾仲明，庶乎自養，勿失其明。[1]

據文章的前面部分可知，宗泐曾經爲日僧"察上人"取字"仲明"，并用八分書而贈之。察上人如獲至寶，持着這幅書法求取義堂周信賦文一篇，這就是《仲明説》的由來。至於察上人的詳情不得而知，應該也是一位入明僧。

查閲中日相關文獻，還可發現宗泐與多名日僧存在不同程度的交往。

### 4. 與太初啓元的交往

太初（1332—1406），有學者認爲禪師是在明初來中國學習佛法的。來到中國後，取了個漢人的名字，俗姓張，名啓元。洪武十九年（1386），太初攜徒弟大方來到溫州府里安的莒岡（今屬泰順縣），在那裏的石山梅公洞住了下來。在偏僻的山區通過制服巨蟒、群虎等爲民除害的壯舉，太初博得了當地鄉民的好感。在鄉民的幫助下，太初師徒建了一座"山交龍護寺"。在寺院裏，太初坐禪講法二十餘年，徒衆一度多達四十餘人。永樂四年（1406），太初在寺中圓寂，享年七十五。[2]

但是，明僧大聞在《釋鑒稽古略續集》記載：

太初禪師，諱啓原，號太初，日本國人。九歲禮物外禪師得度。年

---

[1]　上村觀光編，《空華集》，《五山文學全集》，思文閣，1992年，第1801—1802頁。
[2]　陳剩勇，《浙江通史（第7卷）：明代卷》，浙江人民出版社，2005年，第437頁。

圖 5　山交寺遺址（右邊房子的屋後）

十九與宗猷等十八衆游參上國。丙午（1366）二月進京，見季潭禪師。後見了堂天童無著懶牧等四十五員大善智什。末於傑峰和尚處。入室付頂相大衣拂子法語。後住羅陽三峰寺及山交龍護禪院。有《三會語録》。[1]

據上，日本學者木宫泰彦認爲大初是建長寺物外可什弟子，日本正平六年（1351）與宗猷等十八人一同入元，繼承徑山傑峰愚的法統，住温州羅陽的三峰寺、山交的龍護院，永樂五年（1407）殁於中國。[2]

　　而據《釋鑒稽古略續集》之後 30 年成書的《續燈存稿》卷八的記載，太初入京并貢物，因洪武帝之敕參禪季潭宗泐。1347—1368 年間季潭宗泐在宣州水西寺出任住持，所以太初應該也到了宣州。宗泐接近洪武帝是在 1371 年的蔣山法會，1372 年因命出任天界寺住持。[3]

［1］　大聞幻輪彙編，《釋鑒稽古略續集》三，《續修四庫全書》子部宗教類，上海古籍出版社，1995 年，第 32 頁。
［2］　木宫泰彦，《日中文化交流史》，胡錫年譯，商務印書館，1980 年，第 455 頁。
［3］　榎本涉，《僧侶と海商たちの東シナ海》，講談社，2010 年，第 220 頁。

溫州市泰順縣鶴巢鄉山交村山交寺内現存一方"山交寺開田記"的石碑。石碑前部刻有"縣治東偏半舍許，有寺曰山交，開創自國初。山之僧太初者，日本國產也，航海道東甌而至止於斯。偕諸徒大方闢草萊以增初基"。[1]

可見，山交寺開創於明初洪武年間。因此，太初應是入元僧。

### 5. 與無初德始的交往

關於日僧無初德始（？—1429），國内也有過一些簡單介紹，[2]主要依據明末吴門華山寺沙門明河所撰《補續高僧傳》，原文爲：

> 德始，字無初，信州神氏子。幼聰穎，不好弄，遇群兒嬉戲，輒避匿引去，見僧則喜動顏色。從州之天寧大比丘一公，祝髮爲沙彌。逮長，詣山城諸刹，既進具。坐探群書通大意。已而歎曰："昔吾鄉覺阿上人，慧解精絶，善大小乘。一旦舍所學，附商舶抵中土，謁靈隱遠禪師得法。東歸國人景仰，尊之爲禪祖。予晚生末學，尚何敢高攀逸駕，而望其後塵。然詎可堅守一隅，而卒無聞耶。"因請於其王，得隨國使宣聞溪詣闕朝貢，館於天界寺。[3]

根據上文的記載，日僧無初德始出生於信州（現長野縣），從小聰穎喜静，頗具佛性。在本地的天寧寺剃髮爲僧。長大後，游歷京都諸寺，博覽群書。但他覺得如要成爲一名像同鄉覺阿上人那樣的大師，必須留學中國，因此徵得其王（幕府將軍）的同意，隨同宣聞溪一起入明。

無初德始的楷模覺阿（1143—？）是日本平安時代後期至鎌倉時代初期的天台宗僧。俗姓藤原氏。承安元年（1171）偕同法弟金慶一起來到南宋，師事杭州靈隱寺的佛海禪師慧遠，得印可回國，住比叡山。據説高倉天皇特

---

[1]　吴明哲編，《溫州歷代碑刻二集》，上海社會科學院出版社，2006年，第1199頁。
[2]　《洛陽佛教聖迹》編委會編，《洛陽佛教聖迹》，中州古籍出版社，1993年，第169頁；何孝榮，《明代南京寺院研究》，中國社會科學出版社，2000年，第223—224頁；藍吉富主編，《禪宗全書：史傳部三十》，文殊出版社，1988年，第134頁；《中國佛教人名大辭典》編輯委員會編，《中國佛教人名大辭典》，上海辭書出版社，1999年，第1002頁；等等。
[3]　釋明河，《日本德始傳》，《補續高僧傳》卷十五，四庫全書本。

詔進宮叩問禪意，覺阿吹笛一曲以示回答。因此，在日本享有很高的聲譽。

　　無初德始此次入明就是要做覺阿上人第二，所以當正使宣聞溪得到太祖回國的旨意後，他却奏請願與數名同胞繼續留下以進一步參禪求法。得到許可後，德始侍從季潭宗泐，并出任書記一職。洪武十一年（1378），因宗泐奉命出使西域，德始和其同胞就外出游歷名山古刹。洪武十五年（1382）道衍禪師受命住持慶壽寺，德始受邀至丈室，相與激揚臨濟宗旨，意甚相合。[1]洪武二十三年（1390），謝絕道衍的挽留，德始赴成都巡禮著名的佛教聖地峨眉山，受到蜀獻王朱椿（1372？—1423）的禮遇，并親自受戒朱椿皈依佛門。據《五燈全書》南岳下二十二世“成都大隋無初德始禪師”的記載，因受獻王朱椿之命，德始出任成都彭縣大隋寺開山。洪武二十年（1387）丁卯書寫《嵩山祖庭少林禪寺住持淳拙禪師才公塔銘有序》，而立石於洪武二十五年（1392）壬申。[2]洪武三十一年（1398）左右，移住成都灌縣飛赴山的飛赴寺，在此地度過了七年的歲月。永樂初，又應道衍之請上京，小住道衍府邸。永樂六年（1408），出任順天府平坡寺住持，其間曾卸任外出游方，兩年後再度返回。永樂十年（1412）奉朱棣之旨，移住順天府宛平縣的龍泉寺，同年被任命爲北京西山潭柘寺第三十三代住持。之後爲修繕和復興潭柘寺竭盡全力。宣德四年（1429）九月，在龍泉寺（即今潭柘寺）金剛室圓寂，在明達五十五年之久。[3]

　　關於無初德始修葺龍泉寺一事，傅芸子在《讀西山品》中披露了兩則難得的史料，一是明秀水汪砢玉撰寫的《西山品》：“……明興有無初禪伯，日本人也。得全寶泐公指受，飛錫金臺，永樂初，主玆法席，刻意修繕，以蜀獻王賜金，塑三世佛，功未就而圓寂。宣宗命其徒無相繼之，宗風丕振。……”[4]另一則史料就是孫國敉的《燕都游覽誌》。

[1]　北京市地方誌編纂委員會編，《北京誌·民族·宗教卷·宗教誌》，北京出版社，2007年，第153頁。
[2]　河南省開封地區文物管理委員會、河南省登封縣文物保管所、中國佛教協會編，《少林寺日本兩禪師撰書三碑》，文物出版社，1981年，第2頁。
[3]　佐藤秀孝，《入明僧無初德始の活動とその功績：嵩山少林寺に現存する扶桑沙門德始書筆の塔銘を踏まえて》，《駒沢大学仏教学部研究紀要》第55卷，1997年；釋明河，《日本德始傳》，《補續高僧傳》卷十五，四庫全書本。
[4]　傅芸子，《正倉院考古記·白川集》，遼寧教育出版社，2000年，第122頁。

根據《西山品》記載，無初德始未竟事業最後由其弟子無相完成，潭柘寺因此宗風大振，明宣宗賜名"龍泉寺"。弟子無相的來歷不明，也有可能是當年和無初德始一起入明的同胞之一。

傅芸子認爲："中日佛教，自來關係縈深，日僧來華開基的，前有五代陳貞明二年（公元五八八），僧慧鍔在普陀山立不肯去觀音庵，爲普陀開山的第一代宗師。而北方有日僧來此駐錫，弘揚佛法的，向未之前聞。潭柘寺乃北方的一個大叢林，唐宋以來，代有名僧尊宿，惟關於無初禪伯修葺龍泉寺一事，自孫國敉《燕都游覽誌》起各書，均無記載。劉同人《帝京景物略》，所記潭柘歷代名僧較詳，在永樂間祇記有姚少師道衍而已。不意今日始發見此資料！"[1]之後，傅芸子就無初德始之事詢問了西京精於佛教史的某學者，回答是之前未聞也未見記錄。

### 6. 與藤子載的交往

在日本中世禪僧江西龍派（1375—1446）編的漢籍《新選分類集諸家詩卷》中，收錄了《寄季潭》詩文一首，作者"藤子載"。[2]詩曰："薊門一別各成翁，三十一年如夢中。幾欲封書問安否，行人倉卒意難窮。"宗泐也賦《和答》一首："天南地北兩衰翁，尚寄殘生化育中。聞説薊門田舍樂，年來不省有詩窮。"[3]

宗泐和藤子載相識於薊門，此後一別三十一年，終究未能相見。

關於藤子載，日本江户時代漢學家宇都宮由所著的《錦繡段詳注》中有"藤子載，日本藤氏人也。大唐久居住也"。

從上可知，季潭宗泐與日本的交流比較密切。此外，他的著作不僅早就傳至日本，在日本出現了五山版、寬文版兩種以及刻本，而且對日本的文學影響深遠。在江西龍派編纂的大型中國詩歌總集《新選分類集諸家詩卷》中，收錄中國自唐至明初的詩文1200首，入選同一詩人的詩歌一般不超10

---

[1]　傅芸子，《正倉院考古記·白川集》，遼寧教育出版社，2000年，第122頁。

[2]　王曉平《〈錦繡段〉寫本中的漢字"變臉"——寫本例話之三》（《古典文學知識》，2016年第2期）中，"藤子載"又作"滕子載"，詩中的"薊門"又作"荊門"。

[3]　江西龍派編，《新選分類集諸家詩卷》"簡寄"。季潭的《和答》收錄於日本京都兩足院所藏《全室稿》，題爲《次韻答藤子載》。

首，而惟有宗泐一人入選了 47 首，獨占鰲頭。而天隱龍澤（1422—1500）編纂的《錦繡段》收錄宗泐詩文 3 首，月舟壽桂編輯的《續錦繡段》收錄宗泐詩文 1 首。尤其是《錦繡段》，在日本非常流行，是日本學習漢詩的入門讀物。可見，宗泐的詩文在日本影響之一斑。[1]

此外，宗泐還與日僧如心中恕也有交游。如心中恕（？—1419），日本室町時代臨濟宗僧。諱中恕，道如心。出生於筑紫（九州）。師事古劍妙快，任天龍寺侍香。洪武元年（1368）入明，參禪季潭宗泐、了堂惟一、清遠懷渭等。回國後歸隱廬山亭。著有《碧雲稿》一卷。

## （三）遣明日記中的台州

有明一代，由於寧波被指定爲日本官方唯一合法登陸之地，所以中日關係交流的重鎮北移至四明、舟山一帶。日本官方使者即遣明使登陸寧波後，活動範圍基本限定於寧波城區。得到上京許可後，遣明使一行從寧波啓程，沿着浙東運河到杭州辦理有關通關手續，從杭州利用京杭大運河北上，直至京城。回程即按原路返甬。因此，位於寧波之南的台州成了明代中日官方交流的"真空地帶"，昔日憧憬的國清寺、敬仰的天台宗、夢游的赤城山等都不見了蹤影，也不曾見過遣明使造訪台州、巡禮寺院的相關記載。鑒於此，遣明使日記中的台州記事就尤其顯得珍貴了。

據筆者調查，在存世的五部遣明日記中，祇有策彦周良的《初渡集》中有幾則"台州"的相關記載，具體如下。

### 1. 遣明船抵達台州界

嘉靖十八年（1539）五月四日，遣明船駛入温州海域，《初渡集》有以下記載：

> 五日，卯刻，正南風，順風解纜，出温州境。酉刻，憑一島以據，

---

[1]　卞東波，《明初詩僧季潭宗泐文集的版本及其作品在日本的流傳》，《中華文史論叢》，2015 年第 1 期。

遂泊船於此，蓋台州界也。懺法一座，施餓鬼一會。今宵風濤蕩突，起卧泛泛，耿無睡，及夜半而假寐。……

六日，正南風，卯時開帆出島，當戌方有山之高者，曰馬頭山。懺法一座。晚，風不順，迅雷喧耳，以故下鐵貓（錨）而泊舟於島傍。小雨而夜晴。[1]

策彦周良一行是在嘉靖十八年（1539）五月五日到達了台州海域某島嶼，具體島名并不知道，衹是策彦認爲離開了溫州就應進入台州界。當夜風濤激蕩，幾乎一夜未眠。六日破曉出發，當時的戌方（西北方）有一高山，名爲馬頭山。馬頭山在今浙江臨海市東南十五公里處，臨江矗立，因山體象馬頭故名。又因其山岩層疊如樓，又稱"樓石山"。

### 2. 邂逅天台智者之後裔

嘉靖十八年（1539）六月二十九日，在寧波等待上京許可的策彦周良偕同日僧三英、宗桂游月湖，參觀了知章廟、孔子廟，拜訪了寧波人范南岡。最後，遣明使三人來到了延慶寺。《初渡集》中記載説：

寺乃天台智者的裔所居也。寺僧出迎引入房，房一僧親切，把手説寺之事迹，且進西瓜、煎北茶。予投之以粗扇一柄，見報以畫鳥四幅。[2]

根據《寶慶四明誌》卷十一《寺院·教院》記載，寧波延慶寺建於後周廣順三年（953），初曰"報恩院"，大中祥符三年（1010），改名延慶。

宋代時期，該寺與日本有兩次交流的史實。一是宋真宗咸平六年（1003），日僧源信曾遣弟子寂照攜天台宗二十七條問目，向時任延慶寺座主的天台高僧知禮求教。二是仁宗天聖六年（1028），源信又派弟子紹良攜金字《法華經》爲禮，從住持廣智法師研習天台教理，修業三年後回國。[3]

---

[1] 牧田諦亮編，《策彦入明記の研究》（上），法藏館，1955年，第42頁。
[2] 牧田諦亮編，《策彦入明記の研究》（上），法藏館，1955年，第64頁。
[3] 劉恒武，《寧波故城佛寺對外文化交流史實考》，《寧波大學學報（人文科學版）》，2010年第5期。

　　根據策彥周良的記載得知，此時的延慶寺乃由智者大師之後裔所住持。雖然不記僧名，但對於日僧的到訪，寺僧顯得非常熱情，不僅詳敘寺院的事迹，還陳以茶果以待客人。最後，策彥贈以日本扇子一柄，而寺僧回報以花鳥畫四幅。

### 3. 羅漢堂與天台勝境

　　嘉靖十九年（1540）十一月六日，策彥周良與日僧即休、三英等三人參觀天寧寺，就當時該寺的伽藍布置，《初渡集》做如下記載：

> 　　佛殿揭"大雄寶殿"四大字。此額下又有橫額，顏"祝廷聖壽道場"六大字。又左右掛木牌，左書云"聖德乾坤大"，右書云"皇圖日月長"。又有五百羅漢，門揭"天台勝境"四大字。[1]

　　寧波天寧寺創建於唐代的大中五年（851），歷經幾度易名，北宋政和元年（1111）敕改天寧萬壽寺，元代以後定稱天寧寺。1309年，因日商暴亂而被燒毀。該寺與日本也有淵源：元代這裏曾是安置日商的場所，該寺僧人東陵永璵禪師於至正十一年（1351）赴日弘揚佛法，[2] 洪武五年（1372）朱元璋遴選該寺的仲猷祖闡偕同無逸克勤一起出使日本，[3] 洪武七年（1374）日僧明輔病死天寧寺，[4] 等等。

　　至於天寧寺羅漢堂爲何門揭"天台勝境"四大字，這是因爲天台山歷來與五百羅漢有淵源。造像方面，吳越王錢氏曾造五百銅羅漢於天台方廣寺供養，北宋雍熙二年（985），宋太宗又命造五百十六身羅漢像，奉安於天台山壽昌寺，天台山從而成爲全國存有五百羅漢如此規模浩大的場所。[5]

---

[1]　牧田諦亮編，《策彥入明記の研究》（上），法藏館，1955年，第155頁。
[2]　劉恒武，《寧波故城佛寺對外文化交流史實考》，《寧波大學學報（人文科學版）》，2010年第5期。
[3]　陳小法，《明初祖闡、克勤使日因緣考》，《明代研究》，2006年第9期。
[4]　陳小法，《洪武七年的日本入明僧研究》，《社會科學戰綫》，2010年第10期。
[5]　楊景和，《"吳宋"繪五百羅漢彰顯不同畫風》，《天津美術學院學報》，2014年第3期。

## （四）恕中無愠與日本

恕中無愠（1309—1386），台州臨海人，俗姓陳氏，出家徑山，主明州靈岩、台州瑞岩，退入松岩。

洪武七年（1374），日僧古劍妙快奉業師夢窗疏石之命拜訪恕中無愠，并傳達日本室町幕府敬邀其東渡出任日本寺院住持之請。之後，日僧權中中巽隨同明使來中國，再次向禪師轉達了古劍之意，但禪師固辭，最後赴日未果。對於此事，中日文獻都有記載。

《天台空室愠禪師行業記》記載說："天朝之洪武七年夏，日本國主遣使入貢，就奏請師化其國。以水晶數珠、峨山石研以爲請師贄禮。上召師至闕下，師以老病辭。上閔而不遣，留處天界。"而四庫全書本《御選明詩》"姓名爵里八"記載說："日本國王慕名奏請住持，被召至京，以老病辭，留天界寺，尋還鄞之翠山。"日本文獻《了幻集》也有類似記載。

古劍妙快乃日本南北朝、室町時代的臨濟僧，生卒年不詳，相模（今神奈川）人，師事著名的高僧夢窗疏石。其後渡海至我國，遍游諸山，先後參謁恕中無愠、楚石梵琦等人。回到日本後，居於京都，頗受當時幕府將軍足利義滿之信任，住建仁寺。長於文筆，與絕海中津、義堂周信并稱於世。

根據日僧春屋妙葩的語錄《智覺普明國師語錄》的記載，洪武九年（1376），日僧足稟□神攜帶業師春屋妙葩之書拜訪了恕中無愠，具體內情因沒有記載不得而知。

此外，日僧義堂周信在《空華日用工夫略集》卷二"永和三年（1377）九月二十三日"中也有恕中無愠的相關記載：

> 過如意庵，謝可藏主，且問江南近年儒佛二氏人物。則禪林諸老往往西歸，今惟溫恕中一人，儒則宋景濂而已。大明開國僅十一年，天下雜道諸寺觀太半遭火未復，兩浙五山、徑山、靈隱火後凄涼，徑山尤甚，居僧不滿百人。得志侍者患是逃叛，路遭官禁，束縛追捕歸王城，

至杭州而死。江西廬山南北佛舍殘破，百無一存者。[1]

文中的"可藏主"即剛從中國回國的日僧久庵僧可。義堂周信這天訪問了如意庵的僧可，於是向他打聽中國江南的相關情況。僧可説，江南禪林的諸老大多圓寂，佛儒兩教的代表人物除了恕中無愠、宋濂外，再無他人。而且，由於元末明初的戰亂，寺院大半遭殃，徑山寺尤其嚴重。

## （五）漂流至台州的日本人

萬曆四十年（1612）八月十四日，台州參將方矩在鹿頭外洋的一塊石頭上救獲日本漂流人員 13 名，其中男子 12 人，婦女 1 人。事件在王在晉的《海防纂要》卷十"飄倭"條中有詳細記載：

> 萬曆四十年八月十四日，台州參將方矩獲解倭夷**哈哪哩**①等十二名、倭婦**烏般薩**②一口，并草撒船一隻。船中有日本草蓬、草苫等件，匕首刀鞘一件，乾飯一撮。驗得各倭頂髮開塘，外髮稍長。臂有刺紋，下體兜陰。又於身内搜出倭衣五件，倭布一疋。倭婦身上搜倭旗一面，試以語言，相顧駭愕。試以物，應對如譯書。問所居，曰："**右南哥**③，隸於**右雞哪什馬**④。"其酋長爲**拖哪**⑤。右南哥輸糧於右雞哪什馬，而拖哪掌之，其輸糧每年輪差。右南哥六十餘家，壯者百五六十人。人種田五畝，納米一斗。所載米十七包、黃麻十二包遭風投水，船中僅存炒米一包爲食。海水不可飲，則張布接衣，承雨攪水得不渴。所帶麻布三尺爲招風旗，拖哪之所給也。女人進香於**哈密弗多結**⑥，搭船同行，飄至鹿頭外洋，棄船登圻，爲官軍所獲。督撫浙江軍門高發、按察使王在晉會勘，審非人犯，議將獲倭分發各營，具疏題請。各倭旋相繼以斃。止存**烏東家**⑦一名，發營收養。

[1]　辻善之助編，《空華日用工夫略集》，太洋社，1939 年，第 106 頁。

海防纂要卷之十

黎陽王在晉明初甫纂

飄倭

萬曆四十年八月十四日台州叅將方矩獲解倭夷哈哪哩等十二名倭婦烏般薩一口并算撤船一隻船中有日本草逢草苫等件七首刀鞘一件乾飯一撽驗得各倭頂髮開塘外髮稍長臂有剌紋下體燒陰又干身內搜出倭衣五件倭布一定倭婦身上搜倭旗一面試以語言相顧駭愕試以物應對如譯問所居曰右南哥隸于右難哪什馬而拖哪掌之其酋長爲拖哪右南哥輸糧子右難哥六十餘家壯者百五六十八人種田年,輸差右南哥六十餘家載米十七包黃麻十二包遭風投五敵納米一斗所載米十七包黃麻十二包遭風投水船中僅存飲米一包爲食海水不可飲則張布接承雨撮水得不渴所帶麻布三尺爲招風旗拖哪之所給也女人進香于哈密弗多結搭船同行撽至鹿頭外洋弃船登岘所發督撫非入犯歲將彼倭分發按察使王在晉會勘審非入犯浙江軍門高題請各倭旋相繼以艷名在右烏東家分發各營具詭

圖6　王在晉《海防纂要》卷十"飄倭"（四庫全書本）

文中有多處日語的漢音翻譯，給文章的理解帶來一定難度。筆者試着做以下解讀：

　①哈哪哩：はなり，人名
　②烏般薩：うばさん，老嫗
　③右南哥：いなか，鄉下
　④右雞哪什馬：いじなしま，島嶼名
　⑤拖哪：との，"殿"即酋長
　⑥哈密弗多結：かみほとけ，神佛
　⑦烏東家：おとこ，男人

　　如此，我們對上述"飄倭"的大致情況就有了基本瞭解：這是一艘向地方酋長運糧的草撤船（也稱"哨船"），原載米十七包、黃麻十二包，因遭海難，物資大多投水，僅存炒米一包爲食。船上人員 13 名，12 男 1 女。
這位老嫗原本是去參拜神佛而搭乘了這艘船，不料遭遇海風漂至台州的鹿
頭外洋，幸得台州參將方矩所救。日本男子"頂髮開塘，外髮稍長。臂有
刺紋，下體兜陰"，即"月代"的頭型，下著"犢鼻褌"。船上有日本草
蓬、草苫、匕首刀鞘、乾飯、倭布、倭旗等物，僅靠海上雨水而活命。語
言不通，似乎也不能書寫漢字。經過督撫浙江軍門高發、按察使王在晉會
審，實非倭寇，於是決定將他們分發各營。不料日本人不久相繼死亡，衹
活下一名男子。

## （六）台州人捐贈梵鐘

隆慶五年（1571）七月十三日，署名爲浙江省台州府廬高、平陽縣陽愛
有兩位東渡日本的明朝人，捐錢特鑄梵鐘一個，寄贈九州豐後國大分郡府中
的稱名寺。

梵鐘銘文如下：

> 奉寄進鐘之事
> 大日本國九州豐後國大分郡府中今小路總 道場
> 右願主 大明 台州府廬高 平羊縣陽愛有
> 於時元龜第二辛未歲七月十三日[1]

至於上述的廬高、陽愛有何時、何因來到日本不得而知，但基本可以認爲他
倆也住在豐後的唐人町。特別值得注意的是寄贈的日期"七月十三日"，因
爲前一天即"七月十二日"爲豐後府內"大風流"的活動日，這一天稱名寺
前的道路擠滿跳"念佛舞"的人們，盡情享受宗教帶來的歡樂。

---

[1] 鹿毛敏夫，《戰國大名領國の國際性と海洋性》，《史學研究》第 260 號，2008 年。

## （七）日本的“台州守”

在《薩藩舊記雜録後編》中有一則非常有趣的記載，即 1592 年的一月二十一日，龜井茲矩被豐臣秀吉授予“明國浙江省台州守”之稱號。

龜井茲矩究竟爲何人物？緣何授予他“浙江省台州守”之稱號？

龜井茲矩（1557—1612），日本安土桃山、江户時代初期的大名，初諱之子、真矩，後改爲茲矩，也稱新十郎。生於出雲國湯之莊（現島根縣八束郡玉湯町），父親爲尼子氏的家臣湯左衛門尉永綱，母親爲多胡辰敬之女。尼子氏滅亡後，曾一度流浪各地，1573 年留住因幡國，追隨尼子氏舊臣山中鹿之助（即山中幸盛），以圖尼子的勢力東山再起。因作戰勇猛，鹿之助將女兒許配于他，并繼承鹿之助舅舅、同爲尼子氏舊臣龜井能登守秀綱的家號，始稱龜井茲矩。之後與鹿之助一起歸順織田信長，轉戰丹波、播磨等地。鹿之助死後，率其舊部投奔羽柴秀吉（即豐臣秀吉）——豐臣秀吉授予其鹿野城主——深得豐臣之信任。

作爲豐臣秀吉的得力戰將，龜井立下赫赫戰功，不僅是國内戰爭，也參加了壬辰朝鮮戰役。鑒於此，豐臣秀吉還授予他征討琉球國的許可，所以也稱其爲“琉球守”。[1] 至此，我們不難發現，龜井茲矩被授予“浙江省台州守”的原因與豐臣秀吉的侵占明朝甚至統領亞洲的野心密切相關。

據豐臣秀吉的秘書山中長俊的書牘記載：豐臣秀吉的確曾計劃發動侵朝戰爭後，讓船隊把攻打朝鮮的軍隊送達目的地，馬上就全部返回名古屋。他

---

[1] 關於龜井茲矩與“琉球守”的關係，加拿大學者塞繆爾・霍利《壬辰戰爭》（方宇譯，民主與建設出版社，2019 年，第 152 頁）中有如此記載：“（1592 年七月九日）打掃戰場時，虞候李夢龜在俘獲的一艘日艦上發現了一件古怪的戰利品，將其獻給李舜臣。這是一把金團扇，裝在黑色漆盒裏。扇子中間寫着‘六月八日秀吉著名’，右邊是‘羽柴筑前守’五個字，左邊書‘龜井流求守殿’六字。李舜臣推測，這些文字意味着被砍掉腦袋的日將一定是筑前守。但事實并非如此。‘筑前守’是十年前秀吉本人使用的頭銜。1582 年，織田信長死後不久，秀吉仍然在努力鞏固對前主人領地的控制。爲了籠絡因幡大名龜井茲矩，他許諾征服琉球後，會把它賞給龜井。爲了證明自己所言不虛，秀吉從腰間抽出一把扇子，題上了自己的名字、龜井的名字、日期和‘流求守’幾個字。在其後的十年裏，這把扇子被龜井視若珍寶，現在它成了龜井和得居通幸一同參加唐浦海戰的證據。當天，龜井損失了麾下全部五艘船，不過僥幸撿回了一條命。”

將親自率領名古屋的軍隊渡海直接攻入北京，在北京稍事停留，就將帶領日軍艦船到寧波港停泊駐守，把明朝南部邊境地區賜予先鋒將士們作爲領地。他將伺機再繼續率兵攻打印度。此外，豐臣秀吉擔心信奉基督教的武士們太過驍勇善戰，以致危及其統治，所以有意將信奉基督教的一些大名武士的力量轉向海外，派往侵朝前綫任其自生自滅，成功的話便將信奉基督教的將士全遷到大明以拓展日本的疆土。[1]

關於豐臣秀吉"侵中國、滅朝鮮"的戰略構想，《明史·日本傳》也有明確記載。這個情報最早來自在日明人許儀後、郭國安於戰爭前夜所提供的《萬曆二十年二月二十八日朱均旺賚到許儀後陳機密事情》，主要内容爲"先征高麗，盡移日本之民於麗地耕種以爲敵唐之基，若得大唐一縣，是吾日本之名得矣，唐之天下，在吾袖内也"。[2]

換言之，在征討大明之前，豐臣秀吉不僅有比較完整的作戰計劃，而且對人事也做了許多"如意"安排，即日本天皇由京都轉爲坐鎮北京，豐臣秀吉自己鎮守寧波，而毗連的台州則由其心腹龜井兹矩統領，等等。不僅如此，豐臣秀吉還曾向基督教大名有馬晴信許願説，若攻克大明，則"封你爲支那大君"。[3]

## 結語

上文對自秦到明的台州與日本的文化交流史進行了鈎沉，我們可以發現：隋唐之前的台州與日本文化交流史研究，由於文獻不足抑或史料記載語焉不詳等原因，許多史實有待進一步探索與深化，如《臨海水土異物誌》中記載的"亶洲""夷洲"與台州的關係；唐代的官方交流、宋代的半

---

[1]　張建立，《試析豐臣秀吉的海權意識及其影響》，《北京社會科學》，2019 年第 2 期。
[2]　王勇主編，《歷代正史日本傳考注：明代卷》，上海交通大學出版社，2016 年，第 185—186 頁。
[3]　Jean Crasset，《日本西教史（訂正增補 2 版）》上卷，博聞社，1894 年，第 577 頁。

官方交流迎來了台州與日本文化交流的高潮，國內外史料也相對豐富，圍繞遣唐使、入宋僧的宗教文化交流、天台茶事的日本移植、台州商人的對日貿易等問題都已是學界熟稔的課題，但也存在品質不高的重複研究、史料引證不夠嚴謹等缺憾。如對榮西"千光大法師"稱號的由來、《吃茶養生記》與陸羽《茶經》及其與台州的關係等問題有待深入和澄清。到了元代，除一山一寧等台州籍僧人東渡日本的研究外，許多交流事項有待補強。元末明初，因罹於鋒鏑而亡命日本的台州人逐漸增多，加之倭寇侵略引發的死難者、被擄人等，台州與日本的關係再次凸顯，像陳延祐這樣的"日本遺民問題"應引起我方的進一步重視。明代時期，中日之間雖然一度恢復了國交，但台州與日本的官方交流幾乎名不見經傳，民間交流却不可小覷。要言之，元明時期台州與日本的關係研究，重點之一是與人物往來相關的文化傳播，這必須要深挖中日兩國的文獻記載，尤其是要借助國內相關家族的譜牒資料，也許會有重要新發現。至於倭寇問題非拙文研究的主要內容，容待日後另行撰文。

# 明清之際朝鮮光海君的王權書寫與對華交涉[*]

黄修志　路　棣

**摘　要**　朝鮮光海君崛起於倭亂，面臨危急存亡的内外形勢，一系列指責朝鮮的明朝書籍又加劇了其王權合法性危機，爲此他採取諸多措施鞏固王權：通過"史册辯誣"獲取明朝的昭雪和褒譽，挾天子之威以令國内，結合懲罰與慶賀，震懾異己勢力，彰顯忠孝倫理，爲自己樹立了光明正大的正統形象。在此期間，努爾哈赤、德川家康、琉球國王、西洋教士皆有動態，但努爾哈赤是兩國背後共同的隱痛，所以"史册辯誣"是兩國深受現實利益驅使的外交策略。雖然明清東亞秩序表現爲一種國際關係，然而在具體的構造和内核方面，很大程度上還是各國的内政、邊疆、王權問題延伸到封貢體系中所進行的交鋒。

**關鍵詞**　光海君，王權合法性，史册辯誣，東亞秩序

時隔多年，面對行刑隊，朝鮮一代才子名臣許筠，可能仍會記得多次渡過鴨綠江往返於漢城和北京的那些遥遠的光輝歲月。彼時，由於出身名門望族和傑出的詩文才華，不光他的聲名響徹國内，就連他的兄姊也飲譽明朝士林。但在朝鮮"慕華事大"政策的背景中，許筠的訪華經歷與複雜的内部鬥爭緊緊糾纏在一起，更何況，他身處倭亂與胡亂之間的光海君時代，這就注定了他的命運受制於朝鮮的政治生態和東亞秩序。爲什麽會落得今天這個下場？此時，許筠已來不及細細思考，因爲行刑隊已經磨刀霍霍，準備用"磔刑"殘忍地將他的軀體割裂。

---

\*　黄修志，魯東大學文學院教授；路棣，上海師範大學人文學院碩士研究生。
　　本文係國家社科基金青年項目"朝鮮王朝'三十年危機'與東亞秩序轉型研究（1598—1627）"（21CSS018）階段性成果。

　　16 世紀末豐臣秀吉發動的侵朝戰爭對東亞秩序造成劇烈震蕩，明鮮聯軍苦戰七年方將日軍驅逐，然而這場幾乎使朝鮮滅亡的戰爭也消耗了明朝巨大精力，明鮮聯軍的一致對日導致努爾哈赤的坐大，豐臣秀吉的病死刺激了德川家康的登臺，所以 "戰爭的惟一獲利者是滿洲的努爾哈赤和德川家康"。[1] 這直接影響了 17 世紀東亞的政治進程。在此情勢下，受害最深的朝鮮在倭亂結束後終將迎來胡亂，而光海君正是介於倭亂和胡亂之間的關鍵角色，他的崛起源於倭亂，他的下臺催發胡亂，這反映了光海君所處內外局勢的特殊性。光海君即位六年後，一場因爲明朝諸多書籍引起的辯誣活動揭示了光海君王權的特殊性，展現了當時東亞秩序的悄然變動和內在危機，雖然學界對光海君時期的內政外交多有研究，[2] 但目前尚無專文探討此問題。因此，筆者不揣淺陋，以此次 "史冊辯誣" 爲中心考察朝鮮光海君時期的政治邏輯、朝貢關係和東亞秩序。

## 一　危急存亡中的光海君

　　宣祖的懿仁王后終生未育，而恭嬪金氏則先後誕下庶長子臨海君李珒和庶次子光海君李琿，但金氏在誕下光海君兩年後過世，光海君與臨海君遂自幼由懿仁王后撫養長大。作爲庶次子的光海君在禮法上理應不會被立爲世子，但因其兄長臨海君品行不端一直不爲宣祖所喜，聰慧好學的光海君漸被

---

[1]　崔瑞德、牟復禮編，《劍橋中國明代史（1368—1644）》下卷，楊品泉、呂昭義等譯，中國社會科學出版社，2006 年，第 272 頁。

[2]　學界對光海君的研究頗多，茲舉中、韓、日各有代表性的學者及其關注點。中國學界主要關注光海君在薩爾滸之戰前後的對華關係，如李善洪、白新良、刁書仁、王臻、孫衛國、魏志江、晁中辰、宋慧娟、王燕傑、文鍾哲、李長宏、劉吉國、金民主、李淑棟等，多以 "兩端外交" 等類似概念揭示光海君對明朝、後金（清）的外交特點。韓國學界的研究層次最爲廣泛，較有代表性的有：韓明基在其博士論文中探討了從宣祖後期到仁祖前期的對明關係，并在不少論著中研究了光海君時期的政治、外交，用力頗勤；申明浩、蔡鉉錫、申豐松同樣關注光海君對後金的外交政策；李命吉考察了光海君時期的黨爭形勢；李必元圍繞交河遷都的爭論，研究了光海君強化王權的措施和各種政治勢力之間的矛盾；申炳周以鄭仁弘爲綫索，探討了從宣祖到光海君時期朝鮮對學派的政治控制；洪性德、金景泰探討了倭亂後的朝明關係。日本學者如稻葉岩吉、田川孝三等分別關注光海君與女真政權、毛文龍的關係。

宣祖信任；1592 年（萬曆二十年，宣祖二十五年），壬辰倭亂爆發後，日軍迅速攻占朝鮮大片城池，宣祖迫於群臣壓力，封光海君爲世子，以固國本。隨着日軍不斷向北推進，漢陽陷落，平壤危急，戰事日急，宣祖心生膽怯，意欲渡過鴨綠江內附明朝，表示“與其死於賊手，無寧死於父母之國”，[1] 此舉遭到群臣反對，商議之下，宣祖內禪，“令世子權攝國事，除拜、官爵、賞罰等事，皆便宜自斷事”。[2] 由此，監國的光海君代替宣祖赴抗倭前綫安撫軍民，“撫摩瘡痍，召集散亡，仍調兵選將，儲峙糧餉，全、慶之民，亦無不愛戴，咸願早定名號”，[3] 受到許多義兵領袖和百姓的擁護，在領導朝鮮軍民抗倭的過程中逐漸樹立威信，勢力大增，而臨海君則在咸鏡道被日軍加藤清正部俘虜，被釋後驚憂成病，對比之下，宣祖愈發重視光海君。

但是，從 1594 到 1604 年，宣祖五次上疏明朝請求正式册封光海君爲世子，皆被明朝拒絕，因爲光海君并非長子。明朝禮部尚書范謙在宣祖第二次請封時認爲“繼統大義，長幼定分，不宜僭差”，[4] 禮部在宣祖第五次請封時仍然堅持强調“世及立長，乃有國之常經”，[5] 認爲朝鮮應當立長子臨海君方使名正言順，禍亂不生。[6] 其實明朝對朝鮮世子的册封并非始終堅持嫡長子制，如在永樂十六年（1418），朝鮮太宗李芳遠上奏將嫡長子李禔的世子身份改封爲三子李祹（世宗），明朝下旨，“立嗣以嫡長，古今常道，然國家盛衰實係嗣子之賢否。今欲立賢爲嗣，聽王所擇”，[7] 即任由朝鮮擇取。但在萬曆後期，明神宗在長子朱常洛和三子朱常洵之間的猶豫不決造成了明

---

[1]　《朝鮮宣祖實錄》卷二七，“二十五年（1592）六月辛丑”條。
[2]　《朝鮮宣祖實錄》卷二七，“二十五年（1592）六月辛丑”條。
[3]　《朝鮮宣祖實錄》卷七十，“二十八年（1595）十二月甲子”條。
[4]　張廷玉等，《朝鮮傳》，《明史》第二七册卷三二〇，中華書局，1974 年，第 8294 頁。
[5]　《朝鮮宣祖實錄》卷一八一，“三十七年（1604）十一月辛丑”條。
[6]　宣祖在上疏中屢次指出臨海君的失德和光海君的功勞，對此，明朝禮部反駁：“臨海君不過凡庸，無失德也。且倭奴之遁，朝鮮之全，將以爲光海君功乎？……惟有立長子臨海君肆，則名正言順……令臨海君以德自勵，光海君以分自安，該國臣民，無有攜貳，然後聽其請封敕立，則禍亂不生，夷藩永固。”《朝鮮宣祖實錄》卷一八一，“三十七年（1604）十一月辛丑”條。
[7]　《明太宗實錄》卷二〇二，“永樂十六年（1418）七月丙子”條。實際上，明朝和朝鮮的兩位太宗（朱棣、李芳遠）皆靠發動戰亂而篡位，所以一直在合法性問題上投桃報李，相互支持，李芳遠改立世子得到朱棣的爽快許可，“立賢爲嗣”，暗含影射着兩人微妙的政治意味。

朝也因立儲問題而忙得焦頭爛額，[1]衆臣堅持立長爲重，并勸神宗令福王早日"之國"，所以朝鮮的請封無疑觸動了明朝的敏感神經。"時國儲未建，中外恟疑，故尚書范謙於朝鮮易封事三疏力持云"，[2]禮部對朝鮮每次請封的批示都是濃墨重彩，義正詞嚴，禮法森然，批駁朝鮮以幼奪長、舍長立少的行爲，將此視爲"僭"，"立子以長，萬古之常經，天朝之家法，此外非本院所知也"。[3]禮部是希望以朝鮮册封爲案例，旁敲側擊使神宗醒悟，遠離鄭貴妃及其子福王，而朝鮮也明白其中緣由，"中朝雖立太子，而皇上意在福王，故我國册封奏請正犯所忌，每爲禮部所阻"。[4]壬辰戰爭結束，光海君的世子身份"雖於本國定其位號，未受天朝册封"，對此宣祖很是憂急，"世子未受封，是無世子也。國之大事，莫急於此"。[5]儘管朝鮮每年皆派使臣打聽或請封，"十年血奏"，[6]但明朝仍不認可光海君。這無疑使光海君面上無光，倍感屈辱和擔憂——失禮於家國，不容於天下。[7]因爲明朝的不認可和拒絕册封給了國內敵對勢力攻擊光海君的口實和把柄，光海君急需明朝册封這把尚方寶劍來鞏固自己的地位。宣祖末年，隨着仁穆王后產下嫡長子永昌大君李㼅，光海君的世子地位更加脆弱。朝鮮大臣在立嫡還是立庶上展開激烈爭論，掌權的北人黨分裂爲以李爾瞻爲首、擁立光海君的大北派和以柳永慶爲首、擁立嫡子的小北派，小北派又分裂爲清小北和濁小北，朝鮮黨爭進一步加劇。

萬曆三十六年（1608），宣祖薨逝，光海君嗣位，自稱署國事，立遣告訃使李好閔和吳億齡赴京：一是向明朝報告宣祖的死訊，請求賜予宣祖謚號；二是周旋封典，請求明朝册封光海君爲國王。但"中朝嫡庶兄弟之分甚嚴，故必不即準封"，[8]禮部仍然青睞庶長子臨海君。李好閔、吳億齡等人反

---

[1] 樊樹志，《晚明史（1573—1644）》上卷，復旦大學出版社，2003年，第476—520頁。

[2] 張廷玉等，《朝鮮傳》，《明史》第二七册卷三二〇，中華書局，1974年，第8294頁。

[3] 《朝鮮宣祖實錄》卷一八一，"三十七年（1604）十一月辛丑"條。

[4] 《朝鮮宣祖實錄》卷一六九，"三十六年（1603）十二月戊子"條。

[5] 《朝鮮宣祖實錄》卷一一六，"三十二年（1599）八月乙酉"條。

[6] 《朝鮮宣祖實錄》卷一八一，"三十七年（1604）十一月乙巳"條。

[7] 黃枝連，《朝鮮的儒化情境構造：朝鮮王朝與滿清王朝的關係形態論》，中國人民大學出版社，1995年，第196—198頁。

[8] 《光海君日記》卷八，"即位年（1608）九月庚子"條。

復説明臨海君已經病廢，禮部提出“臨海若有廢疾，當具臨海讓本來，則立可完準”，[1]即若臨海君寫一道讓位的奏本，便可册封光海君。禮部指示使臣可在王妃奏文中將議政府的奏本及臨海君的讓位奏本一并呈上，而禮部則會差官前往朝鮮查考事實。李好閔、吳億齡等人將禮部意見馳報朝鮮後，群臣皆以爲不可。不久陳奏使李德馨抵京，配合進行活動，花費不少銀兩，明朝纔答應“準封降使”。[2]同時，隨着努爾哈赤進逼朝鮮和遼東，明朝深感必須聯合朝鮮對抗女真，於是在次年以“順舉國之民心，推立賢之大義”爲名，[3]册封光海君爲朝鮮國王。由此，做了十四年世子却未被明朝册封的光海君終於得償所願，成爲明朝承認的國王，但是黨争和反對勢力并未因此而平息。因爲朝鮮王權不僅受到外在明清皇權的制約，還受到内部各黨争勢力的束縛，這是朝鮮王朝始終表現出的政治邏輯。光海君仍然面臨着擁護臨海君和擁護永昌君的勢力的威脅，在他看來，明朝的尚方寶劍雖然緊握手中，但頭頂上還懸掛着臨海君、永昌君這兩把達摩克利斯之劍。

　　光海君即位後，陸續鏟除了對其王位有威脅的勢力。首先，鏟除臨海君。光海君即位不久即以謀反罪將臨海君流放，隨後秘密殺害了這位兄長。其次，鏟除永昌君及其勢力。當時執掌朝廷權力的是北人黨中以柳永慶爲首的擁護永昌君的小北派，且宣祖臨終前曾囑托柳永慶、韓應寅等“遺教七臣”保護永昌君，這無形中提高了小北派的聲勢。所以，光海君即位後立即拉攏柳永慶的政敵，重用南人黨元老李元翼、清小北首領南以恭與大北派領袖李爾瞻、鄭仁弘、奇自獻、李山海、許筠等。在此情勢下，大北派對小北派發動政治攻擊，柳永慶被賜死，大北派的奇自獻成爲領議政，濁小北徹底滅亡，仁穆王后和永昌君頓時在朝廷中失去政治支持，直接處在光海君和大北派的控制下，而大北派無論在思想控制還是在“廢母論”上都支持着光海君。[4]接着，光海君借“癸丑獄事”（又稱“七庶之獄”）除掉仁穆王后的父親金悌男，不久以同樣的方式殺害了其弟永昌君和其侄綾昌君，隨後又廢囚

[1]《光海君日記》卷八，“即位年（1608）九月庚子”條。
[2]《光海君日記》卷十一，“即位年（1608）十二月庚午”條。
[3]《光海君日記》卷十七，“元年（1609）六月辛亥”條。
[4] 韓明基，《光海君代의 大北勢力과 政局의 動向》，《韓國史論》第 20 卷，1988 年。

仁穆王后，將其軟禁幽閉在慶運宮（西宮）。同時，光海君將生母恭嬪金氏
追封爲“恭聖王后”，并遣使獲得明朝對其生母的册封，[1]成功將其靈位移入
太廟，如此一來，光海君便拔除了最後一道禮法藩籬，成爲名義上的唯一嫡
子，成爲最具合法性的國王。

　　光海君爲鞏固王權而屠兄戮弟、殺侄誅臣、幽母廢後的行爲遭到廟堂大
臣和民間士人的唾棄和聲討，[2]也因此背上無法抹去的道德污點，有關光海
君戕害人倫、暴虐篡位的言論一直在國内流傳，疑竇叢生，人心浮動。但事
實上，處在危急存亡之中的光海君確實是一位重振朝鮮、頗有作爲的國王。
壬辰倭亂摧毀了朝鮮原有的政治、經濟和社會結構，光海君對内面對的是一
個滿目瘡痍、八道疲敝、百姓離散、人口鋭减、土地荒蕪的國家，對外面對
的是逐漸强大、滋擾日甚的女真，[3]同時雖然倭寇早已敗退，但日本尚爲敵
國，在東南仍“陰圖啓疆，爲患不已”。[4]所以，光海君在這種内憂外擾的
情境中，最重要的是保國圖存，展開重建計劃：在經濟上實行“大同法”，
按土地面積來課税，减輕了百姓負擔，增加了朝鮮的財政收入，但因此損害
了兩班貴族的利益，也引起他們的抵制和反對。在國防上充實軍備，根據戚

---

[1]　《光海君日記》卷七三，“五年十二月（1613）甲午”條。
[2]　副司直臣鄭蘊上疏：“嗚呼！以殿下仁聖之德，不幸遭人倫之變，欲盡其處之之道，終不得
　　自由，未免見欺於粗悍之武夫，其爲聖德之累，不既大矣乎？……殿下之於珒，豈不知終
　　不相容也？……殿下之勢，可謂孤立而無助矣……大妃雖或不慈於殿下，殿下安得不盡孝
　　於大妃乎？況珒已死矣，復何疑問之有哉……”《光海君日記》卷七五，“六年（1614）二
　　月癸卯”條。
[3]　16世紀末17世紀初，努爾哈赤消滅了尼堪外蘭，壬辰倭亂前夕，李成梁已承認他在鴨緑
　　江流域的最高權位（魏斐德，《洪業：清朝開國史》，陳蘇鎮、薄小瑩譯，江蘇人民出版
　　社，2005年，第30頁）。隨後，努爾哈赤趁明鮮聯軍抽調遼東共同抗倭和明鮮關防疲敝之
　　機，聯姻葉赫，陸續消滅了扈倫四部中的哈達、輝發、烏拉，又聯合蒙古，實力大增。倭
　　亂期間，探聽建州女真情形的朝鮮大臣申忠一已感到努爾哈赤的重大威脅（申忠一，《建州
　　見聞録》，林基中編《燕行録全集》第8册，東國大學校出版社，2001年）。宣祖看到申
　　忠一的書啓後非常憂慮，“老乙可赤（努爾哈赤）之勢，極爲非常，終必有大可憂者……
　　今天下南北，有此大賊，此天地間氣化之一變者。我國介於其間，腹背受敵，所謂又疥且
　　痔，豈不寒心”，“自古胡虜祇逐水草而居，今老酋多設鎮堡、城池，器械無不備造，而蒙
　　古三衛亦皆歸順雲，其漸不可説也”（《朝鮮宣祖實録》卷七一，“二十九年（1596）正月
　　丁酉”“二十九年（1596）二月己亥”條）。終必有大可光海君即位當年，朝鮮陳奏使李德
　　馨、黄慎報告説：“臣在北京時聽中朝物議，則以奴酋爲憂……臣見東征時來此路，人間之
　　則皆以爲：此賊憂在遼、廣，其次在貴國。”（《光海君日記》卷十一，“即位年十二月辛未”
　　條）光海君二年（1610），朝鮮大臣説起朝鮮西北六鎮空虚，邊防鬆弛，不無憂慮地提醒光
　　海君：“老賊（努爾哈赤）形勢熾大，深可爲憂。”（《光海君日記》卷三五，“二年（1610）
　　十一月己未”條）
[4]　《明神宗實録》卷五一二，“萬曆四十一年（1613）九月乙亥”條。

繼光《紀效新書》及明軍浙江兵法改造朝鮮軍隊，[1]提升朝鮮軍隊的戰鬥力。在對外關係上，"審時度勢，採取多方交好的外交政策"，[2]更加講求務實。一方面，他在即位次年便與德川幕府簽訂《乙酉約條》，恢復了因壬辰倭亂而破壞的朝日交鄰關係，派遣通信使重修國交；另一方面，他認爲"事大則日新恪謹，待夷則務盡其權，可以保安社稷"，[3]即對明朝仍守臣藩本分，對女真則盡量羈縻籠絡，纔是保國之道，所以朝鮮在光海君時期一直沒有遭受外敵入侵。另外，因日軍對朝鮮書籍的毀壞和劫掠，朝鮮書籍和文化事業受到空前的摧殘，倭亂後，宣祖便下令廣泛編纂、印刷、購買書籍。光海君即位後，繼承了其父的書籍政策，重建史庫，更加積極主動地鼓勵書籍的生產、整理和貿易。其中，在東亞醫學史上具有較高地位的《東醫寶鑒》就是此時基於倭亂後瘟疫流行的情勢而編纂出來，并流傳到日本和中國的。光海君曾下令："《春秋四傳》《通鑒纂要》《玉海》、李選注《文選》各一件，奏請之行，并以官本，極擇貿來。"[4]在如此積極的書籍政策下，朝鮮燕行使便想方設法大力購買中國書籍。然而，令光海君沒有想到的是，中國書籍的相關記錄直接威脅着他的正統性，導致了一場聲勢浩大的辯誣活動。

## 二　十一種書籍和三種指責

長久以來，朝鮮燕行使入華之後的一個重要任務便是訪求中國書籍，尤其是倭亂之後，宣祖和光海君推行的積極的書籍政策更加刺激着燕行使對中國書籍的搜訪和購買。1614 年（萬曆四十二年，光海君六年）十月，朝鮮奏請使朴弘耇在北京購書之時偶然發現《吾學編》《弇山堂別集》《經世實用編》《續文獻通考》四種書內延續了以往李成桂的宗系錯誤和弒殺四

---

[1]　李基白，《韓國史新論》，厲帆譯，國際文化出版公司，1994 年，第 223 頁。
[2]　尹鉉哲、劉吉國，《試論光海君的世子身份問題與即位初期的政策》，《延邊大學學報（社會科學版）》，2012 年第 1 期。
[3]　《光海君日記》卷一四三，"十一年（1619）八月壬戌"條。
[4]　《光海君日記》卷七三，"五年（1613）十二月丙戌"條。

王的記載，"委與皇朝《會典》所錄乖錯殊甚，而又以不近情理之説横誣先王"，[1]朴弘耇一行人感到驚愕痛悶，遂請求禮部衙門將各書訛謬刪改，但禮部要求使臣歸報國王，撰寫正式奏文呈來方可處理。光海君接到朴弘耇的馳報後，馬上派遣進賀、千秋使許筠赴京購買相關書籍，書狀官金中清隨往。

光海君專門派遣許筠去購買這些書籍是有原因的。許筠（1569—1618），字端甫，號蛟山、惺所、惺叟、惺翁、白月居士等，出身名門，家學、師傳皆有淵源：其父乃著名學者徐敬德（號花潭）的高足即道學之宗許曄（號草堂），爲東人領袖，曾在宣祖元年（1568）擔任進賀使副使赴京朝貢。其師乃時稱"三唐詩人"的李達（號蓀谷），他懷才不遇的顛沛人生對許筠影響甚大。其兄姊分別爲許筬（號岳麓）、許篈（號荷谷）、許楚姬（號蘭雪軒），亦以詩文名動海内外。[2]許筬曾在宣祖二十三年（1590）擔任通信使出使日本，探察豐臣秀吉的侵朝野心；許篈也於宣祖七年（1574）擔任聖節使書狀官赴京朝貢，[3]曾數次見到萬曆皇帝并聆聽玉音，[4]其生平詩文被許筠整理爲《荷谷集》；許楚姬的詩文集也經許筠編爲《蘭雪軒集》。許筠使華期間一邊攜帶其仲兄《荷谷集》中的《荷谷朝天記》作爲行路指南，一邊將其姐《蘭雪軒集》作爲禮物贈送給遼燕士人。[5]可以説，許氏一家在東亞三國之中都有很高的知名度，堪稱當時東亞秩序和朝貢體系中的名門望族，明使朱之蕃曾稱讚，"東藩之冠紳士，雅相周旋，最其中

---

[1]　《光海君日記》卷九四，"七年（1615）閏八月壬子"條。

[2]　當時明朝使臣吳明濟在其編纂的《朝鮮詩選》中稱讚許氏兄弟姐妹："許氏伯仲三人，曰筬、曰篈、曰筠，以文鳴東海間。篈、筠皆舉狀元，筠尤敏甚，一覽不忘，能誦東詩數百篇，於是濟所積日富，復得其妹氏詩二百篇。"（祁慶富校注，《朝鮮詩選校注》，遼寧民族出版社，1999年，第238頁）對此，錢謙益所編《列朝詩集》收錄了包括鄭夢周、李穡、李崇仁、鄭道傳、徐居正、申叔舟、金宗直、許篈、許筠、許景樊（蘭雪軒）、李蓀谷等在内的朝鮮詩人共43人，尤其對許氏兄妹大加褒賞，所收許蘭雪軒詩的數量在朝鮮詩人中最多，其中對許蘭雪軒的評價，主要爲柳如是所寫，先揚後抑（錢謙益，《列朝詩集小傳》，上海古籍出版社，1983年，第810、813頁）。

[3]　許篈，《荷谷朝天記》，林基中編《燕行錄全集》第7册，東國大學校出版社，2001年。

[4]　劉順利編著，《中國與朝韓五千年交流年曆——以黄帝曆、檀君曆爲參照》，學苑出版社，2011年，第449頁。

[5]　金中清，《朝天錄》，林基中編《燕行錄全集》第11册，東國大學校出版社，2001年，第446、465、481、542頁。

許氏一門，尤擅其長"。[1] 所以，名師碩儒的引導，"與眾不同的家庭背景和嫻於文章的家世傳統，以及頻繁來往於東亞三國之間的父兄的經驗"[2]使許筠很早就聰明絕世，才氣驚人，更對作爲文化母國的明朝充滿了強烈的好奇和崇慕。

正因周旋應對的家傳和博學多識的才華，李廷龜對其外交才華大加稱讚："海運判官許筠，非徒能詩，性且聰敏，多識典故及中朝事。"[3]由此，許筠曾三次作爲朝鮮遠接使的從事官迎接明朝使臣，[4]又曾三次渡江赴京朝貢，這使他能有更多的機會結交明朝文士賢達，探聽明朝文壇動向和書籍信息，也更便於在華訪求中國書籍。許筠對中國書籍充滿了強烈渴求，因其視野廣闊，不僅訪求儒家傳統經史典籍，還對小説、戲曲、文集甚至西學書籍情有獨鍾，可謂"韓國思想史上最早接受西學并把西學傳播到韓國"之人。[5]他收集中國書籍的途徑主要有三：一是作爲朝鮮遠接使在接待明使的過程中與明朝文士相互交流時，二是赴京朝貢時，三是通過譯官和漂流人。[6]許筠傑出的外交才華和對中國書籍的熟悉，更重要的是，他乃擁戴光海君的大北派中的重要成員，深受光海君的政治信任，所以光海君纔將此次訪書任務交由他。

此年（1614），許筠赴京後，大量收購中國書籍，斥資購買書籍達上千

［1］　許筠，《惺所覆瓿稿》序，民族文化推進會編《影印標點韓國文集叢刊》第 74 册，民族文化推進會，1991 年，第 103 頁。

［2］　崔溶澈，《朝鮮中期文人許筠的中國體驗和詩文集編撰》，復旦大學文史研究院編《從周邊看中國》，中華書局，2009 年，第 347 頁。

［3］　《朝鮮宣祖實錄》卷一四三，"三十四年（1601）十一月辛亥"條。

［4］　許筠第一次接待明使是在萬曆三十年（1602，宣祖三十五年），當時擔任遠接使李廷龜的從事官迎接明朝翰林侍講顧天埈。參見許筠，《西行紀》，《惺所覆瓿稿》卷十八，民族文化推進會編《影印標點韓國文集叢刊》第 74 册，民族文化推進會，1991 年，第 287—289 頁。第二次是在萬曆三十四年（1606，宣祖三十九年）擔任遠接使柳根的從事官前往義州迎接向朝鮮宣布明神宗皇長孫朱由校（明熹宗天啟帝）誕生消息的明使翰林修撰朱之蕃及刑科都給事梁有年，許筠在此次接待明使的過程中因出色表現而聲名大震。參見許筠，《丙午紀行》，《惺所覆瓿稿》卷十八，第 289—293 頁。第三次是萬曆三十七年（1609，光海君元年），他作爲遠接使李尚毅的從事官接待明使熊化、劉用，并從明使那裏得知明朝政壇、文壇動向及印度、安南等國資訊。參見許筠，《己酉西行録》，林基中編《燕行録全集》第 13 册，東國大學校出版社，2001 年。

［5］　金寬雄、金晶銀，《韓國古代漢文小説史略》，北京大學出版社，2011 年，第 149 頁。

［6］　郭美善，《許筠與明代文人的書籍交流考論》，《延邊大學學報（社會科學版）》，2008 年第 2 期。

卷，其中涉及光海君委派任務的書籍共十一種，主要涉及三個方面的内容：一是太祖李成桂的宗系及建國問題，二是宣祖的交倭問題，三爲光海君的即位問題。對此，朝鮮在後來的辯誣奏文中一一指出這些書籍中的相關記載。

首先是太祖李成桂的宗系及建國問題：

第一是故刑部尚書鄭曉所著《吾學編》中《四夷考》曰："東北朝鮮即高麗。其李仁任及子李成桂今名李旦者，自洪武六年至二十八年，首尾凡弒四王，姑待之。"又曰："國王李仁任劫囚禑，而立其子昌，是年仁任子李成桂廢昌而立定昌國院君王瑤，二十五年，囚瑤及奭於其私第，自主國事。"

第二是故工部尚書雷禮所編《皇明大政記》曰："高麗李成桂幽其主瑤而自立。"

第三是原任按察僉事王圻所著《續文獻通考》中《四裔考》曰："李仁任劫囚禑而立其子昌，是年，李仁任子李成桂廢昌而立瑤，主國事。"又曰："蓋李成桂非李仁任之子，乃李仁任黨也，首尾凡弒王氏四王。"

第四是原任按察僉事馮應京所纂《經世實用編》中《朝鮮條》曰："李仁任及子李成桂今名李旦者，首尾凡弒王氏四王，姑待之。"

第五是原任吏部主事饒伸所輯《學海危言》曰："朝鮮，箕子之遺也。以臣弒君，僅見於蓋、李，此唐太宗、高皇帝所以惡之者也。"又曰："趙盾、許止之弒，《春秋》一書，後世千言莫贖也，豈特孝子、慈孫不能改哉？而李氏之後，欲爲先世雪冤難矣。"又論曰："始李成桂立，高皇帝雖置不問，然心惡其纂。而傳者復以李成桂爲李仁任子。"

第六是故刑部尚書王世貞所纂《弇山堂別集》中《史乘考誤》曰："王顓之弒，固由李仁任，而王禑及昌、瑤之廢與纂國，實李成桂也。後雖稱李成桂非李仁任子，考之前史，實其黨也。當是時黎賊之弒君，既朝貢見絶而永樂中，遂至用兵，父子駢首就執，雖叛逆之臣，亦有幸不幸矣。"

第七是故刑部尚書黃光升所著《昭代典則》曰："高麗幽其主禑，立禑子昌，復廢其主昌，立王瑤，李成桂幽其主瑤而自立。"

第八是故都督僉事萬表所錄《玠集》曰："李仁任及子成桂，凡弒王禑、王昌、王瑤、王奭四王而自立。"

　　第九是故吏部尚書李默所纂《孤樹裒談》曰："李仁任及子成桂，凡弑王禑、王昌、王瑤、王奭四主而自立。"[1]

　　由此觀之，以上諸書的描述大致不出《皇明祖訓》的敘述範圍。雖然朝鮮針對《皇明祖訓》和《大明會典》的宗系辯誣在宣祖初年就圓滿結束，明朝也已頒發刊改的《大明會典》，但仍有不少私人著述延續了《皇明祖訓》的記載。且值得注意的是，王圻所著《續文獻通考》和王世貞所纂《弇山堂別集》認定李成桂雖然不是李仁任之子，但也應是其同黨，這樣一種書寫又將李成桂的問題變得更加撲朔迷離。雖然這些書都是私人著作，然作者皆是明朝的重臣大員或文章大家，不啻體現出明朝的官方態度，若流傳出去，肯定對中外士人影響其大，所以在朝鮮君臣看來，諸書"或係奉敕撰成，或爲諸司掌故，而館閣諸儒，是焉取閱考證，實與正史無異。凡在我國，無論士庶，稍稟知覺者，孰不驚聽而竦神，切齒而腐心乎？然則其可諉之於一部《會典》之修補，而却以如許諸書記誤爲閑漫文字乎？"。[2]

　　其次是宣祖的交倭問題：

　　第一是御史王圻《續文獻通考》中《論倭事》一款有曰："按釜山地方去日本對馬島，僅一日程，相傳'舊屬日本，爲大海限隔，棄於朝鮮'。先是，日本以歲侵，借朝鮮谷萬斛，朝鮮令人往索，日本乃以釜山地爲言。朝鮮使者曰：'我鴨綠江北有朝鮮地，因三道江阻絶，久爲大唐所有。如能助我復此地，則釜山亦可歸也。'日本人以爲然，朝鮮王昖及其臣，方娛情詩酒，了不介意。"

　　第二是按察僉事馮應京《經世實用編》中《海防諸說》曰："對馬一島，猘於天順年間，輕割以資山城君出亡之弟，周以粟帛，致爲歲例。"又曰："李昖結款之請，情涉齮齕。"又曰："鮮之君，業以敗度招侮。"[3]

———

[1]《光海君日記》卷九四，"七年（1615）閏八月壬子"條。
[2]《光海君日記》卷一〇三，"八年（1616）五月丙戌"條。
[3]《光海君日記》卷九四，"七年（1615）閏八月壬子"條。

此兩書亦爲明朝頗有名望的大臣所著，主要説明朝鮮勾結倭寇的幾件事迹：
一爲對馬島的問題，兩國在領土問題上曖昧不明，二爲朝鮮借倭寇之力侵略
遼東土地，三爲朝鮮國王李昖（宣祖）昏庸不明，導致日本入侵，實屬罪有
應得。這些記載無疑與“丁酉再亂”時丁應泰借《海東諸國紀》彈劾朝鮮勾
結日本的説辭如出一轍，[1]由此可見朝鮮與日本的關係并非朝鮮李廷龜辯誣
奏文中所體現出的那麼義正詞嚴，正所謂“無風不起浪”。姑且不論這些記
載是否客觀真實，但兩書的這些記載流傳開來，定會對明朝和朝鮮都造成消
極影響。首先，雖然萬曆朝鮮之役已過去近二十年了，但明朝并不認爲倭寇
對東南沿海的騷擾已經停止，此時又正處於明朝和朝鮮共同抵抗努爾哈赤的
關鍵時刻，且光海君對明朝和女真採取“兩端外交”，各不得罪，若明朝深
信這些記載，不可能不會聯想到朝鮮與女真是否勾結，由此便會造成兩國之
間的猜疑和隔閡。其次，當年豐臣秀吉的七年侵略已對朝鮮造成巨大的傷害
和損失，而宣祖和兩班階層并未組織有效的抵抗，反而一逃再逃，已令朝鮮
人民失望痛心，兩書雖爲個人著述，但皆出自天朝名家，必在朝鮮士人之中
廣泛流傳，若國人深信這些記載，亦會對宣祖的所作所爲産生強烈的憤慨。
但無論是明朝的懷疑，還是朝鮮人民的憤慨，兩書中勾結日本的罪名最終衹
會共同指向光海君的合法性。

　　再次是光海君的即位問題。此問題主要涉及許筠在北京發現的寫本《林
居漫録》。[2]《林居漫録》乃明朝萬曆年間吳縣人伍袁萃所撰。伍袁萃，又
名寧方，字聖起，號榕庵，曾任兵部主事，進員外郎，署職方事，[3]對萬曆
後期遼東、朝鮮戰事較爲熟悉，最後官至廣東海北道副使。《林居漫録》乃
其在粵退休期間所著，有前集、後集、別集、多集、畸集，[4]“所載多朝野故
實，往往引明初之事以證明季弊政，而詞氣過激，嫌於已甚”，且“至臚載

[1]　黃修志，《萬曆朝鮮之役後期的中朝黨争與外交》，復旦大學韓國研究中心編《韓國研究論
　　　叢》第 25 輯，社會科學文獻出版社，2013 年。
[2]　此外還涉及《鴻書》，朝鮮奏文中并未點明此書。但光海君在接見許筠時曾説：“劉氏《鴻
　　　書》，何鴻字？何書耶？其書期於必得。如不可得，《林居漫録》覓來可也。”（《光海君日
　　　記》卷九四，“七年（1615）閏八月壬子”條）由此可見，《鴻書》應與《林居漫録》皆涉
　　　及光海君即位問題。
[3]　張廷玉等，《伍袁萃傳》，《明史》卷二二三，中華書局，1974 年，第 5885—5886 頁。
[4]　沈德符，《林居漫録》，《萬曆野獲編》卷二五，中華書局，1959 年，第 631—632 頁。

閭巷瑣事，多參以因果之説，尤失於龐雜矣"。[1]除《林居漫録》外，伍袁萃還著有《彈園雜誌》《續眉山論》諸書。[2]

許筠所購《林居漫録》中有對光海君即位前後原委的記載，"言光海傳授不明事，其辭極巧慘"[3]"言王奸兄位次，嗣位不正"[4]"有大段可駭之説"，[5]將光海君即位定位爲"爭立"。此事傳到朝鮮後，若干大臣曾表達對《林居漫録》的憤慨："恭惟聖上承先王付托之命，奉天子監撫之敕，正位貳極，嗣臨大寶，億兆謳歌，遠邇愛戴，此實東征將士之所目睹，海内之所傳播。而伍袁萃因何所見，敢於《林居漫録》中乃有'爭立'之語？所謂爭者，乃勢均力敵，名位相較之稱也。此而不辨，則不幾於置逆珒之窺覦，登叛人之黨者乎？"[6]如果説其他衆多書籍涉及的宗系問題、交倭問題是對光海君正統性的間接威脅，那麼《林居漫録》中對光海君即位不正的指責無疑是直接的威脅，道破了光海君在即位後的一系列暴行。

中國書籍對朝鮮的指責主要分三種類型：李成桂的宗系及建國問題、宣祖的朝鮮交倭問題、光海君的即位不正問題。而許筠所購書籍中的記載將三種指責全部囊括在内，這在朝鮮的"史册辯誣"歷史中是空前絕後的，對光海君的合法性構成了巨大挑戰。首先，李成桂的宗系及建國問題從源頭和根本上否定了朝鮮王權譜系的合法性；其次，宣祖的交倭問題則從宗藩關係上揭露了朝鮮不忠天朝，結交夷狄的逆行；最後，也是最重要的，爭立問題將光海君的暴行展露無遺，在現實中直接威脅到其王權的合法性。

許筠搜集到這些書籍後，在玉河館内與朝鮮進香使閔馨男、陳慰使呂佑吉、聖節使鄭弘翼共同商議向禮部呈文辯誣之事，於是四位正使決定聯合

[1]　《四庫全書總目》卷一四三《子部五十三　小説家類存目一》，中華書局，1965年，第1222頁。今存《林居漫録》乃南京圖書館藏萬曆刻本，書首乃伍袁萃自序，序尾曰："萬曆丁未季夏松菊主人伍袁萃書。"可見此書最遲成於萬曆三十五年（1607，宣祖四十年），見《續修四庫全書》子部第1172册，上海古籍出版社，2002年。
[2]　王士禎撰，勒斯仁點校，《伍寧方著書》，《池北偶談》卷八，中華書局，1982年，第189—190頁。
[3]　《光海君日記》卷八三，"六年（1614）十月己丑"條。
[4]　《光海君日記》卷九四，"七年（1615）閏八月壬子"條。
[5]　金中清，《陳〈林居漫録〉事顚末疏》，《苟全先生文集》卷四，民族文化推進會編《影印標點韓國文集叢刊續》第13册，民族文化推進會，1991年，第160頁。
[6]　《光海君日記》卷一〇三，"八年（1616）五月丙戌"條。

辯誣，由許筠廣稽諸書，撰寫辯誣奏文。當時的明廷，太子廢學已久，神宗久不上朝，群臣爭鬥不已，吳道南屢召不起，葉向高力辭求去，衹有方從哲一人，但黨爭日甚一日，舉朝爭相辭職，事無大小，未免淹滯，大臣上疏亦稱，宦官橫恣無忌，士人爭尚文飾，朝廷大權漸弛，天下大亂將起。[1]朝鮮使臣對明朝的末世景象憂心忡忡。瞭解到内閣中衹有方從哲一人在主事，四位正使便一起前往西長安門面見當時的閣老方從哲，使之瞭解此番辯誣的具體情况。[2]但最後禮部仍然説，必須由國王呈上正式奏文方可進行處理。於是，許筠、閔馨男等人載着八馱書籍離開了北京。[3]

## 三　朝鮮之辯誣與明朝之反應

許筠在京期間，邊搜集相關書籍，邊派人向朝鮮馳報購書及辯誣情况。承政院接到許筠的書狀後向光海君報告：“今見千秋使許筠書狀，狀内之事，極爲痛駭。所當秘密馳啓，而以口不可道之語，公然書達，其疏漏不密甚矣。”[4]承政院一方面認爲許筠所報告之事令人痛駭，另一方面批評許筠將這些隱諱之事公然傳送，考慮不周，“啓達之前，徑先呈文，摘抉幽隱，惹人視聽，其中處事，未免顛遽”，[5]可見許筠對相關書籍内容的報告定是刺痛了朝鮮的傷疤。承政院對許筠的批評也是其功能職責使然，因爲承政院“職掌出納，所係匪輕，大小人員，一應私事，毋得啓之”[6]“密邇宸嚴，爲百司所關由之地，體面尊重，迥别他司。故雖崇品宰臣，莫不請推，蓋不如是，無以號令諸司也”。[7]承政院作爲國家重要的秘書機關和情報機關，必須嚴密

[1]　金中清，《朝天録》，林基中編《燕行録全集》第11册，東國大學校出版社，2001年，第490—491頁。

[2]　金中清，《朝天録》，林基中編《燕行録全集》第11册，東國大學校出版社，2001年，第518—522頁。

[3]　金中清，《朝天録》，林基中編《燕行録全集》第11册，東國大學校出版社，2001年，第557頁。

[4]　《光海君日記》卷八三，“六年（1614）十月丁亥”條。

[5]　《光海君日記》卷八三，“六年（1614）十月己丑”條。

[6]　《朝鮮端宗實録》卷一，“即位（1452）五月庚戌”條。

[7]　《光海君日記》卷八七，“七年（1615）二月丙戌”條。

監管重要情報的傳達，也須總攬群臣建議，向國王提供政策諮詢。

隨即，針對許筠所貿書籍中的指責，承政院一邊安慰光海君："宗系改正，昭揭於《會典》，壬辰辯誣，快雪於中國，明辨洞釋，皎若白日。諸家文集、不經小説，雖未盡滅，豈必取信？"但也一邊建議："閣部推諉，使之陳情，在我之道，不容少緩。但如此重事，使臣未來，遽即陳訴，事屬未便，姑待使臣出來，酌議停當，從容陳奏事。"[1]承政院認爲必須等待許筠使團回國後向光海君細細報告個中情由，朝鮮方可精心準備，從容陳奏。

次年（1615）一月，許筠回到朝鮮，向光海君陸續進獻了自己所購相關書籍，光海君重點指示許筠進呈《學海危言》《林居漫録》。[2]光海君翻閱完諸種書籍後，下令賞賜許筠一行人員：

> 上年千秋使許筠，非但多貿書册，至於辨誣事，多般聞見馳啓，且世宗皇帝御製箴、御筆購印以來，此真寶墨也，加資。書狀官金中清，亦不無周旋相議之事，升敍堂上。譯官宋業男加資。[3]

光海君面對諸多書籍中的諸多指責，決意正式向明朝陳奏，遣使辯誣。因爲李廷龜曾在丁酉再亂期間針對《海東諸國紀》辯誣時有過出色表現，所以光海君屬意李廷龜擔當此次辯誣的重任。然而，此時李廷龜正陷入政敵的彈劾之中，"台論甚峻"，政敵認爲他不能擔當此任。他上疏光海君説明自身所處情勢，又説病廢多時，全抛文墨，由此，他再次推薦"文華才敏"的許筠擔當此任，連續上疏三次後，光海君同意了李廷龜的辭任和推薦。[4]正值挑選辯誣使臣之時，光海君又面臨來自國內的一場斥責，星州士人李昌禄寫詩揭露光海君的暴行：

> 春秋風雨，楚漢乾坤。干戈爲事，殺人爲法。

[1]《光海君日記》卷八三，"六年（1614）十月己丑"條。
[2]《光海君日記》卷八七，"七年（1615）二月辛巳"條。
[3]《光海君日記》卷九一，"七年（1615）六月庚辰"條。
[4]《光海君日記》卷九二，"七年（1615）七月癸酉"條。

衣帛食肉，心不足耶。奸黨滿朝，國家難保。

君子何歸，小人揚揚。弑兄殺弟，嗚呼異哉。

人之無良，我以爲君……[1]

李昌禄指出光海君弑兄殺弟、扶植奸黨，已令國家陷入類似春秋、楚漢之時的混亂局面，可見在不少朝鮮士人看來，光海君肆虐宮廷，毀壞人倫，實屬亂君。光海君聞知後，下令將其拿捕處死。由此觀之，光海君的正統性正面臨嚴重的内外危機，他必須着手解決這一系列難題。

當年（1615）閏八月，光海君趁向明朝慶賀冬至節之機，任命閔馨男爲冬至兼陳奏使、許筠爲副使，并在宣政殿接見了兩人。光海君囑托兩人對於此番陳奏辯誣務必盡心爲之，并表示對兩人寄予厚望，接着問起相關書籍的具體情況：

王曰："王世貞所述，何册耶？"許筠曰："《南弇山集》也。"王曰："此集，中朝盛行耶？"閔馨男曰："王世貞，文章大家也，家家皆有之矣。"王曰："王世貞文集，可以刊改耶？"許筠曰："禮部之竣請與否，未可必也。"閔馨男曰："竣請之事，事在中朝，未可從心所爲也。"王曰："四件書覓來。"許筠曰："《林居漫録》則小臣赴京時與金中清觀之，非刊本也。大臣之意，非刊本，故不欲刊改矣。非小臣所可專爲也，未知何以爲之也。"閔馨男曰："其書中事，臣未嘗見之，問聞其曲折。臣子之心，豈可一刻安心，以緩其奉命之意乎？"王曰："劉氏《鴻書》，何鴻字，何書耶？其書期於必得。如不可得，《林居漫録》覓來可也。"[2]

對光海君来说，宗系、交倭辯誣在其父在位期間就已辯誣昭雪，所以他重點關注的是危害自身正統的《林居漫録》和《鴻書》，指示許筠盡量覓得兩書刊本。眼見使臣即將出發，正使閔馨男提醒光海君："人情當給，而行期已

---

[1] 《光海君日記》卷九三，"七年（1615）八月戊子"條。
[2] 《光海君日記》卷九四，"七年（1615）閏八月壬子"條。

迫，節日又近，當倍道而行，中路不可待此而留之。"[1]此次辯誣關涉種類繁多，必須有充足的禮物和銀子方可便於周旋，"今此臣等之行，所幹之事甚重，諸衙門需索，必倍於他節行"。[2]爲此，光海君給予使團一萬數千兩作爲辯誣費用，又賜白扇、油扇、花席、畫硯、油苞、呈文紙等作爲贈給明朝官員的禮物。在使臣出發前，朝鮮細細推敲了辯誣奏文，對明朝書籍中的三種指責進行了辯白。

首先，光海君針對《吾學編》《皇明大政記》《續文獻通考》《經世實用編》等書中所言太祖李成桂的宗系及建國問題進行駁斥。光海君區分了李成桂和李仁任的不同宗系，指出當時李成桂從威化島回軍的原委，連弑諸王的流言乃李成桂的政敵逃往中國後故意散布流播的。接着光海君又重點駁斥鄭曉、王世貞等人所言李成桂雖非李仁任之子却乃其黨的言論，認爲此乃承訛襲謬，郢書燕説。光海君指出，李仁任當時"陰懷異志，密附北元"，殺害明使，謀犯遼東，他與李成桂之作爲，"逆順之心迹，不啻若水火之相反，則其果誣以爲黨乎？";[3]而且，明太祖和明成祖兩位皇帝已經對李成桂建國的合法性給予了承認，"今者舍二聖之垂範，襲傳疑之瞽説，饒伸則比之於蓋蘇文，却稱高皇帝之深惡云，至引趙盾、許止之事，牽合傅會以爲難於雪冤也。此不亦厚誣之甚乎？"。[4]隨後，光海君述説了朝鮮自洪武二十七年（1394）開始上奏辯誣至萬曆十七年（1589）得到明朝頒賜刊改《大明會典》近二百年針對宗系問題展開的辯誣史，認爲鄭曉、王世貞等諸人所説"廢皇家之實録，通道路之浪傳"，實屬朝鮮之冤。

其次，光海君針對王圻《續文獻通考》、馮應京《經世實用編》兩書中所言宣祖交倭問題進行辯白，花大量筆墨在辯誣奏文中痛斥兩書之誣陷，爲其父宣祖申辯：

> 曾以馮應京、王圻之博雅，著述詔後之書，有此誇誕不祥之失歟？

---

[1]《光海君日記》卷九四，"七年（1615）閏八月壬子"條。
[2]《光海君日記》卷九四，"七年（1615）閏八月甲寅"條。
[3]《光海君日記》卷九四，"七年（1615）閏八月壬子"條。
[4]《光海君日記》卷九四，"七年（1615）閏八月壬子"條。

賊酋秀吉簒君稔惡，吞并海中諸島，益肆兇狠，遺使致書小邦，要以假道，辭極悖逆。臣之先父王，痛心切骨，拒以大義，斥絕其使，馳奏天朝。所謂朝鮮使者云云者，未知簒書者按何書而肆筆成文耶？且其書所録既曰“約以助我復地”云，此則固斥小邦，以媚賊同謀。而旋曰：“朝鮮君臣，娛情詩酒，了不介意。”此則又若責其無意備御者然。且曰：“秀吉遺將兵至朝鮮，未及至京，而國王遁走，一國爲墟。”如使賊酋本無動兵入寇之心，而因小邦之要請復地，果始遺兵云，則何以曰：“倭未至京，國王遁走乎？”一紙之中，前後敘事，矛盾如此，不幾於顚錯妄誕之歸乎？自古及今，寧有媚賊引入，先自顚覆，爭地於君父之地耶？聖明赫臨，明見萬里，朝廷諸老，算無遺策。苟或以小邦爲賊助應者，則緣何前後東征，調發纍萬軍兵，糜費巨萬錢糧，用援引賊，犯上之屬國？而小邦緣何艱關拮据，殫竭七年之征繕，終始死戰於自招之倭哉？先父王受命守藩四十二年，懼不克負荷，以忝祖先，勵精典學，銳意圖治，游畋宴戲之娛，聲色服御之玩，不經於心。而卒遇滔天之巨猾，一朝播越，旬月之間，舉國淪陷，幸賴聖上拯濟之洪恩，僅乃逐之。此豈臣之先父王娛情詩酒，了不介意，恬嬉忘備，自取其殘破耶……伏念小邦之仰天朝，若依慈父，天朝之視小邦，無異赤子……先父王之效忠秉義一節、没齒愛君徇國之志，匪特無愧於今時，亦將有辭於後世。乃以謂啓扃揖盜，哄脅君上，以爲齮齕之地耶？死者有知，則臣之先父王忠魂毅魄，亦必號痛於泉壤之下矣。[1]

光海君在辯誣奏文中强調朝鮮的忠義，怒罵日本的奸猾，感恩明朝的援助，稱讚其父的勤勉，但實際上，在朝鮮抗倭戰爭中，光海君比宣祖發揮了更爲實質性的作用。所以，光海君對宣祖的稱讚便是對自身在抗倭戰爭中功勞的强調，其最終目的在於論證自身的正統地位。光海君回顧了當年丁應泰亦曾借《海東諸國紀》彈劾朝鮮勾結倭寇，最後明神宗下旨昭雪這一事實，駁斥

---

[1]《光海君日記》卷九四，“七年（1615）閏八月壬子”條。

《續文獻通考》和《經世實用編》"實欲傳世不朽而必不架空做虛，無乃應泰之一綫邪論，熒惑於其間而爲信筆之疵纇乎？"。[1]

光海君認爲明朝書籍所指責的太祖宗系問題、宣祖交倭問題涉及朝鮮倫理忠義的問題，直接將自稱"小中華"的朝鮮置於禽獸夷狄的地位："臣聞父子之倫、君臣之義，乃天地之常經，苟或紊亂而斁絶，則卒歸禽獸之域而將無以自立於覆戴之間矣。今也臣之祖系，則有橫誣之辱，臣之先父，則有構捏之冤，父子之倫紀、君臣之分義，幾乎淪喪。"[2]所以，光海君請求大明天子：

> 敢望聖慈俯察微臣懇訴，上體列聖明旨，仍憐臣父受誣至此，特下該部，商確裁處，如彼等書，一一刊正，俾無錯誤。或難刊正，將臣此奏，備行通諭天下，使中外瞻聆，曉然若家到而户說，發袪蒙蔽，終始淵滌。仍令史館，特書記録之中，快辨真贋，使私述之書，不得混擾於國史。[3]

另外，針對《林居漫録》所涉及的光海君即位不正問題，光海君不便於在奏文中爲自己辯護，遂令議政府臣僚撰寫呈文，由許筠在北京時自行申辯。[4]

辯誣奏文撰寫完畢，許筠一行人前往慕華館查對完文書後，馬上啓程前往北京。三個月後，許筠等人抵京，馬上將正式辯誣奏文呈給禮部各衙門，反復申辯，又以議政府的名義將《林居漫録》所涉光海君即位不正問題寫成呈文呈給禮部辨正。因爲在朝鮮對明清的外交文書中，若國王及其政府部門不便向明清禮部呈交外交文書，使臣可以陪臣名義向禮部呈送文書，此類文書便爲呈文，是朝鮮使臣在北京期間因爲臨時的外交事務需要交涉時纔呈送的一種外交文書。[5]許筠又趁此次出使之機廣泛搜集書籍，他接連賦詩曰：

---

[1]《光海君日記》卷九四，"七年（1615）閏八月壬子"條。
[2]《光海君日記》卷九四，"七年（1615）閏八月壬子"條。
[3]《光海君日記》卷九四，"七年（1615）閏八月壬子"條。
[4]《光海君日記》卷九四，"七年（1615）閏八月壬子"條。
[5] 李善洪，《朝鮮對明清外交文書研究》，吉林人民出版社，2009年，第123頁。《通文館誌》云："非衙門則用呈，稱呈稟，其回文通用札付。"參見《事大》，《通文館誌》卷三，首爾大學校奎章閣韓國學研究院，2006年，第122頁。

三度朝天鬢已疏，貂裘弊盡食無魚。

家人莫謫囊羞澀，添得山房幾萬書。

無才無學竊虛名，豈有微老裨世程。

祗洗厚誣明祖德，此身纔得免虛生。

……

連歲赴朝雖太苦，祗輸多得古人書。

傾囊罄篋人休笑，端欲將身作蠹魚。

家山兵後無墳籍，欲得人間未見書。

到此購藏幾萬卷，不妨燈下辨蠹魚。[1]

詩中流露出許筠對辯誣之執着及對購書之狂熱，也體現出許筠對購書孜孜以求的原因，“家山兵後無墳籍，欲得人間未見書”：一是由於壬辰倭亂對朝鮮典籍的破壞，二是晚明時期大量不同於程朱理學的詩文集、小說戲曲、小品文等新書涌現。此次在京期間，他又陸續購得李贄《焚書》、袁宏道書籍、《劍俠傳》《無雙傳》等。許筠每次赴京都大量購入通俗小說和文言小說，[2]正是這些小說成爲他日後創作《洪吉童傳》《南宮先生傳》《蓀谷山人傳》等傳記體小說及《鶴山樵談》《閑情錄》等筆記小說的文獻來源和思想源泉。正是閱讀了這些衆多著名書籍，許筠創造了自身獨特的文學世界。[3]

　　許筠一行人呈上辯誣奏文後，禮部認爲朝鮮的辯誣表明其本身崇尚禮義，講求彝倫，事大恭順，遂在題本上提出關於宗系和交倭問題的建議：

其辨祖系也，恥作逆黨之後，其辨王氏爲洪倫等所弒也，羞被簒

---

[1]　許筠，《乙丙朝天録》，林基中編《燕行録全集》第7冊，東國大學校出版社，2001年，第394—401頁。按，林編《燕行録全集》第7冊所收許筠《朝天録》有誤，此乃許筠《乙丙朝天録》與許筠《荷谷朝天記》的混合本，對此問題，學者左江已經辨明。參見左江，《〈燕行録全集〉考訂》，張伯偉編《域外漢籍研究集刊》第4輯，中華書局，2008年。

[2]　漆瑗、陳大康，《許筠與中國明代小說》，《明清小說研究》，1995年第4期。

[3]　朴現圭，《『乙丙朝天録』에 드러난 許筠의 모습과 작품 세계》，《大東漢文學》第32卷，2010年。

立之名，其辨釜山互市等情也，懼蹈引倭之迹，無非自處於彝倫攸敍之
國，表其父爲恪恭靖獻之臣也……仍付史館，纂修成案，抄傳海内，與
天下共見之，仍敕諼國。一稟章程，無惑浮議。將外藩之心迹以昭，天
朝之體統以肅矣……著書諸臣，後先物故，書已傳播，無從盡改。但得
明旨再頒，諸書不必改正，而自無不正也。[1]

對此，聖旨頒下："該國世系諸事、釜山引倭之説，與野史所傳，原不足據。
奏詞抄付，史館纂修，乃賜敕與王，慰其昭雪先世之意。"不久，敕諭亦下，
略曰：

尊祖敬宗，華夷罔間，信令傳後，文獻足徵。事果厚誣，理宜昭
雪。當王恭潜被弒之初，正李仁任專命之際。禑、昌非類，瑤復不君。
革故鼎新，有同草昧。流皇洞燭乎高皇，辨疏悉聞於列聖。至於倭寇之
侵陵，繫爾父諱之恢復。釜山要害，原非侵疆，互市羈縻，詎關誘敵？
疇爲月旦，總屬陽秋。朕方錫類，嘉在同文。庶石渠金櫃之秘有據，而
大書特書水原木本之思，無忝於祖廟禰廟。[2]

而針對朝鮮議政府就《林居漫録》所言光海君即位不正問題所呈上的呈文，
禮部一改以往立長的原則，札付稱："國王之立，非以長而以賢也……禮義
之不愆，何恤乎人之言？"[3] 對於《林居漫録》，禮部認爲此書如同宋代的
《湘山野録》《碧雲騢》等書，[4] 妖妄無據，又將光海君比之於宋仁宗，有聖
德而被誣，光海君之册封"俱順輿情"，[5] 合乎民心。時勢已變，女真對明朝

---

[1] 《光海君日記》卷一〇三，"八年（1616）五月丙戌"條。
[2] 《光海君日記》卷一〇三，"八年（1616）五月丙戌"條。
[3] 《光海君日記》卷一〇三，"八年（1616）五月丙戌"條。
[4] 《湘山野録》乃北宋釋文瑩所撰，最早記載太祖、太宗皇位更替之際的"燭影斧聲"事件，
　　從而開啓千古疑端，使太宗如何登上帝位這一宋史中的最大懸案遭人熱議（邢勇，《從〈湘
　　山野録〉看皇位之争對宋代書禁的影響》，《史學月刊》，2012年第8期）。《碧雲騢》，題
　　北宋梅堯臣撰，但實爲魏泰僞造。《四庫全書總目》説："（魏）泰爲曾布婦弟，故嘗托梅
　　堯臣之名撰《碧雲騢》，以詆文彦博、范仲淹諸人。"（《詩文評類一》，《四庫全書總目》卷
　　一九五，中華書局，1965年，第1782頁）
[5] 《光海君日記》卷一〇一，"八年（1616）三月癸酉"條。

的威脅越來越大，且努爾哈赤爲了消滅其他部落，擔心南北受敵，也在拉攏光海君，明朝越來越認識到争取朝鮮而控制女真的必要性，聯合朝鮮可成掎角之勢遏制女真，另外，朝鮮亦能提供頗具戰略性的軍隊和軍糧。所以，明朝在這樣一個風雲變幻的東北亞棋盤上首先要考慮到朝鮮作爲屬國和盟友的重要性，必須安撫光海君，使其忠心事明。

聞知明廷將令史館纂修成案并抄示海内的消息後，許筠不勝喜悦，賦詩曰：

> 昭寬播告寵章紆，特許編摩付碩儒。
> 國典史家重刷恥，郢書燕説敢傳譌。
> 先王丕烈星增炳，帝洪恩海并□濡。
> 自是聖神能繼迷，小臣何力翊宏謨。[1]

## 四　懲罰與慶賀

1615 年閏八月，當冬至兼陳奏使閔馨男、副使許筠等人剛剛離開漢陽之後，朝鮮北兵使金景瑞派人馳報"虜情日漸叵測，馬兵、步軍，或爲散去之形，或爲屯聚之迹，出没無常，横行自恣"。[2] 努爾哈赤在陸續消滅和吞并各個部落後，此年又創立了八旗兵制，使女真的戰鬥力得到進一步提升，金景瑞看到的馬兵步軍飄忽横行的景象正是八旗軍隊行軍駐扎的寫照。八旗軍隊頻攻四方，女真王國的雛形漸已顯露，此時努爾哈赤所控制的領地"除自今開原附近以南，遼河内邊，由連山關附近通鳳凰城一帶外，凡廣漠之南北滿洲沃野，已盡歸彼掌中。即朝鮮北部，亦遭建州之侵迫，而無力反抗其領内之女真人，至得命其送還於建州，惴惴焉惟恐危禍之及己。查此時兵力

---

[1]　許筠，《乙丙朝天録》，林基中編《燕行録全集》第 7 册，東國大學校出版社，2001 年，第 335—336 頁。
[2]　《光海君日記》卷九四，"七年（1615）閏八月己未"條。

之實際，蘇子河谷至少亦屯有六萬之精兵，諺所謂'女真不滿萬，滿萬不可敵'者，今見諸事實矣"。[1]朝鮮防備邊患和威懾女真的能力越來越弱，已忐忑不安；努爾哈赤吞并天下的腳步越來越近，正伺機雄飛；明朝内憂外患的態勢越來越重，遂江河日下。且對明朝而言，就在此年，鎮守遼東三十多年的宿將李成梁去世，遼東經略熊廷弼亦被言官彈劾去位，廷臣黨争，邊將（王化貞）無能，明朝在遼東的形勢日益嚴峻，女真已成心腹大患。

閔馨男、許筠等人在遼燕之地跋山涉水赴京之時，一方面，朝鮮慶賀光海君終於獲得明朝頒布的恭聖王后誥命，正式將其生母升爲王后，爲此，光海君到宗廟親祭，百官加資并赦罪；[2]另一方面，朝鮮大臣正針對此次史册辯誣應當歸罪於誰的問題展開彈劾與争論。當年光海君即位之時曾被派遣赴京周旋封典的使臣李好閔、吳億齡向朝鮮報告禮部的"讓本"意見，消息傳到朝鮮後，鄭仁弘誣陷"讓本"之説乃李好閔自作主張所提出，鼓動不少臣僚連上彈文攻擊李好閔，斥責李好閔有辱使命，給天朝以口實，給"逆孼"臨海君以名分，給光海君以羞辱，"告訃使臣李好閔，幻出無形之語，一則曰'退讓'，一則曰'風癲'，又以爲'尚在殯側'，致使天朝查考於本國，則其誤事辱國之罪極矣"，[3]請求光海君定罪，甚至有大臣建議，李好閔一行人渡江之後應立即被拿下。光海君瞭解到事情真相後，認爲李好閔并無他心，保全了李好閔。但待許筠貿得諸多問題書籍後，朝鮮不得不專遣使臣赴京辯誣，當年的"讓本"報告再次成爲不少大臣彈劾李好閔一行人的理由。司憲府和司諫院上疏彈劾李好閔一行人，認爲因他們在出使之時的罪過而使"退讓之美歸於逆孼，争立之名及於聖上"，[4]導致邪説大起，人心浮動，對光海君的正統性造成惡劣影響，同時也影響了明朝書籍中對光海君即位的記載，使朝鮮不得不遣使辯誣。不久，弘文館的諸多大臣亦上疏强調李好閔的"讓本"報告是使明朝書籍出現相關記載的主要原因："惟我殿下承先王付畀

---

［1］　稻葉君山著，但燾譯訂，《清朝全史》上卷第一章，上海社會科學院出版社，2006年，第105頁。
［2］　朝鮮史編修會編，《朝鮮史》第五編卷一，東京大學出版會，1933年，第213頁。
［3］　《光海君日記》卷十一，"即位年（1608）十二月丙辰"條。
［4］　《光海君日記》卷九七，"七年（1615）十一月甲申"條。

之命，受天子監撫之敕，正位春宮，十有七年，則‘讓’之一字，何所據而做出也？禮部之詰問、差官之查質，辱莫大焉，而至於中朝書籍多載罔極之語，則此無非好閔等之罪也。"[1]另外，光海君剛在許筠辯誣之前殺害了臨海君和永昌君，此時正考慮廢除仁穆大妃，左議政鄭仁弘批評李好閔的同時迎合光海君，支持廢母論，又斥責李顯門"廢大妃失人心，救大妃得人心"之說，并連帶攻擊李恒福，[2]黨爭日益激化。實際上，作爲大北派重要領袖的鄭仁弘，是此時期光海君對學派、學統進行政治控制所倚重的主要大臣。[3]

明朝爲了安撫光海君以便聯合朝鮮共擊女真，果斷向冬至兼奏請使閔馨男、許筠等人頒賜了洗刷太祖、宣祖冤屈和證明光海君名分的敕諭，許筠馬上將敕諭馳報朝鮮。此時正是新年（1616，萬曆四十四年，光海君八年），東亞秩序開始展現新的動態：明神宗正歡度春節，氣候寒冷，[4]不久魯、豫饑民起義，黃河決口，南京和北京的西洋傳教士被驅逐，押解澳門；努爾哈赤在赫圖阿拉自立爲後金大汗，正式脫離明朝的羈縻，與之分庭抗禮；德川家康出任太政大臣，向明稱藩，於六月去世；琉球國王尚寧向明朝報告日本有攻取臺灣之謀，明朝警備海上；[5]朝鮮光海君則沉浸在接到敕諭的喜悦中，忙於慶賀活動。

禮曹首先向光海君稟報："今此冬至兼陳奏使閔馨男、許筠等賫來皇敕，昭雪宗系惡名，快下先王被誣，天語勤懇，皇恩罔極。此實無前莫大之慶，迎敕後，告廟、陳賀等事，似當次第舉行，敢啓。"[6]禮曹認爲此次辯誣成功乃空前的大慶，應當在迎接敕諭後祭告宗廟、舉行慶典等事。光海君看到此奏後，下令諸位大臣商議。領議政奇自獻作爲群臣之首，做出一個不痛不癢

［1］《光海君日記》卷九七，"七年（1615）十一月丙申"條。
［2］《光海君日記》卷九七，"七年（1615）十一月丙申"條。
［3］申炳周，《宣祖 後半에서 光海君代의 政局과 鄭仁弘의 역할》，《南冥學研究》第 11 卷，2001 年。
［4］明朝自 1570 年後，華北各地異常寒冷的記錄頻頻出現，尤其是 1620—1640 年是明代最爲寒冷的時期（葛全勝等，《中國歷朝氣候變化》，科學出版社，2011 年，第 500 頁）。這段寒冷期是全球性的，大約相當於西方學者所說的"路易十四小冰河時期"。氣候寒冷加劇了明朝糧食的歉收和饑民的起義，也刺激了女真向低緯度南進。
［5］張廷玉等，《琉球傳》，《明史》卷三二三，中華書局，1974 年，第 8369 頁。
［6］《光海君日記》卷一〇〇，"八年（1616）二月庚午"條。

的表態："依該曹啓辭施行無妨，伏惟上裁。"[1]群臣多積極支援禮曹的建議，認爲此爲莫大之慶，理應盛禮慶賀。但領敦寧府事沈喜壽提出異議：宗系問題早已在《大明會典》頒賜之時得以解決，禮部回復也已言之鑿鑿地洗刷了冤屈，所以"此事非始結局於今日也"，至於宣祖交倭被誣，固然駭痛，但天朝并不因閑漫文字和無稽之說致疑，故"初不待我國之陳奏，而下誣已盡矣，若以此爲無前之大慶，則臣未能詳知"。[2]沈喜壽認爲宗系問題和交倭問題在先朝早已解決，舉行無前之大慶則沒有太大的必要。沈喜壽所言先朝的宗系問題乃朝鮮歷經七十餘年針對《大明會典》的宗系辯誣，直到1589年（萬曆十七年，宣祖二十二年），聖節使尹根壽攜明朝改正的《大明會典》及神宗敕諭回國，宣祖親迎，在明政殿受賀，大赦國内，加封賞賜黄廷彧、俞泓、尹根壽等對辯誣有功之人。[3]

　　沈喜壽此論一出，馬上受到衆臣的抨擊。李爾瞻、南瑾、李瑗諸大臣和兩司先後上疏稱沈喜壽的議論掩蔽了此次辯誣的真實情況和重大意義。首先，先朝辯誣雖已昭雪，但"不料近者，乃有《續文獻通考》等十餘諸書，傳訛襲謬，愈出愈繁，使天下耳目，眩亂是非，蓄疑滋惑。不知有《會典》之續修，將以此爲傳信之地。若不趁此時更辨快雪，則宗系之謬、弑逆之名，將未免仍加而莫白矣"；[4]況且諸書都是在《大明會典》改正之後出現的，除了宗系錯誤外，還視太祖李成桂爲李仁任的同黨，所以此番辯誣要辯白的黨逆問題比此前更多更複雜，"今番辯誣之奏，歷陳前後曲折，一以釋前日之未盡，一以防諸書之爲患，其事情自與己丑有别矣"；[5]加之此次辯誣所得明朝禮部回復及聖旨昭雪，"實《會典》所未有，而昭揭於今日者也。然則己丑以前之辯誣，請續修《會典》，固一局也，今日之辨誣，即發明諸書，亦一局也"；[6]但沈喜壽竟認爲前後僅是一局，而且捨棄敕諭和聖旨不論，其意何在？其次，往年明朝官員丁應泰曾誣陷先王宣祖交倭入寇，但此

[1]《光海君日記》卷一〇〇，"八年（1616）二月癸酉"條。
[2]《光海君日記》卷一〇一，"八年（1616）三月癸酉"條。
[3]《朝鮮宣祖實録》卷二三，"二十二年（1589）十一月丙寅"條。
[4]《光海君日記》卷一〇一，"八年（1616）三月癸酉"條。
[5]《光海君日記》卷一〇一，"八年（1616）三月癸酉"條。
[6]《光海君日記》卷一〇一，"八年（1616）三月癸酉"條。

次諸書中的誣陷内容比丁應泰更甚，"許多巧言醜謗，狼藉諸帙，目不忍睹，口不忍言，是亦已辨於《會典》者乎？血氣所生，固當腐心痛骨，號籲辨誣之不暇"，[1]但沈喜壽竟將誣陷君父之書視爲閑散文字。最後，《林居漫録》將聖上光海君即位稱爲"争立"，"而罔極之惡名，横加於聖上之身"，[2]經過泣血辯誣，禮部"斥袁員萃傳聞之失誤，美聖上禮義之不愆"，足見"寵渥隆洽，異數敻越，二百年來曾所未有"，[3]使一國臣民無不歡欣鼓舞，欲觀曠古盛禮，但沈喜壽竟認爲没有舉行莫大之慶的必要。所以，"今此三件被誣，實我國臣民窮天極地之痛也"，"而喜壽亦獨何心，亦獨何見，顯肆邪論，敢獻異議，謂祖宗之羞不足雪，謂先王之冤不足伸，謂聖上之痛不足恤"。[4]由此，諸多大臣指責沈喜壽的議論乃"邪論""怪論"，攪擾視聽，有礙國體，不斷上疏請求光海君將沈喜壽削奪官爵，門外黜送，以絶邪論之根柢。同時，大臣、各部門及宗室反復請求光海君舉行慶賀典禮。光海君見大臣意見不一，并未處罰沈喜壽，也屢次推辭慶賀典禮，但接受建議，爲感謝明朝降下敕諭昭雪，派一品重臣擔任謝恩使赴京謝恩。[5]隨後，承政院援引當年宣祖爲迎接頒賜的《大明會典》和敕諭而舉行盛典的實例，認爲應當爲此次"三誣之痛辨"舉行迎敕、告廟、陳賀、謁聖等儀式。[6]

雖然光海君屢次以分内之事作爲借口拒絶舉行慶典，但因其剛除永昌君，又有廢母之論，且朝鮮時勢憂危，所以國内有不少對光海君不利的傳言競相傳播。[7]另外，又有大臣斥責副修撰柳孝立在敕諭進郊之時表現怠慢且爲沈喜壽鳴不平。[8]綜合以上情況，群臣紛紛上奏，"大慶、邪論，斷不相

[1]《光海君日記》卷一〇一，"八年（1616）三月癸酉"條。
[2]《光海君日記》卷一〇一，"八年（1616）三月乙亥"條。
[3]《光海君日記》卷一〇一，"八年（1616）三月癸酉"條。
[4]《光海君日記》卷一〇一，"八年（1616）三月乙亥"條。
[5]《光海君日記》卷一〇一，"八年（1616）三月庚辰"條。
[6]《光海君日記》卷一〇二，"八年（1616）四月庚子"條。
[7]承政院上疏："臣等伏見慶尚監司成晉善捧送幼學崔俊民上疏，大概以風水欲逞其妖術者，疏中有殿下祇有東宫一位以及嫡傳嫡等語，極其悖逆，口不忍讀，目不忍見，而不覺痛心之至。近來正道晦塞，邪説大行，流波已漫，不可沮遏，識者之寒心久矣。"（《光海君日記》卷一〇二，"八年［1616］四月甲辰"條）司憲府上疏："竊觀近日大義晦塞，天理滅絶，上自公卿，下至韋布，各立私門，争事傾陷。視君父不啻弁髦，或以巫蠱，務爲虚僞，乃至於構出廢妃之説，傳播中外，熒惑群聽，以爲他日魚肉士，報復私怨之地，使聖上終不免後世之惡名。"（《光海君日記》卷一〇二，"八年［1616］四月戊申"條）
[8]《光海君日記》卷一〇二，"八年（1616）四月辛亥"條。

容，今欲永絶根柢，使盛禮有光也"，[1]一方面要舉行慶典，另一方面也要懲罰非議之人。最後，光海君在表面文章做足後，同意舉行慶典，并罷免沈喜壽和柳孝立的官職。[2]因爲此番辯誣本身就是爲了維護光海君的正統性，而舉行大慶是爲了遏制流言，彰顯忠孝，宣揚功德，塑造正統，實行處罰也是爲了遏制流言，統一輿論，震懾異議，兩者殊途同歸。

經過精心籌備，朝鮮最終舉行了盛大典禮以慶祝此次史册辯誣最終成功，"如果政治領袖想讓公衆承認他是正義、公平和公衆利益的保護者，他可以通過舉辦一場戲劇性的表演給公衆留下一個深刻而持久的印象，而非單靠口口相傳。他的表演中將充滿各種合適的象徵，并有一群配角們共同參演"。[3]"主角"光海君乘輦，"群演"儒生、老人、妓生等歡歌、頌揚、獻軸，"配角"百官朝賀。光海君祭告太廟，頒赦八道，百官加資。[4]次日，光海君大宴群臣，群臣及宗室皆請光海君加尊號，"聖上至孝盛烈，度越前後，禮部讚揚，皇上褒美，四海之内，孰不歆服？上尊號之事，速爲舉行宜當"，"尊號一事，自大臣至於政院、三司、宗室、諸將，皆已啓請，舉國同然"。[5]光海君再次婉拒了此次請求，百官遂陸續上疏稱讚光海君大孝至誠：

> 凡此三件之詬辱，實萬國所無，天下無二者。不得不控疏陳籲於天日之下，而幸蒙皇上洞燭，閣部明諒，聖旨優渥，覆題詳核，恩敕涣頒，寵數隆溢，其於明辨湔雪，更無所歉。固已昭揭宇宙，聳動觀瞻，使海内諸國，知聖天子眷顧我聖王，特出於尋常萬萬也……試觀數百年來，天朝於我國，覆本勤懇諄復，有如今日者乎？至於聖旨……至此乃得如是之明白，試考纍代敕旨之文，則其丁寧明快，又有如今日者乎？況先王之受誣，尤極冤痛，而敕諭煌煌，洗盡其諸書無稽不根之説，至以恢復之功褒之，此則宗系惡名昭雪之外，又是聖上爲先王極辨一大事

[1] 《光海君日記》卷一〇二，"八年（1616）四月壬子"條。
[2] 《光海君日記》卷一〇二，"八年（1616）四月壬子""八年（1616）四月丙寅"條。
[3] 科澤，《儀式、政治與權力》，王海洲譯，江蘇人民出版社，2015年，第50頁。
[4] 《光海君日記》卷一〇三，"八年（1616）五月甲申"條。
[5] 《光海君日記》卷一〇三，"八年（1616）五月乙酉"條。

也……總此三件辨誣之事，皆由於聖上之至孝盛德……聖上當此，雖欲不享鴻名，其可得乎？雖欲拒其輿情，其可得乎？[1]

百官一致認爲光海君此次史册辯誣比起以往任何一次都更有功勞，不僅爲太祖、宣祖和自身都洗刷了冤屈和恥辱，也證明了先祖和自身的忠孝節義，"惟我聖上内承先王付托之命，上受天子監撫之敕，櫛風沐雨，弘濟艱難，東征將士亦皆歡服，則謳歌之歸，名位之正，四海之有耳目者既已見而知之，聞而知之，故封章一奏，天鑒孔昭，札付之辭，快辨無餘。此豈非聖上光明正大之義，有以格之也？"。[2]在百官的反覆請求下，光海君在屢次婉拒中最終接受了上尊號的建議，并特別指示必須先爲先王宣祖及兩位先王后（養母懿仁王后、生母恭聖王后）上徽號後再給自己上尊號。爲了壓制反抗勢力，光海君在辯誣過程中强調其父宣祖的業績，又騰出手來追封其生母，此時爲其父其母上尊號，是因爲"宣揚宣祖業績的同時，也旨在告知大家宣祖功勞的相當一部分實際上是由他建立的。母以子貴，而提高生母的地位，實是爲了提高自己的正統性"。[3]最後，光海君下令優待前朝曾賣《大明會典》全書及神宗敕諭回國的尹根壽，獎賞許筠一行人，以表彰其辯誣之功。

但在辯誣結束後，朝鮮諸多大臣開始指責《林居漫録》中關於光海君即位之事乃許筠在華期間僞造，因爲許筠所得《林居漫録》僅爲寫本，并非刊本，當年與之同行的書狀官金中清專門上奏説明，關於光海君即位不正的文字乃許筠"私賂上國雕刻匠，自纂其文添入以成者"。[4]對此，朝鮮的史官認爲許筠趨附大北派黨魁李爾瞻，但在政治上不得志，所以纔借辯誣之事爲自己取得功勞和聲望。[5]許筠才華卓越，對朝鮮傳統文學和思想有着深刻反思和重要貢獻，不僅是著名使臣，還是"著名的文學家、詩歌批評家、中朝文化交流史上的重要人物、朝廷官員、著名的'異端'"，[6]但處在宣祖和光海君那

[1]　《光海君日記》卷一○三，"八年（1616）五月丙戌"條。
[2]　《光海君日記》卷一○三，"八年（1616）五月戊子"條。
[3]　韓永愚，《朝鮮王朝儀軌》，金宰民、孟春玲譯，浙江大學出版社，2012年，第17頁。
[4]　金中清，《陳〈林居漫録〉事顛末疏》，《苟全先生文集》卷四，第160—161頁。
[5]　《光海君日記》卷八三，"六年（1614）十月己丑"條。
[6]　王紅梅，《許筠論略》，中央民族大學博士學位論文，2007年，第1頁。

個動盪年代，他一生經歷過五次罷職和一次流放，身爲大北派成員，身陷紛繁複雜的黨爭中不能自拔，宦海沉浮，歷經坎坷，最後在辯誣成功後的第三年（1618，光海君十年九月廿四日）以謀逆罪被處磔刑，終年五十歲，他在書籍交流和史册辯誣中所得《林居漫錄》最終成爲他日後悲劇的隱患。[1]

## 結語

朝鮮王權構造和"小中華"思想中隱含着這樣一個權力邏輯，即四權紛争，三權壓制的情勢：王權（核心，光海君、仁祖）、士權（對內，朝鮮黨争勢力）、皇權（對華，明朝皇帝）、夷權（對夷，與明朝争霸的勢力，明朝境内的女真和境外的日本）相互糾纏牽制，王權又被後三權壓制束縛，顯示出它的脆弱性。但王權始終是朝鮮政治進程的核心動力。

對光海君来説，他的王權危機面臨着危急存亡的内外形勢。第一，他既非嫡亦非長，衹是庶次子，在禮法原則上没有繼承資格；第二，他因倭亂而崛起，雖然被國内立爲世子，但長期得不到父母之邦明朝的承認；第三，在他成爲國王之前，庶長子仍在世，嫡長子已出生，且各有各的政治支持，即便成爲國王，也時刻面臨着威脅；第四，他屠戮兄弟、殺侄廢後的行爲備受國内斥責，千夫所指，離心離德；第五，朝鮮歷經倭亂之後，八道疲敝，百姓困苦，朝鮮王權威信急劇下降；第六，努爾哈赤已成氣候，威逼朝鮮，大明王朝江河日下，徵兵朝鮮，朝鮮介於兩者之間面臨關涉自身存亡的華夷問題。所以，光海君所面臨的正統危機覆蓋了家、國、天下三個層次，他在位期間對自身的王權正統充滿了焦慮，他"所處的時代對其統治產生了先天的不利影響，面對這樣的局勢光海君不得不採取一些非常規舉措来處理朝鮮所面臨的内政外交難題"。[2]

朝鮮典籍因倭亂兵燹而毀壞殆盡，於是推行積極的書籍政策，對華展開

---

[1]　關於許筠的個人生平及文學成就，參見左江，《"此子生中國"：朝鮮文人許筠研究》，中華書局，2018年；韓永愚，《許筠評傳》，민속원，2022年。
[2]　李長宏，《朝鮮光海君在位期間内外舉措研究》，東北師範大學碩士學位論文，2012年。

廣泛的書籍交流。朝鮮在與明朝的書籍交流中發現若干書籍的相關記載，這些記載恰恰又強化了光海君的正統性焦慮。然而，光海君以此爲契機遣使赴京進行史册辯誣，弱化了這種焦慮，緩解了正統危機。其實，"無論國家多麼希望將某些書籍從公共領域中清除，然而一旦書坊決定刻印這些書籍，購書者也願意購買它們，國家是没有能力去禁止這些書籍的流通的"，[1]光海君也明白不可能要求明朝將諸多書籍禁掉，但他所在乎的衹是明朝對其辯誣的反應和態度。明朝書籍中涉及了太祖宗系、光海君即位不正、宣祖交倭三個問題，恰恰也從家、國、天下的層次對應了光海君的正統性焦慮。光海君對太祖宗系問題和自身即位不正的辯誣也在側面强調光海君雖不是嫡長子，却順天應人，因光海君在朝鮮平定倭亂的過程中發揮了重要作用，所以對其父宣祖交倭問題的辯誣一方面也是在强調自身的抗倭功績，另一方面也在向明朝表明自己對女真的强硬態度。光海君通過辯誣獲取明朝的昭雪和褒譽，挾天子之威以令國内，結合懲罰與慶賀，震懾異己勢力，彰顯忠孝倫理，爲自己樹立了光明正大的正統形象。光海君巧妙利用此次史册辯誣獲得了外交上的讚揚，并爲國内的政治博弈贏得了最大化的利益，所以，光海君的史册辯誣充分反映了這樣一件事實：外交乃内政的延伸，朝鮮對華史册辯誣的側重點在於解決内政問題。爲了穩固王權和塑造正統，光海君四面出擊：扶植臣子，懲惡黨争，黨同伐異，消滅敵對勢力；殺戮兄弟親侄，解除來自王室的威脅；廢仁穆王后，封生母爲恭聖王后，使自己成爲名義上的嫡長子；統一輿論，嚴懲非議之人；遣使赴京進行史册辯誣，獲取明朝眷顧和褒獎；大辦慶典，强化自身正統與榮耀。在諸多手段中，史册辯誣是其中最值得關注的，它是朝鮮四百餘年的史册辯誣史上唯一覆蓋了所有辯誣類型的一次，也集中體現了光海君所面臨的内外焦慮及緩解王權危機的努力。

　　明朝對光海君的態度充滿了現實性和靈活性。明朝最初堅持拒封光海君爲世子，是因爲國内面臨着同樣敏感的長幼嫡庶的繼承問題。作爲東亞朝貢圈的一家之長和大中華體系的父母之邦，明朝一方面要對藩國做出禮法性的

---

[1]　卜正民，《明代的社會與國家》，陳時龍譯，黄山書社，2009 年，第 186 頁。

表率，另一方面也通過對藩國在禮法問題上的表態來確保自身的禮法秩序，從而保證國内皇權的和平交替。面對光海君的史册辯誣，明朝没有敷衍拖延，而是較痛快地給予了積極回應，順利解決了光海君的難題，其主要原因在於，明朝急需聯合朝鮮共抗女真，必須對之釋放充分的善意和信心，鞏固中朝宗藩關係。因此，朝鮮的史册辯誣無論對朝鮮還是對中國，都不衹是基於文化觀念和名分義理的外交行爲，更是深受現實利益驅使的外交策略和政治工具，充滿深刻、强烈、迫切的現實關懷。

　　倭亂中，朝鮮的"小中華"思想已經開始從"尊王"轉向"攘夷"。[1]在申叔舟的時代，朝鮮對周邊的女真和日本保持着充分的優越感："野人、倭人，俱爲我藩籬，俱爲我臣民，王者等視無異，或用爲力，或用爲聲，不可以小弊拒却來附之心。予即位以後，南蠻北狄來附者甚衆，皆願爲我子，此天所誘也，非予智力。"[2]但在許筠的時代，朝鮮已對環伺的女真和日本惴惴不安："我國僻在山海間，壤地狹小，東南與倭奴做鄰，北以靺鞨爲界，西則三衛女真，迫近江外，惴惴然以殘兵憊卒，不飭儲胥，而欲有所捍禦者，多見其力之不足也。"[3]在光海君的史册辯誣中，朝鮮和明朝是兩位主角，但在兩者的心頭，始終縈繞着努爾哈赤的陰影。女真的威逼和明朝的徵兵，使明朝書籍對朝鮮的指責也在考驗着光海君對明朝的忠誠程度，爲此，光海君在辯誣中不斷强調先祖對明朝的事大及抗倭的決心，其意在於强調朝鮮對華夷愛恨分明的態度及永爲忠順藩屬的角色，以便消除明朝的疑慮和壓力。明朝對朝鮮史册辯誣的反應也是在撫慰朝鮮，以便共擊女真。所以，在明清鼎革的前夕，努爾哈赤是這場史册辯誣中的陰影，在朝鮮和明朝的背後隱隱作痛。

　　倭亂和胡亂之間的光海君在複雜危急的内外局勢中爲了保國圖存而奉行對明和後金的"兩端外交"。[4]他放棄嚴厲的華夷觀念，與女真展開羈縻交

[1]　黄修志，《高麗使臣的"小中華館"與朝鮮"小中華"意識的起源》，《古代文明》，2012年第4期。
[2]　《朝鮮世祖實録》卷八，"三年（1457）七月庚寅"條。
[3]　許筠，《西邊修虜考序》，《惺所覆瓿稿》卷五，民族文化推進會編《影印標點韓國歷代文集叢刊》第74册，民族文化推進會，1991年，第179頁。
[4]　李善洪，《從十七世紀初朝鮮内外局勢看光海君的"兩端外交"》，《松遼學刊（社會科學版）》，1996年第1期。

鄰活動，在外交理念上強調"益殫事大之誠，勿爲小弛，羈縻方張之賊，善爲彌縫，乃今日保國之長策"，[1]將保國圖存作爲國家的最高利益，在薩爾滸之戰（1619）中，朝鮮元帥姜弘立向後金投降便是執行了光海君的這一現實主義的外交理念。[2]戰後，明朝質疑，朝鮮"義理派"反對，加之國内積壓的諸多對光海君心懷不滿的勢力，光海君最終被仁祖李倧、西人黨、仁穆王后聯合推翻，在被光海君囚禁多年的仁穆王后的教書中，光海君爲鞏固王權和塑造正統的努力盡爲罪證，昔日辯誣和慶典上的頌揚聲頃刻變爲政變和判罪上的詬罵聲。[3]仁祖即位後，改弦易轍，採取了華夷不兩立的外交理念，積極幫助明朝抗擊女真。於是，八旗兩次横掃朝鮮，仁祖在三田渡向皇太極行三跪九叩之禮，成爲清朝屬國。隨後，清軍入關，明清易代。

17世紀初的東亞世界波詭雲譎，潛流暗涌，對"大中華"明朝和"小中華"朝鮮來説，日本、女真、西洋傳教士這三種不安分勢力正形成威脅，隱隱挑戰着各自在東亞秩序中的權威，引起兩國的不安和焦慮，光海君的史册辯誣通過兩國之間的朝貢體系把這種不安和焦慮宣泄出來，以此來確認驗證兩國聯盟一如既往的團結和穩固。但史册辯誣對朝鮮來説更爲複雜，不僅是因爲國王光海君面臨着正統危機，還因爲内部大臣也利用辯誣爲自身來賺取政治資本，獲取政治聲望，贏得黨争籌碼。所以，雖然明清東亞秩序表現爲一種國際關係，然而在具體的構造和内核方面，很大程度上還是各國的内政、邊疆、王權問題延伸到封貢體系中所進行的交鋒。這意味着衹有深入瞭解各國本身的政治進程和政治邏輯，方可有效理解它們各自在東亞秩序中的角色和所採取的行動，也能客觀理解明清東亞秩序和朝貢體系的利害得失及其在近代所遭遇的挫折。

---

[1] 《光海君日記》卷一三九，"一一年（1619）四月辛酉"條。

[2] 關於薩爾滸之戰的前後過程，可參看以下幾種代表性的研究：稻葉君山，《光海君時代の滿鮮関係》，大阪屋號書店，1933年；蔡鉉錫，《光海君의外交政策》，《文理論叢》，1974年第3卷第1期；金聲均，《朝鮮中期의對滿關係》，白山學會編《白山學報》第24輯，白山學會，1978年；韓明基，《光海君代의對中國관계》，《震檀學會》第79卷，1995年；白新良，《薩爾滸之戰與朝鮮出兵》，《清史研究》，1997年第3期；刁書仁，《論薩爾滸之戰前後後金與朝鮮的關係》，《清史研究》，2001年第4期。

[3] 《光海君日記》卷一八七，"十五年（1623）三月甲辰"條。

# 日本江戶時代《孟子》詮釋的多元化[*]

## 張曉明

**摘　要**　多元視域作爲探討江戶時代儒學的方法，是建立在其接受、批判與再闡釋的動態發展過程基礎上的。透過這一視域，江戶時代對孟子思想的詮釋呈現出多元化的特質，特別是對"義利之辨"的詮釋。從林羅山爲代表的朱子學學者到古學思潮，再到懷德堂的商人學者以及陽明學者，他們的學術思想都以自己的獨特性豐富了作爲主體的"日本儒學"；而從這些學術思想之間存在的相互參照、比較的關係中也可以發現中國儒學普遍性的影響意義。

**關鍵詞**　多元視域，江戶時代，孟子思想，義利之辨

儒學東傳日本後形成了一個接受、批判與再闡釋的動態發展過程，它的本質表現爲儒學的日本化，具體體現在儒學逐漸日本化的軌迹之中。《孟子》東傳日本可以追溯至奈良時代（710—794），後又經鐮倉（1192—1333）、室町（1336—1573）五山禪林得到進一步傳播，直至江戶時代（1603—1868）朱子學、古學、陽明學思潮迭起，日本對《孟子》的闡釋也進入了百家爭鳴的時期。但是，學界對"日本思想與孟子問題"的思考却幾乎定格在一元化的思維規則中。[1]一方面，過去的研究試圖通過江戶時代儒學的日本化過程，從"他者"的身份中尋找日本對孟子思想的普遍認同；另一方面，不少學者則嘗試分析作爲本體的日本儒學，强調其對《孟子》重釋的特殊

---

[*]　張曉明，北京第二外國語學院日語學院副教授。

[1]　關於"日本思想與孟子問題"的思考是野口武彦在《王道與革命之間：日本思想與孟子問題》一書中提出的，該書從日本儒學的發展過程探討江戶日本對孟子思想的接受。參見野口武彦，《王道と革命の間：日本思想と孟子問題》，筑摩書房，1986年，第4—5頁。

性。[1]儘管上述研究從不同角度探討了日本江户時代的孟子思想,但是它們都未能擺脱一元思維的局限。實際上,日本江户時代的孟子思想是一個在中國儒學日本化與日本儒學重新詮釋交互過程中的産物,具有高度複雜性。

毋庸贅言,一元的思維模式難以窺見江户時代孟子思想的全貌。基於江户時代孟子思想的複雜性,本文試圖通過多元視域將孟子思想從中國儒學日本化與日本儒學的一元思維中解放出來,通過探討《孟子》中兼具政治和道德雙重哲學意藴的"義利之辨",分析日本江户時代孟子思想的特質。

## 一 作爲方法的多元視域

關於從多元視域思考日本思想的主張源自孫歌《作爲方法的日本》一文。該文是在對竹内好"以中國現代文化爲參照系思考日本問題"和津田左右吉"抽象原理色彩""多元化世界觀"進行深刻反思的基礎上,呼應溝口雄三《作爲方法的中國》中"呼籲把中國作爲獨立的對象研究,注意中國文化自身的規律,擺脱歐洲的衡量尺度與日本的文化混淆,在多元性世界文化格局中重新認識中國",進而提出"當我們真正承認日本有自己的文化邏輯并且肯對我們迄今爲止視之爲理所當然的研究前提重新推敲時,那將意味着多元時代的真正開始"的時代呼唤。[2]雖然孫歌在這篇文章中并没有寫明要用多元視域看待日本江户時代的儒學,但這種多元思維却爲筆者思考過去江户儒學的研究提供了"方法"。

中日學界對於江户儒學的研究由來已久,這些研究中最值得玩味的是

---

[1] 中日學界主要從普遍性和特殊性兩個不同角度對日本的孟子思想進行了研究。在普遍性方面,如吳偉明,《德川日本的中國想象》,清華大學出版社,2015年;張曉明、龐娜,《東亞儒學視域下〈孟子〉在日本的傳播:接受、批判與再闡釋》,《大連理工大學學報(社會科學版)》,2020年第1期。在特殊性方面,如郭連友,《孟子思想與日本》,《國學刊》,2014年第3期;松本健一,《『孟子』の革命思想と日本》,昌平黌出版會,2014年;張曉明,《山鹿素行對孟子思想的詮釋研究——以〈孟子句讀大全〉爲例》,《日語學習與研究》,2020年第3期。

[2] 孫歌,《作爲方法的日本》,《求錯集》,生活·讀書·新知三聯書店,2003年,第1—14頁。

“儒學日本化”與“日本儒學”問題。[1]對此，吴震認爲“日本儒教”會給人一種“似有一貫通整個古今日本歷史的‘日本儒教’之實體”的印象，而這裏僅在“儒教‘日本化’”這一寬泛意義上使用“日本儒教”一詞，“具體指 17 世紀以降的近世日本，以及 1868 年至 1945 年的近代日本，至於中世以前及近代以後，儒教在日本社會文化中是否占據核心地位，在我看來是頗爲可疑的，特别是把當代日本社會説成是‘儒家資本主義’或將日本文化歸屬爲‘儒家文化圈’，則完全是一種想象而已，若在當今‘東亞儒學’研究中，仍把日本視作‘儒教國家’則應慎之再慎”。[2]

對於上述“儒學日本化”與“日本儒學”的區分，張崑將認爲，吴震企圖切割“儒教日本化”與“日本儒學”的做法不妥：第一，以是否占據“核心地位”否定“日本儒教”，這種説法值得商榷；第二，使用“日本儒教”的學者衆多，不僅近代有諸多學者使用，甚至在江户時代就已有學者使用“我邦儒學”“我邦儒林”；第三，忽視了日本儒學的“工具性作用”或“實學”特色。他指出，“儒學日本化”强調了與母體“儒學”的淵源，尋求“轉變”“轉化”而無法凸顯“日本主體”，“日本儒學”則是一個“完整主體”概念，主體是“日本”。因此，張崑將認爲吴震書中的“儒教日本化”已包含在“日本儒學”當中，明治維新到戰前學者所使用的“日本儒教”往往與皇國道德結合，戰後迄今的當代學者所使用的“日本儒教”則是一種思想史的發生歷程。[3]

誠然，張崑將已經明確指出吴震書中“儒學日本化”與“日本儒學”之間的問題，但是這并不意味着吴震没有意識到張崑將論述中的“主體性”危機。他在探討丸山真男分析日本思想史的“近代化”與“日本化”雙重視角時，就丸山弟子平石直昭《構建德川思想史的新圖象的可能性——指向“近代化”與“日本化”的統一》一文指出，“‘日本化’這一視角的設定則顯

［1］　本文日語語境中“儒教”亦稱“儒學”，但引用相關研究時仍然沿用“儒教”稱謂。
［2］　吴震，《當中國儒學遭遇“日本”：19 世紀末以來“儒學日本化”的問題史考察》，華東師範大學出版社，2015 年，第 7 頁。
［3］　張崑將，《“儒學日本化”與“日本儒教”之間——與吴震教授商榷》，《外國問題研究》，2019 年第 1 期。

示出問題的複雜性，因爲它既可指向德川儒學，又可指向近代日本儒教的發展歷史，甚至可以與帝國日本時期的‘國民道德論’‘日本精神論’等觀念掛起鈎，所以‘日本化’一詞往往需要根據具體的語境來調整其所指陳的涵義”。[1] 由此觀之，在吳震與張崑將的論述中，“儒學日本化”和“日本儒學”的區別所表現出的并不是“主體性”危機，而是對江戶儒學作爲中國儒學日本化與日本儒學重新詮釋的交互過程的困惑。這種困惑并不祇是發生在當代學者的身上。

　　在《日本陽明學派之哲學》《日本古學派之哲學》《日本朱子學派之哲學》中，井上哲次郎在強調“若欲知我邦國民道德心之如何，則要領悟熔鑄陶冶其國民心性之德教精神，即如此書所敍述日本陽明學派之哲學”[2]“古學派……蓋日本民族特有之精神”的同時，[3] 還指出朱子學是“德川氏三百年間爲我邦之教育主義，及國民道德之發展上偉大之影響”。[4] 從井上哲次郎的“日本哲學”（即日本儒學）中可以清晰地看到當代學人在探討“中國儒學日本化”與“日本儒學”時所遭遇的困惑，即強調日本哲學中我邦主體性、特殊性的同時，無法擺脱來自“中國儒學”普遍性的影響。而井上哲次郎的“日本哲學”所造成的突出的特殊性與無法切割的普遍性的困惑也體現在了朱謙之的《日本的朱子學》《日本的古學及陽明學》《日本哲學史》中。或許是參考了井上哲次郎“日本哲學”的原因，乍看之下“日本的”朱子學、古學、陽明學、哲學，字裏行間無一不透露出對日本“主體”的重視，但是朱謙之却堅定地認爲“中國哲學對於日本的影響，亦爲中國學者研究日本哲學史特別主要的任務之一”。[5] 這也正是朱謙之自認爲“關於哲學史方面，古學派及陽明學派尚少專著，惟井上哲次郎所提供資料尚可用，而立場、觀點不同”的原因所在。[6] 由此可見，井上哲次郎與朱謙之關於“日本哲學”的終極困惑不同，井上哲次郎是企圖通過切割與中國儒學的普遍性來

---

[1]　吳震，《當代日本學界對“儒學日本化”問題的考察》，《社會科學》，2016 年第 8 期。
[2]　井上哲次郎，《日本陽明學派之哲學》，富山房，1901 年，第 2—3 頁。
[3]　井上哲次郎，《日本古學派之哲學》，富山房，1902 年，第 4 頁。
[4]　井上哲次郎，《日本朱子學派之哲學》，富山房，1905 年，第 5—6 頁。
[5]　朱謙之，《日本的朱子學》，人民出版社，2000 年，第 1 頁。
[6]　朱謙之，《日本的古學及陽明學》，人民出版社，2000 年，第 21 頁。

凸顯日本儒學本體的特殊性，而朱謙之則是在嘗試承認日本儒學特殊性的前提下，借助日本儒學的普遍性來強調中國儒學本體對他者的影響。

　　這種有意識的對"日本哲學"的詮釋極容易陷入一元思維，而在一元思維下，中國儒學對日本儒學的特殊性顯示出驚人的冷漠，日本儒學則試圖忽略中國儒學所帶來普遍性影響。不過，井上哲次郎與朱謙之的"日本哲學"詮釋中也存在另外一種客觀事實，那就是不管主體是中國儒學還是日本儒學都具有"他者"相互的存在價值，筆者以爲這也是多元的視域。因此，本文無意懷疑井上哲次郎、朱謙之、吳震、張崑將及其他關心"儒學日本化"和"日本儒學"問題學者的論述，但是仍然試圖借助孫歌所提倡的多元啓示來擺脱一元思維的束縛：通過多元視域，站在第三者的立場上對待江户儒學的發生過程。


## 二　朱熹的詮釋與林羅山遭遇的困境


　　《孟子》作爲江户儒學中的重要課題屢屢爲中日學者所論及，而《孟子》中的"義利之辨"更是江户儒學者關注的焦點。"義利之辨"在《孟子》首章就以對話的方式被提出。梁惠王問孟子："叟！不遠千里而來，亦將有以利吾國乎？"孟子回答説："王！何必曰利？亦有仁義而已矣。……未有仁而遺其親者也，未有義而後其君者也。王亦曰仁義而已矣，何必曰利？"[1]

　　在對"義利之辨"的詮釋中，朱熹的《孟子集注》成爲典範。"仁者，心之德、愛之理。義者，心之制、事之宜也。""言仁者必愛其親，義者必急其君。故人君躬行仁義而無求利之心，則其下化之，自親戴於己也。""此章言仁義根於人心之固有，天理之公也。利心生於物我之相形，人欲之私也。循天理，則不求利而自無不利，殉人欲，則求利未得而害已隨之。"[2]朱熹要求"人君"應該推行仁義且不能有求利之心，同時他認爲"仁"是一種道德

---

[1]　楊伯峻譯注，《孟子譯注》，中華書局，2005年，第1—2頁。
[2]　朱熹，《四書章句集注》，中華書局，2012年，第201—202頁。

品質，可以通過符合規範的行爲體現其所蘊含的道理，而“義”是道德評價的標準，是衡量行爲是否符合規範的準繩，“仁義”是人心所固有，都來自“天理”，“利心”則生於“物我之相形”，是“人欲”。朱熹的這種詮釋兼具政治與道德哲學的思考，但更重要的是從本體論的角度構建了“理氣”與“義利”之間的聯繫機制——“義”即“天理”，從屬於“理”的範疇，而“利”是“人欲”，屬於“氣”的表現。

朱熹的《孟子集注》大約在鎌倉時代傳入日本，現存日本最早的《孟子》寫本是藏於宮內廳書陵部的朱熹《孟子集注》（約 1379、1380），亦稱爲“朱孟”。然而，真正對朱熹《孟子集注》顯現出無比熱忱的是江户時代初期的林羅山（1583—1657，號道春）。爲了推廣朱熹的注釋，他爲朱熹的不少著作添加了訓點，直到現在仍然有大量被稱爲“林點”或“道春點”的《四書集注》存世。因此，可以説林羅山對朱熹著作的點校在江户時代的日本產生了深遠的影響。關於“義利之辨”，林羅山首先通過“孟子説仁義”進行了詮釋：

> 仲尼曰仁不曰義，曰義不曰仁，未嘗有并言焉。前乎仲尼之聖賢言晤，亦未有并言仁義者。仲尼係易唯曰立人之道曰仁與義耳。至於孟軻開口每稱仁義，何也。仲尼時人知仁中有義，義中有仁歟。孟子時戰國人唯驅功利而不仁不義耶。欲聞孔孟所言之歸於一揆。[1]

林羅山對“仁義”的認識是出於他對孔子、孟子所處不同時代背景的判斷，他認爲孔子之時世人尚且能夠知曉仁義，但到了孟子之時世人則陷入唯利是圖、背離道德的危機當中，爲了拯救這種危機，是他認爲孟子“開口每稱仁義”的原因。

關於“仁義”的内涵，林羅山并没有做更多解讀，他引用朱熹《孟子集注》的詮釋，“孟子梁惠王集注云，仁者心之德愛之理，義者心之制事之宜

---

[1]　京都史迹會編，《羅山先生文集》，平安考古學會，1918 年，第 380—381 頁。

也。又云仁義根於人心之固有，天理之公也。利心生於物我之相形，人欲之私也"。[1]實質上，林羅山已然認識到朱熹詮釋中"理氣"與"義利"的體用關係。但是，他并沒有對這一體用關係做更加深入的形而上的剖析，而是強調了"仁義"在主體以外作用層面的意義。他認爲，"仁義之起，是惻隱羞惡也，到彼此人物之上，見愛見宜，故云愛之理，宜之理"。[2]毋庸贅言，林羅山接納了朱熹"理氣"的詮釋；但是，即便如此，較之朱熹這種形而上的詮釋，他更願意從《孟子》原典"惻隱之心，仁之端也，羞惡之心，義之端也"[3]對"仁義"發生機制的詮釋。在"義利之辨"上，林羅山在朱熹的詮釋與《孟子》原典之間陷入了既要繼承"理氣"的詮釋，又要遵從文本句意的困境。這種困境還出現在《童蒙抄》中。林羅山將《論語》"君子喻於義，小人喻於利"[4]中的"義利"明確詮釋爲"義乃天理也，利乃人欲也。君子循天理，故若爲義可爲之事，則殺身必爲。小人殉人欲，故有得利之事，則亡身必求也。喻賢其道，云君子賢義理；小人賢得利"，[5]不僅明確地肯定了朱熹"理氣"的詮釋，還通過對作爲區分"君子""小人"道德標準的"義利"的詮釋表達了對追求利益的鄙視。然而，林羅山又說：

> 子罕言利，孟子不言利，然孔子爲政則曰富庶，孟子論王政則曰井田，而細之於曰五母彘五母雞，不可曰不言利也。若不然與王衍曰阿堵物何以異哉。孟子不然，聖人亦曰因民之所利而利之，所謂以義爲利者是歟，故聖賢之言利不爲私也，不爲桑弘羊也，不言利爲公也，不爲王衍也，聖賢或言利，或否否者，常而言者少。故曰罕言利以其有害。[6]

林羅山在原典詮釋中尋求足以令人信服的證據，他通過《論語》"子適衛，冉有僕，子曰：庶矣哉。冉有曰：既庶矣，又何加焉。曰：富之"[7]和

[1] 林羅山，《性理字義解》刊本，東洞院通六角下ル町山口市郎兵衛板，1659 年，第 21 頁。
[2] 林羅山，《性理字義解》刊本，東洞院通六角下ル町山口市郎兵衛板，1659 年，第 21 頁。
[3] 楊伯峻譯注，《孟子譯注》，中華書局，2005 年，第 72—73 頁。
[4] 楊伯峻譯注，《論語譯注》，中華書局，2009 年，第 38 頁。
[5] 林羅山，《童蒙抄》刊本，武村三郎兵衛刊行，1666 年，第 7 頁。
[6] 京都史迹會編，《羅山先生文集》，平安考古學會，1918 年，第 404 頁。
[7] 楊伯峻譯注，《論語譯注》，中華書局，2009 年，第 134—135 頁。

《孟子》"使畢戰問井地""五畝之宅，樹之以桑""雞豚狗彘之畜，無失其時"[1]的原文，指出孟子并非反對追求利益，而是提倡爲民之"公利"，反對追逐"私利"。在"義利之辨"中，林羅山所面臨的困境是在朱熹的詮釋與《孟子》原典之間的兩難抉擇。對此，本文試圖從林羅山對《孟子》扎實的點校功夫來理解他的困境。在"論孟注疏跋"中，林羅山記錄了爲趙岐注釋添加訓點的過程，"論孟舊注加訓點了，而孟子十四篇經并趙注，先年以古倭本一校之，頃日以足利學校所藏舊寫本孟子疏一校了。乙未二月二十六日"；[2]在"四書集注點本跋"中，他又詳細記載了爲朱熹注釋作訓點的經過，"右孟子合部七篇，自梁惠王至盡心，借我家之點本於龜三，以令寫朱墨，初自學、庸、論而於此，終四書之功云。元和四年戊午。先生初加訓點於四書章句集注，其後就宋儒傳說點五經，又加點於十三經并注，未終朱句於疏以授恕也，晚年得十三經白紙善本而經及注疏悉點朱句了，未暇墨點其心以爲授靖也，不幸罹丁酉之災，固可惜也"。[3]從上述兩篇跋文來看，他對《孟子》的認識來源不僅有朱熹的《孟子集注》，還包括趙岐的注釋。這兩種注釋對林羅山認識《孟子》所帶來的衝擊是不同的，趙岐注釋平實質樸的訓詁式語句詮釋顯然要比朱熹注釋探究義理的思維更容易令人接受。由此可見，同樣作爲《孟子》的注釋，趙岐與朱熹注釋對於江戶時代初期的林羅山而言，所達成的普遍意義上的共鳴也不對等。不僅如此，林羅山還曾在朱子學與陽明學之間猶豫不定，[4]朱熹的詮釋對林羅山思想上所造成的困境可見一斑。

　　不過，與上述困境相比，林羅山面臨的更大困境是讓已經衝擊不對等的《孟子》詮釋在江戶時代的日本社會更具有普遍性。最終他不再糾結朱熹"理氣"的詮釋，而是着重爲"士農工商"四民確立明確的道德準則，從"重農輕商"的立場上鄙視追逐"私利"，從幕藩體制的維護上提倡"公利"。於是，在内外困境中孕育了林羅山的朱子學，這種朱子學與中國

[1]　楊伯峻譯注，《孟子譯注》，中華書局，2005 年，第 5、108 頁
[2]　京都史迹會編，《羅山先生文集》，平安考古學會，1918 年，第 186 頁。
[3]　京都史迹會編，《羅山先生文集》，平安考古學會，1918 年，第 187 頁。
[4]　龔穎，《林羅山理氣論的思想特色》，《中國哲學史》，2018 年第 4 期。

朱子學在普遍道德上達成了妥協，却形成了"似而非"[1]的日本朱子學的特殊性。

## 三　古學思潮下的重新闡釋

在"義利之辨"問題上，當林羅山面對抉擇——朱熹詮釋還是《孟子》原典時，他選擇了朱熹詮釋的道路。正是這一決定孕育了江戶初期的朱子學思潮。但也恰恰是這一選擇，給那些選擇回歸原典的江戶儒學者的出現創造了可能，這股力量被稱爲古學思潮。在古學思潮中最具代表性的是山鹿素行的聖學、伊藤仁齋的古義學、荻生徂徠的古文辭學。

井上哲次郎將他們三者的學術思想統稱爲"古學派"。[2]丸山真男則把從山鹿素行的聖學到伊藤仁齋的古義學，再到荻生徂徠的古文辭學的形成看作朱子學思維方法的分解過程。[3]站在分解朱子學到産生國學的思考模式下，很難令人對丸山真男的結論提出質疑；但是在經歷過"儒學日本化"與"日本儒學"的困惑之後，重新審視這一結論就會發現另外一個問題，即古學思潮所批判的朱子學到底是中國的朱子學還是日本的朱子學。

爲了回答上述問題，本文首先探討一下山鹿素行對"義利之辨"的闡釋。關於"義利"，山鹿素行説："太史公注書好利之弊。祇好利乃誤也，忘義與欲得也。好利乃人情也，故忘義有失。孔子云放於利而行多怨。若利乃天下之所求，與天下共時則可也，與天下共此則爲義。"[4]他認爲"義"是天下人的需求，"利"則是個人的情感。這種對普遍意義上"公私"的闡釋使得山鹿素行與朱熹、林羅山的詮釋具有相似性。

但是，在《孟子句讀大全》中，山鹿素行進一步系統性地闡釋了他對"梁惠王章句"的認識。值得關注的是，山鹿素行闡釋的依據來自朱熹的

---

[1]　龔穎，《"似而非"的日本朱子學——林羅山思想研究》，學苑出版社，2008 年。
[2]　井上哲次郎，《日本古學派之哲學》，富山房，1902 年。
[3]　丸山真男，《日本政治思想史研究》，東京大學出版會，1980 年。
[4]　廣瀨豐，《山鹿素行全集（思想篇）》卷十一，岩波書店，1940 年，第 534 頁。

《孟子集注》、馬端臨的《文獻通考》以及胡廣的《孟子大全》。特別是他在引用朱熹《孟子集注》時，還明確標出是"出林子之抄"。[1]在文獻的關聯性上，山鹿素行的闡釋并沒有表現出排斥中國朱子學的傾向。當然，這也并不意味着他完全接受了朱熹的詮釋。比如在對"王，何必曰利，亦有仁義而已矣"[2]的闡釋中，山鹿素行既沒有採用朱熹《孟子集注》的詮釋，也没有引用胡廣《孟子大全》的注釋，而是在《孟子》原典"仁，人心也。義，人路也。舍其路而弗由，放其心而不知，哀哉""仁，人之安宅也。義人之正路也。曠安宅而弗居，舍正路而不由，哀哉""君仁，莫不仁，君義，莫不義""親親，仁也。敬長，義也""居惡在，仁是也。路惡在，義是也。居仁由義，大人之事備矣"[3]的基礎上，得出"言以仁義則不必利，而利自全也"[4]的結論。山鹿素行認爲，祇要主張仁義，即便不追求利益也會帶來更大的利益。在這一點上，與朱熹"理氣"的詮釋不同，他採取了"以孟解孟"的文本詮釋方法，回歸了文本的原典。對於"義利"，山鹿素行指出：

> 愚謂，言上節并説仁義，此節先説利之大害。仁乃人心而人之道，義乃臣事君之本，有所不爲任己之情意，自謙於心而不疚於内，對利之名也。下節又以仁義結兩節之全意。按，上節乃并説，故句讀仁義相對且解全意，此節專一説仁義，而後義先利，不奪不饜者，此禽獸之行，非人之道。故此節，仁者，道也。義者，臣事君之本，而有所不爲，自謙於心之謂，對利之言也。[5]

在山鹿素行看來，"仁"是人的道德規範，"義"是君臣關係的根本，"仁義"與"利"相對，先利後義者是禽獸的行爲；而"仁義者，聖人之道"。[6]山鹿素行在"義利"之間試圖凸顯道德與政治哲學意蘊的結合點——

---

[1]　山鹿素行先生全集刊行會編，《孟子句讀大全》，國民書院，1920年，第1頁。
[2]　楊伯峻譯注，《孟子譯注》，中華書局，2005年，第1頁。
[3]　楊伯峻譯注，《孟子譯注》，中華書局，2005年，第157—292頁。
[4]　山鹿素行先生全集刊行會編，《孟子句讀大全》，國民書院，1920年，第2—3頁。
[5]　山鹿素行先生全集刊行會編，《孟子句讀大全》，國民書院，1920年，第5—6頁。
[6]　山鹿素行先生全集刊行會編，《孟子句讀大全》，國民書院，1920年，第9頁。

仁義，他認爲"仁義"不僅是道德規範，也是政治準則，也衹有具備"仁義"的人才可以成爲"聖人"。如此一來，作爲"仁義"對立面的"利"不僅是追求違背道德規範的利益，也包含了有悖於政治準則的利益。很顯然，這種兼具道德與政治哲學意藴的論述，在林羅山的詮釋中并没有出現，反而與朱熹的詮釋比較接近。因此，當有人問起與林羅山志趣的異同時，山鹿素行堅決地回答："與其（林羅山）志大異，唯記誦之爲，非志於克己復禮。"[1]通過山鹿素行的回答可以看出，他自認爲聖學，兼具了道德與政治哲學的雙重意藴，而林羅山的學術作爲衹是爲儒學經典添加了訓點而已。相良亨曾經評價山鹿素行的學術思想是"在朱子學的地盤與朱子争"，[2]或者從上文的提問來看，可以説山鹿素行是在中國朱子學的地盤與林羅山的朱子學争。

與此同時，古義學學者伊藤仁齋則强烈地反對追求利益的行爲，他認爲，"仁義二字，乃王道之體要，而七篇之旨，皆莫不自此紬繹焉。夫上行下傚，速於影響。上好利，則下亦好利，而必有篡弑之禍。上好仁義，則下亦好仁義，而自成忠孝之俗。故欲求利，則未必得利，而害必隨之。至於仁義，則求無不得，而有益於得"。[3]伊藤仁齋把"仁義"作爲孟子思想的核心，他從政治哲學的角度指出君主在仁政中應然的責任，認爲仁義可以帶來一切福祉。對此，他在《大學非孔氏之遺書辨》中補充説：

> 又曰，此謂國不以利爲利，以義爲利也，是亦以利心言之者也。孟子曰，王何必曰利，亦有仁義而已矣。夫君子之行道也，惟義是尚，而不知利之爲利也。苟有以義爲利之心焉，則其卒也莫不舍義而取利也。蓋戰國之間，陷溺之久，人皆悦利，而自王公大人，以至於庶人，惟利之欲聞，故雖被服儒者，每憂其術之不售，必以利唘人，所謂生財有大道，又曰，以義爲利，蓋用此術也。[4]

---

[1]　廣瀬豐，《山鹿素行全集（思想篇）》卷十一，岩波書店，1940年，第342頁。
[2]　相良亨，《近世日本儒教運動的系譜》，弘文堂，1955年，第94頁。
[3]　伊藤仁齋，《孟子古義》，關儀一郎編《四書注釋全書》，東洋圖書刊行會，1926年，第2—3頁。
[4]　伊藤仁齋，《語孟字義》，《日本儒林叢書（第六卷）：解説部（2）》，鳳出版，1978年，第82頁。

　　針對《大學》"生財有大道""以義爲利也"的觀點，[1]伊藤仁齋認爲，《孟子》中"義利之辨"就是要强調"義"的重要性，既不能爲了追求利益而追求利益，也不能把仁義作爲利益，否則最終祇會舍義取利，與孟子捨生取義的主張背道而馳。伊藤仁齋的古義學以仁義爲"意味"，强調孔孟之血脉，通過確立《論語》和《孟子》在其古學思想中的絶對權威以抵抗朱子學的"四書"體系。在"義利之辨"中，伊藤仁齋反對追求利益與"仁義"的關聯，將"仁義"與"利"絶對對立，遵循了《孟子》原典的直接意義。從他將"仁義"與"利"看作絶對對立的關係來看，古義學對"義利之辨"的闡釋更傾向於一種理想的道德主義。顯然，伊藤仁齋的古義學與山鹿素行的聖學不同，他將批判的矛頭直指中國的朱子學。儘管如此，他思維中對孔孟原典的依賴仍然無法切割與中國儒學的關聯。

　　但是，伊藤仁齋的觀點遭到荻生徂徠的反對，他認爲，"後世道學先生，又據孟子之言，每謂唯在義理如何而已矣，而利害非所問也，徒潔其身，而不知其爲道遠於人者，亦不善讀孟子之失已，如仁齋先生信孟子之深，而謂大學以義爲利者，戰國人以利噉人之故，智者亦不知孟子言止不欲以利爲名耳，乃坐不識字，而謂孟子絶口於利故也"。[2]在荻生徂徠看來，伊藤仁齋將"仁義"和"利"絶對對立的觀點，祇是基於《孟子》字面的意思，過於理想主義。關於"義利之辨"，荻生徂徠指出：

　　　　義利之辨，先儒以爲《孟子》開卷第一義。夫舜之三事，利用厚生居其二。文言曰，能以義利利天下，不言所利，大矣哉。故聖人之道，利民爲先，道而無所利，豈足以爲道乎。故雖孟子亦以安富尊榮爲言，而此章首辨義利者，説之道也。……仁義并稱，先王孔子所不言，六經論語所無也，亦以吾道標異於百家之言也。書曰，禮以制心，義以制事。古之教，詩書禮樂，略而言之。君子之道，唯禮義足以舉之，而孔門之教依於仁，故仁與禮義三者。[3]

---

[1]　王文錦譯注，《大學中庸譯注》，中華書局，2017年，第14—15頁。
[2]　荻生徂徠，《孟子識》刊本，板倉勝明版，1856年，第5頁。
[3]　荻生徂徠，《孟子識》刊本，板倉勝明版，1856年，第4—5頁。

荻生徂徕通過《尚書》記載舜之三事"正德、利用、厚生惟和"[1]和《易經》"乾始能以美利利天下，不言所利，大矣哉"，[2]指出聖人之道首先要"利民"。荻生徂徕思想中的聖人之道是指政治社會的制度，[3]也就是説他認爲爲民謀福祉理應是政治社會制度的一部分。而且，荻生徂徕認爲孟子對"義利"的辨析不過是他的一套説辭，無論是"先王孔子"還是"六經論語"都不曾將"仁義"并稱，合乎先王之道的是仁、禮、義。在這裏，荻生徂徕是將"利"看作"利民"，即全民之福祉，所以也就肯定了以義爲利的觀點。不過，實質上，荻生徂徕仍然是從"公利"的角度詮釋"義利之辨"，并没有超脱朱熹《孟子集注》"惟仁義則不求利而未嘗不利也"、林羅山"聖賢之言利不爲私也"的觀點。荻生徂徕否定了《孟子》"仁義"并稱的做法，他認爲"禮義"纔符合聖人之道。在《辨名》中，荻生徂徕詮釋説：

> 義亦先王之所立，道之名也。蓋先王之立禮，其爲教亦周矣哉。然禮有一定之體，而天下之事無窮，故又立義焉。傳曰，詩書義之府也，禮樂德之則也。禮樂相須，樂未有離禮孤行者。故曰禮義也者，人之大端也。禮以制心，義以制事，禮以守常，義以應變，舉此二者，而先王之道庶乎足以盡之矣。[4]

在荻生徂徕的闡釋中，所謂"先王之道"（聖人之道）是指禮樂，"禮"的外在表現是"義"，而"義"進一步彌補了"禮"在事物中所起的作用，所以"禮義"也是"先王之道"。在用"禮義"否定"仁義"之後，荻生徂徕將批判的矛頭指向朱子學中"義"的詮釋，他認爲，"朱子曰，義者，心之制，事之宜。是皆不知義爲先王之義，乃取諸臆以爲義也。夫取諸臆以爲義，是非義之義所由生也。……然先王之意爲安民故也"。[5]荻生徂徕直

---

[1]　李民、王健，《尚書譯注》，上海古籍出版社，2010年，第26頁。
[2]　樓宇烈校釋，《周易注校釋》，中華書局，2012年，第5頁。
[3]　王青，《日本近世儒學家荻生徂徕研究》，上海古籍出版社，2005年，第52頁。
[4]　荻生徂徕，《辨名》刊本，昌平阪學問所藏版，1789年，第30頁。
[5]　荻生徂徕，《辨名》刊本，昌平阪學問所藏版，1789年，第30頁。

接指出朱子學中的 "義" 不過是毫無根據的臆想，完全没有考慮 "先王之道" 安民的政治意圖。在荻生徂徠 "義利之辨" 的闡釋中，他一方面肯定了以義爲利的觀點，指出 "義" 在 "利民"，進而批判了伊藤仁齋道德的理想主義；另一方面，通過將 "禮義" 看作 "先王之道" 否定了 "仁義"，指出 "先王之道" 在 "安民"，批判了朱子學。在 "義利之辨" 的辯論中，荻生徂徠既没有接受朱熹 "理氣" 的詮釋，也没有回歸《孟子》原典，而是直接追溯 "六經" 以及《論語》，從而構建了 "先王之道" 的體系，即政治社會制度。在這一前提下，"義利" 之中的 "仁義" 道德意味被替换成 "禮義" 的政治哲學，成爲 "先王之道" 體系的一部分。由於在哲學意義基點上的分裂，無論是中國的朱子學還是伊藤仁齋的古義學都成爲荻生徂徠古文辭學攻擊的對象。

從山鹿素行到伊藤仁齋，再到荻生徂徠，古學思潮中 "三學" 試圖通過重新闡釋 "義利之辨" 確立復古的學説。這種復古的表層下是他們對江户時代儒學的重構。他們有的復古周孔之教，有的回歸孔孟血脉，有的以 "六經論語" 作爲思想來源，但是他們的闡釋都無法切割與中國儒學本體的關聯。日本的古學思潮潛藏着中國儒學所帶來的普遍影響意義。在這種普遍意義下，山鹿素行通過批判林羅山的朱子學詮釋標榜自己不同於中國朱子學，伊藤仁齋則真正高舉批判中國朱子學的大纛，而伊藤仁齋與中國朱子學却一并成爲荻生徂徠抨擊的對象。從 "三學" 闡釋的普遍性來看，三者都將中國朱子學作爲參照系，强調了以日本儒學作爲本體的特殊性。古學思潮下 "三學" 對 "義利之辨" 的闡釋充分地顯現出中國儒學日本化與日本儒學重新闡釋的特質。

## 四　大阪懷德堂與折中詮釋

伴隨着江户中期商業經濟的繁榮，大阪地區的 "町人" 越來越重視商人的文化教育，於是享保九年（1724）在大阪 "町人" 的資助下，初代學主三宅石庵（1665—1730）創立了商人私塾——懷德堂。享保十一年（1726）

在第二代學主中井甃庵（1693—1758）的努力下，懷德堂得到了德川幕府的承認，成爲官辦學堂大阪學問所。

"士農工商"身份制度下，對於從事商業活動的"町人"而言，追求經濟利益與朱子學"重義輕利"的思想背道而馳。對此，懷德堂的初代學主三宅石庵認爲，"若深好利之心，則失仁義之良心，終失家國天下，以至失其身。君子小人之分，亦仁義與利欲之間也"。[1] 關於"義利"，三宅石庵首先指出"利"的危害，他認爲過於追求利益則會喪失仁義之心，也會失去國家甚至自我，所以"仁義"與"利欲"是君子和小人道德規範的標準。在這一點上，三宅石庵的觀點與朱子學的詮釋比較接近。從這個角度來看，三宅石庵仍然是從道德哲學來思考"義利之辨"的。但是，他覺察到：

> 若純一之仁義則無利欲之心也，若利欲之心甚焉則無仁義之心也。故聖賢君子，仁義之心純一也。爲中位者，仁義之心各有一方，又若如此隨意云惡之利欲之心亦各有一方，此處爲學問之事也，此處爲用功夫之事也。若見世上人人皆有義理之心者也，則可隨意爲善事也。故有利欲之念也。由此二條內，易強引於利欲之念方。縱使如此世上之人，皆濁如塵，而此方之利不爲彼方之義抑，彼方之利亦不爲此方之義抑，此亦勢均之中，塵乃濁，若此一拍子錯，則危矣。一人之心有此，一方之心思義理，一方之心思利，則易爲利強引，難回義理之方，此甚危也。故修身之人，不可不以仁義之心，活用利欲之念。治國之人不可使利心流行，而當使仁義流行於世上。而胸中仁義與利欲相戰不可不用功夫甚也。縱如子夏之賢者有此病，亦當謹慎用功夫也。[2]

三宅石庵發現聖賢君子的內心是純正、唯一的仁義之心，但是對於大多數"中位者"，也就是一般人而言，"仁義之心"與"利欲之念"各占一半，他把這種對一般人"心"的認識看作"學問"和"功夫"的關鍵。三宅

---

[1]　西村時彥，《懷德堂五種：萬年先生論孟首章講義》，松村文海堂，1907年，第10頁。
[2]　西村時彥，《懷德堂五種：萬年先生論孟首章講義》，松村文海堂，1907年，第10—11頁。

石庵指出，"仁義之心"與"利欲之念"同時存在於人心之中，雖然整體兩方處於勢均力敵的狀態，但是往往仁義會被利欲一方所吸引，如此一來，危害極大。因此，三宅石庵提出，作爲一般人，修身需要以"仁義之心"活用"利欲之念"，這也就是他"學問"的"功夫"。換句話說，在三宅石庵的論述中，聖人的内心祇有唯一的"仁義之心"；而一般人的内心既有"仁義之心"又有"利欲之念"。因此，三宅石庵肯定了商人作爲一般人追求利益的合理性和正當性。不過，他也明確指出不能輕易打破"仁義之心"與"利欲之念"的内在生態平衡，如不能以"仁義之心"活用"利欲之念"，則會被"利欲"反噬。按照三宅石庵的詮釋，雖然"町人"不屬於聖人、君子之列，但也不歸於"小人"的範圍；而且通過他"學問"的"功夫"，是可以合理地解決"義利"之間矛盾的。他的這種詮釋不僅爲中國儒學在江户"町人"中傳播創造了條件，還爲"町人"接受中國儒學提供了可能性。

雖然懷德堂宣導的是朱子學，但是通過三宅石庵對"義利之辨"的論述，可以看到懷德堂并沒有完全承襲朱子學的觀點，它的學風更加自由、活潑，能夠針對"町人"的特殊性有彈性地探討"義利之辨"。同樣，懷德堂的另外一位學者中井履軒（1732—1817）在朱熹《四書章句集注》的基礎上重新注釋了"四書"，他的《孟子逢原》系統詮釋了孟子思想。

在《孟子逢原》中，中井履軒針對朱熹"言仁者必愛其親，義者必急其君。故人君躬行仁義而無求利之心，則其下化之，自親戴於己也"的詮釋，提出了不同的理解。中井履軒詮釋說："不遺親，不後君，此國順治而無篡弒之患而已，未可指此爲厚利，注此不當題利字，且經文明分義利爲二物，注乃隱然欲合之，何也。若夫易元亨利貞，利者義之和，所指自別，故文同而義異。"[1]在中井履軒看來，《孟子》中關於"不遺親，不後君"的詮釋指的是國家順治，屬於政治哲學；但朱熹的詮釋却導向"義利"共同，顯現出來的是道德哲學意蘊。因此，他認爲《孟子》原文中已經明確指出了"義利"的區別，不能以"利者義之和"將二者并說。而對於朱熹以"理氣"詮釋"義利之辨"的觀點，中井履軒更是直接指出，"天理人欲，是宋賢之見

---

[1]　中井履軒，《孟子逢原》，關儀一郎編《四書注釋全書》，東洋圖書刊行會，1925年，第13頁。

解，與孟子之言，元不符合，不當以解七篇"，[1]他認爲朱熹"理氣"的詮釋與原典不符，不能準確詮釋《孟子》。

懷德堂作爲"町人"學術思想的代表，他們不僅要從事與追求經濟利益相關的商人職業，還力圖從朱子學的詮釋中尋求構建商人的道德體系。也就是説，懷德堂對"義利之辨"的詮釋必須要在應然與實然之間選擇一條折中道路。因此，三宅石庵從大阪商人的生存實際出發，承認了"利欲之念"存在於商人内心的正當性。這就達成了中國儒學道德哲學意藴中"仁義之心"與懷德堂所承認的"利欲之念"間的和解。但是，這種折中的和解并不意味着完全的妥協，中井履軒就根據《孟子》原典的詮釋否定了朱熹"理氣"的詮釋。與林羅山的詮釋所遭遇的困境不一樣，懷德堂的折中手段保持了自身詮釋的彈性。他們不盲從朱熹的注釋，反而利用原典詮釋來"修正"朱熹的詮釋，也就順利擺脱了林羅山所面臨的困境，還充分地顯示出"儒學日本化"與"日本儒學"重新詮釋的複雜性。

## 五　陽明學與實學性闡釋

江户時代末期，在尊王攘夷的時代背景下，陽明學得到迅速發展。代表學者不僅有在昌平阪學問所擔任儒官的佐藤一齋（1772—1859），還有活躍於幕末政治舞臺的吉田松陰。

不過，由於佐藤一齋擔任幕府官僚，因此他不能公開標榜自己陽明學的立場，祇能通過"陽朱陰王"的方式，表面上主張朱子學，實際上却提倡陽明學。關於《孟子》"梁惠王"中的"義利之辨"，佐藤一齋基本忽視了"義利"問題的探討，他在《孟子欄外書》中直接指出"梁惠王"章節的政治哲學意義，"孟子説到萬乘之國弑其君者必千乘之家，眼前事實，惠王聞之，能無悚然聳懼乎"。[2]從佐藤一齋的詮釋來看，他基本告别了"義利"哲學

---

[ 1 ]　中井履軒，《孟子逢原》，關儀一郎編《四書注釋全書》，東洋圖書刊行會，1925 年，第 14 頁。
[ 2 ]　佐藤一齋，《孟子欄外書》，關儀一郎編《四書注釋全書》，東洋圖書刊行會，1926 年，第 4 頁。

意義的討論，反而更加關注孟子思想中的君臣關係。

幕府末期，嘉永六年（1853），美國東印度艦隊司令馬修·佩里抵達江户灣浦賀沖，史稱"佩里叩關"或"黑船來航"。安政元年（1854），佩里抵達下田，吉田松陰欲以"投夷書"外航游歷歐美，被拒後押解至江户，又囚禁於長門野山獄，後創立"松下村塾"授業講學，但是，最終因謀刺幕府閣老，在安政大獄中被殺。在野山獄期間，吉田松陰爲犯人講解《孟子》，著成《講孟札記》。關於"義利之辨"，吉田松陰認爲：

> 蓋仁義乃道理之所爲也，利乃功效之所期也。若以道理爲主，則不期功效而自至，若以功效爲主，則多至於失道理。且以功效爲主者，事皆苟且而所成遂之事少。假令雖少有所成遂，然不足以保永久。舍永久之良圖，從目前之近效。不堪言其害。苟能一向求義理之當然，無始終，無作輟之時，又焉有何事不成之憂也。[1]

雖然吉田松陰一開始仍然用類似朱熹詮釋的口吻闡釋了"義利"的區別，但在他看來，"義利之辨"的關鍵在於"仁義"所産生的效果要比"利"更加長久。實質上，無論是"仁義"還是"利"，吉田松陰的詮釋已經完全放棄了朱子學"理氣"的詮釋，也沒有像林羅山、山鹿素行以及伊藤仁齋等學者强調"義利"的統一性，而是從最終結果去衡量"義利"的差別，應該説他的"義利之辨"是一種功利主義的闡釋。對於朱熹"仁義根於人心之固有""利心生於物我之相形"的觀點，吉田松陰認爲，"是所謂利之説也，非至仁義之説。人心所固有，事理之所當然也，無有所不爲一。人生而不知人之道，臣生而不知臣之道，子生而不知子之道，士生而不知士之道，豈不當至於恥焉。若有以是爲恥之心，無有外術之學讀書之道"。[2]在吉田松陰看來，人臣子士生下來是不知道有道德的，但是會感到羞恥和厭惡，所以人臣子士要通過讀書來學習道德，也正因此，他指出

---

[1]　吉田松陰，《講孟札記》刊本，松下私塾版，1869年，第3—4頁。
[2]　吉田松陰，《講孟札記》刊本，松下私塾版，1869年，第4頁。

人心所固有、理所當然是對利益的追求，而不是仁義。在這裏，吉田松陰
闡釋的原理來自《孟子》中所强調的"羞惡之心，義之端也"，由於羞恥
和厭惡之心是人"義"的發端，當人臣子士因不知道道德而感到"羞惡"，
自然要通過學習去認識"道"。

　　如上所言，《講孟札記》是吉田松陰在野山獄期間爲犯人講解《孟子》
的講義，他在書中説："今且與諸君在獄中論講學之意……云有何之功效
耶"。[1]由此可見，吉田松陰講述孟子思想的聽衆是野山獄的一衆犯人，他
既不可能像朱熹一樣通過"理氣"來闡釋"義利"的關係，也不可能像林羅
山、山鹿素行等學者一樣辨析"義利"的公與私，更不可能像伊藤仁齋一樣
追求理想的道德。吉田松陰不承認生人固有的"仁義"，他强調人能通過積
極的讀書認識學習道德，體現了他"義利之辨"中的積極主義。正因爲如
此，吉田松陰的思想在草莽崛起的幕末時代影響更大。

　　幕府末期，西方列强迫使德川幕府簽訂了一系列不平等條約。對此，吉
田松陰指出，"癸丑甲寅墨魯之變，至於屈大體而從陋夷之小醜者何也，朝
野之論，戰非必勝，不過恐轉而滋出變故之事，是亦舍義理而論功效之
弊"。[2]這裏所説的"癸丑甲寅墨魯之變"指的是嘉永六年（1853）美國佩
里艦來航與安政元年（1854）日本與俄國簽訂《日俄親善條約》。吉田松陰
認爲造成喪權辱國事件的原因在於幕府一方面擔心開戰没有必勝的把握，另
一方面要防止發生其他不測變故。實際上，在吉田松陰看來，幕府的憂慮是
祇看到眼前功效而不計長遠打算的"舍義理而論功效"行爲。吉田松陰對
"義利之辨"的闡釋主要基於他對客觀現實的認識和判斷，并利用"義利"
來闡釋日本幕末的政治形勢。吉田松陰的闡釋已然超越了過去江户儒學認識
論的範疇，他要從孟子思想中找到解決日本危機的方法論，顯示出强烈的實
學性。這種實學性確切來説是吉田松陰通過中國儒學的普遍性試圖解決日本
的特殊性危機時的産物。

---

[1]　吉田松陰，《講孟札記》刊本，松下私塾版，1869年，第4頁。
[2]　吉田松陰，《講孟札記》刊本，松下私塾版，1869年，第4頁。

## 結語

日本江户時代朱子學、古學、懷德堂以及陽明學對《孟子》"義利之辨"的闡釋，顯現出了各自的特質。朱子學巨擘林羅山陷入了朱熹的詮釋與《孟子》原典之間的兩難抉擇；古學思潮下的"三學"則以不同形式的復古重新展開對"義利"的闡釋；懷德堂爲了從朱子學的詮釋中尋求構建商人道德體系，在"仁義之心"和"利欲之念"間選擇了折中道路；陽明學學者吉田松陰試圖從孟子思想中找到解決日本危機的方法論，顯示出強烈的實學性。江户時代的這些學術思想與中國儒學之間無一例外都具有普遍性的關聯，它們是作爲主體的中國儒學在進入他者之境後"日本化"的體現；與此同時發生的還有"日本儒學"，它是正在進行的"日本化"在江户儒學者的嘗試下所創造出來的日本的特殊性，此時的本體發生了根本性的轉變。由此可以肯定的是，江户時代的儒學是一個中國儒學日本化與日本儒學重新詮釋的交互、極其複雜過程中的産物。

多元視域作爲探討江户時代儒學的方法正是建立在其接受、批判與再闡釋的動態發展過程基礎上的。在這一視域中，各個學術思想都以自己的獨特性豐富了作爲主體的"日本儒學"；而它們之間也可以通過相互參照、比較的關係發現中國儒學普遍性的影響意義。正如孫歌在探討普遍性與差異性（特殊性）間的關聯時所説，"在通過相似性進入差異的過程中，另一種普遍性誕生了：它不致力於從多樣個別性中抽象出單一前提，而是以多元爲前提"。[1]江户時代儒學所顯現出的普遍性與特殊性相互交織的過程恰恰需要從多元視域厘清當時學術思想的綫索，這也正是本文通過"義利之辨"的探討所要達成的目的——爲了擺脱過去從日本儒學身上尋求中國儒學的普遍性與刻意強調日本儒學特殊性的一元思維的束縛。

---

[１]　孫歌，《序　在形而下層面結構原理》，《思想史中的日本與中國》，上海交通大學出版社，2017 年，第 11 頁。

學術動態

# 日本學界"書籍交流與中日文化交流史" 研究回顧與展望[*]

〔日〕榎本淳一 著　蘇亦偉　葛繼勇 譯

**摘　要**　本文從書籍交流的制度、中國流入日本的書籍以及日本流入中國的書籍三個方面回顧了日本學界關於中日書籍交流史的研究成果。可以發現，古代與近世的研究成果較多，中世的研究總體較少；中國學者在日本學界所做的貢獻非常值得稱讚，而日本學者在中國學界的活躍度却稍有不及；史料目録與圖像的資料化、數字化發展，在促進研究快速推進的同時，也容易産生研究分散化、視角單一化的問題。今後應提升中世時期中日書籍交流研究的活躍度，促進中日學界的相互交流，加強大視角下書籍交流的理論研究。

**關鍵詞**　日本學界，書籍交流制度，中日文化交流史，理論研究，回顧與展望

中日兩國自古以來相互影響，已有長達兩千多年的交流史。尤其在前近代，中國高度發達的文明對落後的日本産生了極大影響。然而，兩國之間一海相隔，人物的交流較少，文化交流主要通過書籍來進行。因此，中日文化交流史研究中最核心的課題當爲書籍交流的研究，在此筆者將就該課題與今後的展望作以概述。

本文所言及的時代爲中國南北朝至清代，即日本的飛鳥至明治時代。在中國文化深深影響下的前近代日本，文化史的研究必然離不開中國書籍（漢

---

\*　榎本淳一，日本大正大學文學部教授。葛繼勇，鄭州大學外國語與國際關係學院教授；蘇亦偉，鄭州大學外國語與國際關係學院講師。
本文係國家社科基金重大項目"中日合作版《中日文化交流史叢書》"（17ZDA227）、"國家資助博士後研究人員計劃"（GZC20232442）的階段性成果。

籍）的影響，書籍交流的相關研究不勝枚舉。因此，不可能列舉出全部的相
關研究，本文僅根據筆者的個人判斷有選擇性地論述。此外，題目中的“日
本學界”指在日本發表（刊發）的研究，發表者不局限於日本人士。

## 一　書籍交流制度的研究

### （一）書禁與禁書

無論哪個時代，信息與政治統治都有着密切關係。既有對統治有利的
信息，也有對統治不利的信息。在網絡出現之前，書籍是最具代表性的信息
媒介，其亦與政治統治有着必然的聯繫。在書籍的流通與交流等問題的考慮
上，其與統治的關係是無法忽視的。政府、權力者壟斷對統治有利的書籍，
廢棄對統治不利的書籍，從而妨礙書籍的交流。此外，政府還可通過提供、
賞賜包含有利信息的書籍，來締結、強化政治關係。換言之，書禁政策與禁
書政策所帶來的書籍的持有、流通限制，以及由權力者之間的書籍贈予所造
成的書籍的移動等對書籍交流產生的影響，均須納入考慮的範圍。宮崎市定
指出，書禁指在外國貿易中將書籍列爲違禁品的法令，禁書指禁止對社會有
害書籍的出現。[1] 著名的秦始皇“焚書坑儒”亦可歸爲禁書之類。依筆者拙
見，書禁與禁書常有混淆之嫌，因此有必要加以注意。

基於上述觀點的書籍交流相關的早期研究中，值得關注的是森克己《日
唐、日宋往來中的史書輸入》。[2] 此外，森克己從相同角度進行論述的文
章還有《日宋往來與宋代典籍的輸入》《宋代槧本的禁輸與流傳日本》，[3]

---

[1]　宮崎市定，《書禁と禁書》，《宮崎市定全集 19　東西交涉》，岩波書店，1992 年，初出
　　1940 年。
[2]　森克己，《日唐・日宋交通における史書の輸入》，《増補日宋文化交流の諸問題》，勉誠出
　　版，2011 年，初出 1939 年。
[3]　森克己，《日宋交通と宋代典籍の輸入》，《増補日宋文化交流の諸問題》，勉誠出版，2011
　　年，初出 1963 年；《宋代槧本の禁輸と日本への流伝》，《増補日宋文化交流の諸問題》，勉
　　誠出版，2011 年，初出 1963 年。

研究的主要内容爲宋代的書禁政策與宋日貿易中中國書籍傳入日本之間的關係。關於森克己的成果在研究史上的意義與問題點，可參照高津孝《解説 書籍》。[1]順便提一下，關於宋代書禁政策的研究，具有較高參考價值的有仁井田陞《慶元條法事類與宋代的出版法》《宋會要與宋代的出版法》。[2]宋代至清代，通時代論述書禁、禁書政策的有上文已提到的宮崎市定《書禁與禁書》。關於清代禁書的研究還有岡本さえ《清代禁書研究》。[3]

據上述研究可知，書禁産生於宋代以後的觀點早已得到認同，但也有觀點認爲唐代已有書禁，如拙作《"國風文化"與中國文化》。[4]然而，坂上康俊《書禁、禁書與法典的傳入》[5]則對該觀點加以批判，認爲唐代開放的外交政策下不存在書禁。筆者曾在《遣唐使攜歸的漢籍》[6]一文中通過探討遣唐使攜至日本的所有書籍，證明唐朝在書籍出境方面是有限制的，以此進行了駁論。

不止中國，日本在書籍交流方面也有限制。如江户時代的禁書令，是作爲禁止基督教政策的一環而出臺的法令，其規定禁止有關基督教的西洋書籍（包括中國翻譯的基督教書籍）輸入日本國内。代表性的研究有伊東多三郎《禁書研究》以及海老澤有道《關於禁書令的諸問題》。[7]其後，也有關於禁書令個別問題的研究，但未見有系統的研究。

基本每個時代都存在書籍流通、交流的限制，但目前僅有古代與近世的研究成果，今後應將尚未有研究成果的中世也納入探討範圍之内。

---

［1］ 高津孝，《解説 書籍》，《增補日宋文化交流の諸問題》，勉誠出版，2011 年。
［2］ 仁井田陞，《慶元条法事類と宋代の出版法》，《增訂中国法制史研究 法と慣習 法と道德》，東京大學出版會，1991 年，初出 1935 年；《宋会要と宋代の出版法》，《增訂中国法制史研究 法と慣習 法と道德》，東京大學出版會，1991 年，初出 1938 年。
［3］ 岡本さえ，《清代禁書の研究》，東京大學出版會，1997 年。
［4］ 榎本淳一，《「国風文化」と中国文化》，《唐王朝と古代日本》，吉川弘文館，2008 年，初出 1992 年。
［5］ 坂上康俊，《書禁・禁書と法典の将来》，《九州史學》第 129 號，2001 年。
［6］ 榎本淳一，《遣唐使の将来漢籍》，《唐王朝と古代日本》，吉川弘文館，2008 年。
［7］ 伊東多三郎，《禁書の研究》，《近世史の研究》第 1 册，吉川弘文館，1971 年，初出 1936 年；海老澤有道，《禁書令に関する諸問題》，《歷史教育》，1956 年第 4 卷第 11—12 號。

## （二）外交體制與文化傳播的機制

在考慮書籍交流與文化交流的前提時，其與外交關係、外交體制、外交制度之間的關係是不容忽視的。從外交體制考察文化交流的研究中，最具代表性的是西嶋定生的"册封體制"論與"東亞文化圈"論。[1]西嶋定生從"册封體制"這一以中國爲中心的外交體制出發對中國文化向東亞地區的擴散、傳播進行了研究，并主張東亞地區存在共有漢字、儒教、律令制、漢譯佛教的文化圈。該主張曾爲20世紀60年代之後席捲日本學界的有力説法，但在21世紀之後對其進行批判、否定的研究不斷涌現，而現在使用比東亞更廣闊的視野——"東部歐亞"論來進行外交、交流方面的研究日益興盛。然而，"東部歐亞"論目前尚未達到如西嶋定生那樣能夠層次清晰地説明文化交流體制的程度。從文化傳播的視點來批判西嶋定生諸説法的研究有李成市《東亞文化圈的形成》。[2]李成市并未否定"東亞文化圈"這一框架，而是認爲"册封體制"不能用來解釋文化傳播。此外，運用西嶋定生的"文化圈"這一概念來探討中國南朝文化向百濟、倭等地區傳播的研究有河内春人《五至七世紀學術的流通與南朝文化圈》。[3]

此處本應論及擔任中日之間書籍交流重任的外交使節、僧侶、商人的活動以及規定這些活動的制度等，但由於研究成果數量龐大，現僅列舉具有代表性的概説書：關於古代遣唐使的東野治之《遣唐使》、關於中世僧侶與海商的榎本涉《僧侶與海商的東海》、關於遣明使的村井章介編集代表《日明關係史研究入門：亞洲的遣明船》、關於江户時代商人與商船的大庭修《德川吉宗與康熙帝（亞洲書籍19）》。[4]

---

[1]　主要論文均收録於李成市編，《古代東アジア世界と日本》，岩波書店，2000年。

[2]　李成市，《東アジア文化圏の形成》，山川出版社，2000年。

[3]　河内春人，《五—七世紀における学術の流通と南朝文化圏》，榎本淳一編《古代中国・日本における学術と支配》，同成社，2013年。

[4]　東野治之，《遣唐使》，岩波書店，2007年；榎本渉，《僧侶と海商たちの東シナ海》，講談社，2010年；村井章介編集代表，《日明関係史研究入門：アジアのなかの遣明船》，勉誠出版，2015年；大庭修，《德川吉宗と康熙帝（あじあブックス019）》，大修館書店，1999年。

## 二　中國流入日本的書籍研究

傳入日本的中國書籍（漢籍）是何種書籍，其何時、如何傳入日本，以及對日本政治、社會、文化產生了何種影響等問題，是研究日本文化發展最重要的課題，衆多研究者已從各種各樣的角度進行了探討。以下將以研究方法爲中心來概觀研究史。

### （一）書籍流入史的概説

倉石武四郎《本邦支那學的發展》[1]一書是將其1946年在東京大學的講義筆記整理後出版的著作，論述了日本支那學（漢學、中國學）的發展史，并陳述了各個時期流入日本的漢籍與日本的學術發展之間的關聯，大有裨益。此外，補注中增補了2007年以前的相關研究，在學習研究史方面非常便利。關於中國與日本的文化交流史概説，篇幅最長且最廣爲熟知的是木宮泰彦《日華文化交流史》。[2]該書明確記述了各時代、各時期傳入日本的文物，并列舉了其中具有代表性的書籍，在學習書籍流入的概要方面頗具價值。木宮泰彦《日本古印刷文化史（新装版）》[3]同樣論述了各時代從中國傳入日本的典籍的概要。此外，田島公《日本、中國、朝鮮對外交流史年表（稿）：大寶元年至文治元年》[4]一書論及的年代雖僅限於古代，但其中對中日之間人物、文物（包含書籍）的移動情況進行了扎實的考證與全面的説明，極具參考價值。

目前最爲優秀的概説當爲大庭修、王勇編《日中文化交流史叢書9 典籍》以及大庭修《漢籍輸入的文化史：從聖德太子到吉宗》。[5]尤其前者提

［1］　倉石武四郎，《本邦における支那学の発達》，汲古書院，2007年。
［2］　木宮泰彦，《日華文化交流史》，富山房，1955年。
［3］　木宮泰彦，《日本古印刷文化史（新装版）》，吉川弘文館，2016年，初版1932年。
［4］　田島公，《日本、中国・朝鮮対外交流史年表（稿）：大寶元年～文治元年》，奈良縣立橿原考古學研究所編《奈良・平安の中国陶磁器》別冊，便利堂，1990年。
［5］　大庭修、王勇編，《日中文化交流史叢書9 典籍》，大修館書店，1996年；大庭修，《漢籍輸入の文化史：聖徳太子から吉宗へ》，研文出版，1997年。

出了迄今爲止專業研究中尚未出現過的題目，并進行了詳細的解説，不僅提到中國書籍流入日本，還論述了日本書籍流入中國，該書爲學習書籍交流史的必讀書目。但是，兩書已出版 20 多年，已到新概説書該問世之時了。

## （二）現存漢籍的研究

若想明確傳入日本的中國書籍種類，最好的研究方法爲調查、確認、探討現存的漢籍，并將其以目録的形式整理出來。該研究主要由書誌學的學者來推進，主要研究成果有《長澤規矩也著作集》全 10 卷外加別卷、《神田喜一郎全集》全 10 卷、《阿部隆一遺稿集》全 4 卷[1]等。最新研究成果有神鷹德治、静永健編《亞洲游學 140　舊鈔本的世界　漢籍受容的時間膠囊》。[2]此外，《中國典籍日本古寫本的研究　Newsletter》第 1—4 冊（高田時雄代表科學研究費資助基金·基礎研究，[A]，2014—2018）一書介紹了通過調查底本來研究漢籍寫本的最新見解，具有較高的參考價值。

東洋文庫東洋學信息中心編《日本對漢籍的搜集：漢籍關係目録集成（增訂版）》[3]一書總結了近代日本書誌學的研究成果，整理了日本現存漢籍的目録。該書對漢籍研究的貢獻非常大。近年來，隨着網絡的普及，漢籍信息資料化、數字化的速度不斷加快。目前全國規模的漢籍目録數據庫有全國漢籍數據庫協會公開的"全國漢籍數據庫"。截至 2018 年 4 月，已録入 76 家機構收藏的漢籍信息，今後將會録入更多機構的漢籍，有助於整體把握日本現存的漢籍信息。

此外，還有關於日本主要漢籍收藏文庫的研究，如福井保《内閣文庫書誌研究（日本書誌學大系 12）》，關靖、熊原政男《金澤文庫本之研究（日本書誌學大系 19）》，川瀨一馬《增補新訂　足利學校研究（新裝

---

[1]　《長澤規矩也著作集》全 10 卷·別卷，汲古書院，1982—1989 年；《神田喜一郎全集》全 10 卷，同朋舍，1983—1997 年；《阿部隆一遺稿集》全 4 卷，汲古書院，1985—1993 年。

[2]　神鷹德治、静永健編，《アジア遊学 140　旧鈔本の世界　漢籍受容のタイムカプセル》，勉誠出版，2011 年。

[3]　東洋文庫東洋學信息中心編，《增訂日本における漢籍の蒐集：漢籍関係目録集成》，汲古書院，1982 年。

版）》[1]，等等，不僅僅在漢籍傳入日本的方面，在研究日本對漢籍的接受、漢籍的流傳等方面也大有裨益。在全面研究文庫方面，小野則秋《日本文庫史研究》[2] 頗具參考價值。此外，最新出版的宮內廳書陵部藏漢籍研究會《圖書寮漢籍叢考》[3] 一書中涵蓋了 "圖書寮" 漢籍書誌相關的最新研究，對衆多漢籍研究都相當有參考意義。

在現存各種漢籍的研究中，底本研究自然最爲理想，但事實上隨着影印版（圖片版）的發行，利用影印版進行研究的亦不在少數。截至目前（譯按：2018 年 4 月），公開發行的珍貴漢籍有 "古典研究會叢書"（大安、汲古書院）、"東洋文庫善本叢書"（勉誠出版）、"高山寺名寶"（勉誠出版）、"天理圖書館善本叢書（漢籍之部）"（八木書店）等。此外，大阪市立美術館編《唐鈔本》[4] 一書對瞭解現存唐鈔本的全貌極爲有用。

除影印版外，漢籍收藏機構也逐漸開始公開圖像資料，漢籍的研究環境不斷得到有利的改善。目前已公開全文圖像的資料庫主要有：

- 宮內庁書陵部所蔵資料目録・画像公開システム
  https://shoryobu. kunaicho. go. jp/
- 宮內庁書陵部収蔵漢籍集覧（慶應義塾大学斯道文庫）
  http://db. sido. keio. ac. jp/kanseki/T_bib_search. php
- 東京大学東洋文化研究所所蔵漢籍善本全文影像資料庫
  http://shanben. ioc. u-tokyo. ac. jp/
- 早稲田大学古典籍総合データベース
  http://www. wul. waseda. ac. jp/kotenseki/index. html
- 米沢善本完全デジタルライブラリー
  http://www. library. yonezawa. yamagata. jp/dg/zen. html

---

[1]　福井保，《内閣文庫書志の研究（日本書志学大系 12）》，青裳堂書店，1980 年；關靖、熊原政男，《金澤文庫本之研究（日本書志学大系 19）》，青裳堂書店，1981 年；川瀬一馬，《增補新訂　足利学校の研究　新裝版》，吉川弘文館，2015 年，原版 1974 年。
[2]　小野則秋，《日本文庫史研究》，臨川書店，1979 年，初版 1944 年。
[3]　宮內廳書陵部藏漢籍研究会，《図書寮漢籍叢考》，汲古書院，2018 年。
[4]　大阪市立美術館編印，《唐鈔本》，同朋舍，1981 年。

雖然影印版和圖像資料不斷發行、公開，但主要以唐鈔本、舊鈔本以及宋元版等較爲古老的書籍爲中心，而在此年代之後的書籍極少，應將其作爲今後的課題。

## （三）出典、逸文的研究

從中國傳入日本的書籍大多被運用於日本的著作中。因此，通過研究日本書籍中引用、改編、收錄的中國書籍，便可明確傳入日本的書籍種類。

小島憲之《上代日本文學與中國文學》（上、中、下）[1]一書從上代（飛鳥、奈良時代）文學作品的出典來推測傳入日本的漢籍，堪稱出典論研究中的金字塔。該書論證了《日本書紀》引用的漢籍多爲類書的轉引，并詳細展示了 8 世紀日本人利用漢籍的具體情況以及當時的文化水準，是極爲有意義的研究。此外，小島憲之推測日本引用了成書於唐代的類書《藝文類聚》，然而近幾年也有研究指出，其爲成書時期早於唐代的類書《修文殿御覽》及《華林遍略》的轉引。近幾年的新研究有池田昌廣《〈日本書紀〉的出典：類書問題再考》。[2]

東野治之《正倉院文書與木簡的研究》《日本古代木簡的研究》《長屋王家木簡的研究》[3]三本著作中收錄了從木簡所載逸文、典籍以及金石文的引用出典來研究漢籍傳來與普及的重要論文。該領域的最新研究有葛繼勇《魏徵〈時務策〉在古代日本的受容與變容》。[4]木簡的出土數量在不斷增加，期待今後出現更多利用木簡進行出典研究的成果。

新美寬編、鈴木隆一補《利用本邦殘存典籍的輯佚資料集成》《利用本邦殘存典籍的輯佚資料集成（續）》[5]兩書通過研究僅日本殘存的唐宋或平

［1］　小島憲之，《上代日本文学と中国文学》上、中、下，塙書房，1962—1965 年。
［2］　池田昌廣，《『日本書紀』の出典：類書問題再考》，瀨間正之編《「記紀」の可能性（古代文学と隣接諸学 10）》，竹林舍，2018 年。
［3］　東野治之，《正倉院文書と木簡の研究》，塙書房，1977 年；《日本古代木簡の研究》，塙書房，1983 年；《長屋王家木簡の研究》，塙書房，1996 年。
［4］　葛繼勇，《古代日本における魏徵『時務策』の受容と変容》，《日本漢文學研究》第 12 號，2017 年。
［5］　新美寬編，鈴木隆一補，《本邦残存典籍による輯佚資料集成》，京都大學人文科學研究所，1968 年；《本邦残存典籍による輯佚資料集成　続》，京都大學人文科學研究所，1968 年。

安、鐮倉時代之前的典籍，彙編了經、史、子部佚書的逸文，是該領域研究中不可或缺的史料集。

## （四）五山版、和刻本漢籍的研究

漢籍傳入日本後，日本會對一些需求量較大的書籍進行重新出版與復刻。從這些出版的書刊中也可能發現從中國傳入的書籍。

和刻本漢籍指日本刊刻出版的漢籍，也包括五山版。五山版指中世時期京都五山等禪宗寺院出版的以禪籍、儒書爲中心的中國書籍。五山版的研究中，最具代表性的爲川瀨一馬《五山版研究》。[1] 長澤規矩也、長澤孝三編著《和刻本漢籍分類目錄（增補補正版）》[2] 一書廣泛收集了和刻本漢籍的目錄，爲該領域研究必讀的基本資料。但其中未包含醫書與佛經。

近年的最新研究有松浦章《〈清嘉錄〉舶載日本與和刻本的流布》。[3]

## （五）書目、賬簿的研究

書目（書籍目錄）是瞭解其製成之時的書籍整體情況的重要史料。另外，記錄書籍傳入日本時所經手續的各種賬簿也是瞭解手續以及傳入書籍具體信息的重要史料。

在古代史領域，有利用成書於 9 世紀末的宮廷所藏漢籍目錄《日本國見在書目錄》來研究中國傳入日本書籍的成果。《日本國見在書目錄》的相關研究從江户時代便已開始。近年，孫猛《日本國見在書目錄詳考》[4] 一書堪稱該研究的最終版，其中研究成果大多發表於早稻田大學紀要等日本的學術雜誌上。

---

[1] 川瀨一馬，《五山版の研究》，日本古書籍商協會，1970 年。
[2] 長澤規矩也、長澤孝三編著，《和刻本漢籍分類目錄 增補補正版》，汲古書院，2006 年。
[3] 松浦章，《『清嘉錄』の日本舶載と和刻本の流布》，《近世東アジア海域の帆船と文化交涉》，關西大學東西學術研究所，2013 年，初出 2011 年。
[4] 孫猛，《日本國見在書目錄詳考》上、中、下，上海古籍出版社，2015 年。

　　筆者將《日本國見在書目録》與中國梁、隋、唐各時代的書目作以比較，對各時代傳入日本的書籍進行了推定。其中《〈日本國見在書目録〉所載梁代書籍》《中日書目比較考》《遣唐使攜歸的漢籍》分別對梁代、隋代、唐代的書籍進行了推定。此外，相關研究還有縱觀 10 世紀以前書籍舶來情況的《攜至日本的書物》。[1]

　　大庭修《江户時代唐船持渡書研究》以及《江户時代對中國文化的接受研究》[2] 兩書廣泛收集了江户時代中國書籍的傳入與接受的相關史料，并進行了具體的解說，是一部劃時代的巨作。其中前者考慮到對後續研究的貢獻，於資料編中翻印了"賚來書目""大意書""長崎会所交易諸賬簿""商舶載來書目"等相關史料，并附有解說。唐船持渡書的研究由大庭修開拓，如其本人在《唐船持渡書的研究現狀與展望》[3] 中所述，現存關於書籍傳入的賬簿類史料的年代非常有限，因此對於不存在賬簿的時期該如何研究便成了一項重大課題。

　　利用書目、賬簿類史料所做的研究，大多爲古代和近世，幾乎没有中世的研究。其中很大一部分原因可能在於史料的殘存狀況不同，但仍有很大的研究空間。

## （六）各領域書籍的研究

　　關於不同學術領域的書籍傳入日本的研究，首先可參考《日中文化交流史叢書》全 10 卷，[4] 該叢書由歷史、法律制度、思想、宗教、民俗、文學、藝術、科學技術、典籍、人物等主題構成。

［1］　榎本淳一，《『日本国見在書目録』に見える梁代の書籍について》，榎本淳一編《古代中国・日本における学術と支配》，同成社，2013 年；《中日書目比較考》，《東洋史研究》第 76 卷第 1 號，2017 年；《遣唐使の将来漢籍》，《唐王朝と古代日本》，吉川弘文館，2008 年；《将来された書物》，田中史生編《古代日本と興亡の東アジア（古代文学と隣接諸学 1）》，竹林舍，2018 年。
［2］　大庭修，《江户時代における唐船持渡書の研究》，關西大學東西學術研究所，1967 年；《江户時代における中国文化受容の研究》，同朋舍，1984 年。
［3］　大庭修，《唐船持渡書の研究の現状と展望》，《木片に残った文字》，柳原出版，2007 年，初出 1997 年。
［4］　中西進、周一良編，《日中文化交流史叢書》，大修館書店，1995—1998 年。

　　由於各領域的相關研究數不勝數，無法一一列舉，因而此處僅介紹大致情况。關於儒學類書籍，主要由宋學（朱子學）相關書籍以及《論語義疏》等鈔本的研究占主流。關於文學類書籍，雖有不少中國文學作品的傳來、接受等相關研究，但其中《白氏文集》《文選》等古代作品居多。在法律類書籍中，主要着眼於古代與近世律令相關書籍的傳來及其影響。關於科學類書籍，主要傾向於醫書、本草書、曆書的舶來，且多集中於古代與近世。關於佛教典籍的傳來，古代、中世的研究較多，奈良至鐮倉時代主要爲《大藏經》，南北朝、室町時代主要爲禪籍的研究。近年來道教相關書籍傳來的研究亦在進展之中，在此僅列舉該領域的領軍人物、先年早逝的增尾伸一郎的著作《道教與中國撰述佛典》。[1]

　　各領域現已積纍了相當多的研究成果，今後有必要將各個領域的研究史作以總結。

## （七）漢譯洋書的相關研究

　　江户時代開始出現西洋人著作的漢譯書籍傳入日本的情况，幕末維新時期傳入日本的漢譯書籍因其與日本近代化的關聯而備受關注。

　　增田涉《日中文化關係史的一面》[2]一文從書誌學角度探討了幕末維新時期傳入日本的漢譯洋書，并提及其對日本文化近代化産生的影響。關於在開國、近代化過程中中日兩國參照利用的西洋國際法的漢譯書《萬國公法》（*Elements of International Law*，亨利・惠頓［Henry Wheaton］著，丁韙良［W. A. P. Martin］譯）的研究，可參照張嘉寧《〈萬國公法〉成立事情與翻譯問題》，[3]其内容較爲翔實。

　　關於江户時代的漢譯洋書，可參考上述大庭修的研究。

［1］　增尾伸一郎，《道教と中国撰述仏典》，汲古書院，2017 年。
［2］　增田涉，《日中文化関係史の一面》，《西学東漸と中国事情》，岩波書店，1979 年。
［3］　張嘉寧，《『万国公法』成立事情と翻訳問題》，加藤周一、丸山真男編《翻訳の思想（日本近代思想大系 15）》，岩波書店，1991 年。

### 三　日本流入中國的書籍研究

前近代時期中國文化極具優越性，在書籍移動方面，比起日本流入中國，自然是中國流入日本的書籍占壓倒性數量。然而，從日本流入中國的書籍數量雖少，自古以來却一直存在。在王勇提出"書籍之路"以後，書籍交流的雙向性逐漸受到關注，與此相關的研究也不斷活躍化。以下，將日本流入中國的書籍分爲日本人的著作（日本書）與中國人的著作（中國書），分別進行闡述。

### （一）關於日本書流入中國的研究

傳入中國的日本人所著書籍有古代聖德太子撰《三經義疏》，五代時期僧人寬建帶至中國的菅大臣、紀中納言、橘贈中納言、都良香的四家集，道風的行書、草書，入宋僧奝然進獻給宋朝的《王年代記》《職員令》，源信撰《往生要集》，慶滋保胤撰《日本極樂往生傳》，等等。近世論及較多的爲日本人著作中唯一收錄於《四庫全書》的《七經孟子考文補遺》（山井鼎撰，荻生北溪補）。明治時代以後，中國人俞樾編集的收錄日本人撰寫漢詩的《東瀛詩選》也逐漸受到關注。此外，還有不少相關論文成果，首先值得一提的是王勇、藤喜眞澄、蔡毅《日本漢籍在中國的流布》（收錄於上文所述《日中文化交流史叢書9　典籍》）。近代以後，中國翻譯的日本書目錄有實藤惠秀監修、譚汝謙主編《中國譯日本書綜合目錄》，[1] 該書是對實藤惠秀《中譯日文書目錄》[2] 進行大幅增補而成。

近幾年的重要研究有王勇《聖德太子時空超越》、河內春人《〈新唐書〉日本傳的成立》、松浦章《清代帆船攜歸的日本書籍：〈知不足齋叢書〉所收

---

［1］　實藤惠秀監修，譚汝謙主編，《中国訳日本書綜合目録》，香港中文大學出版社，1981 年。
［2］　實藤惠秀，《中訳日文書目録》，國際文化振興会，1945 年。

日本刻書》[1]等。王寶平《清代中日學術交流研究》[2]一書圍繞清代中國與日本之間的學術交流情況，以《東瀛詩選》《日本國誌》《助語辭》《吾妻鏡》等書籍爲例進行了具體的考察，不失爲一部精心的作品。王寶平作爲編輯出版的著作有浙江大學日本文化研究所編《江戶・明治期的日中文化交流》。[3]

　　日本書傳入中國後會進行刊刻，王勇提倡將其稱作華刻本。[4]近年來，中國研究者在該領域研究中的活躍度逐漸升高。總之，無論中國人還是日本人，比起從本國流出的書籍，均更關注流入本國的書籍。

## （二）關於中國書迴流的研究

　　自古以來，中國持續不斷地創作了大量書籍，但每次王朝更替時都會有不少書籍遭受損害（書厄）和丢失。思想、宗教遭受鎮壓時，佛經也曾被廢棄、燒毁。此外，由寫本向印刷本轉換時，原文本也常被竄改，導致印刷本與原寫本内容不一。而日本没有王朝更替，印刷本也尚未達到能够代替寫本的普及程度，故早已在中國遺失的書籍能够原封不動地在日本流傳保存下來。因此，中國人熱衷於尋找僅殘存於日本的中國書，形成了中國書從日本迴流中國的現象。

　　唐朝後半期的會昌毁佛事件給中國佛教造成了巨大的迫害，導致大量珍貴佛經的流失。其中，中國天台宗爲復興宗教勢力，致力於收集流失的佛經，曾請求日本、高麗送交天台教籍。關於天台教籍的迴流，可參考桃裕行《日延的天台教籍的送交》、村井章介《天台聖教的迴流》。[5]

［1］　王勇，《聖德太子時空超越》，大修館書店，1994 年；河内春人，《『新唐書』日本伝の成立》，《東アジア交流史のなかの遣唐使》，汲古書院，2013 年，初出 2004 年；松浦章，《清代帆船が持ち帰った日本書籍：『知不足斎叢書』所収の日本刻書》，《近世東アジア海域の文化交渉》，思文閣，2010 年，初出 2009 年。

［2］　王寶平，《清代中日学術交流の研究》，汲古書院，2005 年。

［3］　浙江大學日本文化研究所編，《江戶・明治期の日中文化交流》，農山漁村文化協會，2000 年。

［4］　王勇，《和刻本と華刻本について》，《書物の中日交流史》，國際文化工房，2005 年，初出 2003 年。

［5］　桃裕行，《日延の天台教籍の送致》，《桃裕行著作集 8　曆法の研究（下）》，思文閣，1990 年，初出 1968 年；村井章介，《天台聖教の還流》，王勇・久保木秀夫編《奈良・平安期の日中文化交流：ブックロードの視点から》，農山漁村文化協會，2001 年。

　　江户時代林述齋將流傳於日本的中國佚書刊刻爲《佚存叢書》，聞名於世。松浦章《清代帆船攜歸的日本書籍：〈知不足齋叢書〉所收日本刻書》[1]一文論述了《佚存叢書》中的漢籍收録於安徽鮑氏《知不足齋叢書》一事。

　　衆所周知，明治時代赴任於駐日公使館的黎庶昌、楊守敬等人曾竭力探訪、購買中國流失於日本的書籍，并將收集的書籍編成《古逸叢書》出版。陳捷《明治前期日中學術交流研究》[2]一書以明治前期古典籍流入中國、清國公使館的訪書活動等史料爲基礎進行了詳細的解説，堪稱一部巨作。

## 結語

　　回顧日本學界中日書籍交流史的研究，有以下幾點值得注意：

　　第一，不同時代的研究成果積纍程度不同。古代與近世的研究較多，而中世的研究總體較少。其原因與相關史料的殘存狀況有很大關係，但問題意識的淡薄也是其中一部分原因。暫且不論專門研究對外關係史的學者，研究中世的學者中大多較少關注對外關係和文化交流。中世是連接古代與近世的重要時代，提升該時代書籍交流研究的活躍度是今後的重大課題。

　　第二，20世紀90年代以後中國研究者的活躍度異常高。以王勇爲首，王寶平、孫猛、陳捷、葛繼勇等學者的研究在該領域發揮了先導作用。中國學者在日本學界所做的貢獻非常值得稱讚。與此相對，日本研究者在中國學界的活躍度却稍有不及，筆者自身也須進行反省，與書籍交流一樣，研究也有必要進行相互交流。

　　第三，研究環境變化較大。史料的目録與圖像逐漸得到資料化、數字化的公開，相關論文也能在網絡上輕鬆查找。這些急劇的變化在20年前是不可想象的。研究環境的如此變化在促進研究急速發展的同時，也容易産生

---

[1]　松浦章，《清代帆船が持ち帰った日本書籍：『知不足斎叢書』所収の日本刻書》，《近世東アジア海域の文化交渉》，思文閣，2010年，初出2009年。

[2]　陳捷，《明治前期日中学術交流の研究》，汲古書院，2003年。

研究分散化、視角單一化的擔憂。研究者能夠根據各自關注的問題來進行研究，這一點非常重要，且數字化信息的豐富也使其成爲可能。但是，這也可能造成僅專注於個別研究而忽視其他研究的結果。類似於“東亞文化圈”論以及“書籍之路”論等從大視角來探討書籍交流的理論研究，正是如今學界所追求的。

如前言中所述，本文并未囊括所有的相關研究，祇是介紹大致的研究情況，表達自身所感。所提到的研究成果不及九牛一毛，在回顧研究史方面也完全不充分，但也并非單純地羅列論文，而是附有研究的意義。關於本文的評價，全交由讀者判斷。

筆者希望書籍交流史研究的發展能夠促進人們對中日兩國關係深度的重新認識，并對兩國相互理解、友好發展産生積極作用。就此擱筆。

最後謹向給予筆者執筆機會的葛繼勇教授致以衷心的感謝。

# 《天津談草》研究概述[*]

## 孫慧恬

**摘　要**　《天津談草》，記録了朝鮮領選使金允植與清李鴻章、周馥、游智開等洋務派人士的系列筆談，是中朝兩國籌劃朝美締約時的真實記録，也是研究朝鮮近代開化史和壬午事變[1]的直接史料來源。由於金允植的晚年回憶録《陰晴史》早早出版，學界對《天津談草》這一份獨特的筆談彙編有所忽視，本文試總結前輩學者對《天津談草》的研究與利用情况，并對版本情况做一補述。

**關鍵詞**　李鴻章，金允植，筆談

　　自明清以來，朝鮮每年向中國派遣使團，爲向朝鮮國王彙報出使情况而專派書狀官記録使行過程中的中國見聞。從遼東、冀東一路到北京，有些精通漢文的朝鮮使臣會積極地與當地士人進行筆談，筆談主題多爲探知時事。1881年朝鮮高宗派遣使團前往天津學造、與美議約，使節名稱尤爲特別，高宗命名爲領選使，其使行目的、時間、地點、與清朝官員交流的密切程度都與以往的燕行使大相徑庭。《燕行録全集》中保留了領選使金允植所編纂的筆談彙編，名爲《天津談草》，囊括了朝鮮領選使金允植與清李鴻章、周馥、游智開等十餘位洋務派人士的筆談。

　　筆談，作爲東亞獨有的交流方式，以漢字爲依托，借紙筆而傳聲，雖歷

---

[*]　孫慧恬，浙江大學古籍研究所博士研究生。
[1]　壬午事變，由於朝鮮王朝京軍武衛營和壯禦營的士兵因爲一年多未領到軍餉以及對由日本人訓練的新式軍隊別技軍的反感，於1882年7月聚衆嘩變。起義士兵焚毀駐朝日本公使館，殺死公使館中的幾個日本人，并且攻入王宮，推翻了閔妃外戚集團的統治，推戴興宣大院君李昰應上臺執政。這次兵變引發了中國和日本同時出兵幹涉，并且很快被中國清朝的軍隊鎮壓。

時久遠，跨越國別，仍能傳達出其時其地東亞人士的交流訊息。東亞筆談，是當時東亞互動的真實寫照，可以與中國國內傳統史料進行補充與互證。此外，筆談這種成於眾手、或莊或諧的獨特體裁，其手稿形制、文本生成過程、創作目的以及流傳方式等多方面研究也值得後來者繼續深入探討。

## 一　筆談文本在史料集成中的缺位

自 1879 年琉球爲日本所吞後，清朝一改以往屬邦“政教禁令，任其自主”的放任主義，積極地介入朝鮮對外政策及交涉事務。朝鮮素來封閉，祇與宗主國清朝、近鄰日本有所交流。同爲藩國的緬甸、琉球、暹羅戰事纏身，危害自主之權，即便是封閉國門的朝鮮也不免有大廈將傾之感，兔死狐悲之憂。前有李鴻章屢屢致信領議政李裕元，後有黃遵憲以《朝鮮策略》打動朝鮮有識之士，終於使得朝鮮高宗同意以學造爲名，遣使赴天津議約通商開放。光緒七年九月二十七日（1881 年 11 月 18 日），朝鮮原順天府使金允植帶領使團，先赴北京提交諮文，後赴天津與李鴻章、津海關諸員商談朝美條約、工匠學習等事宜。後因朝鮮壬午事變，金允植於光緒八年七月初十（1882 年 8 月 23 日）回國，又於九月二十九日（10 月 18 日）返回天津，與津海關諸員商議撤還學徒、事變善後等事宜，最後於十月二十九日（12 月 9 日）返回朝鮮。

領選使團一行雖有通事隨行，但筆談較通詞傳語更爲明白曉暢，筆談文本也可作爲朝鮮使臣向高宗彙報的奏本底稿，因此不論是李鴻章、周馥等洋務派人士，還是朝鮮使節金允植，交流的首選方式均爲筆談。《天津談草》即爲這一時期領選使金允植與李鴻章、周馥等洋務派人士的筆談彙編，是中朝兩國籌劃朝美締約時的真實記錄，也是研究朝鮮近代開化史和壬午事變的直接史料來源，却稀見於近現代的史料集成中。

以中朝兩國交流的代表人物李鴻章爲例，直隸總督李鴻章自 1882 年兼任北洋大臣，主持朝鮮外交事務。《李文忠公全書》《李鴻章全集》前後兩部史料集成是反映李鴻章一生事迹的主要著作，後者更是現今最爲完備的李鴻章著作彙編，其中對筆談的輯録往往十不存一，《李鴻章傳》《李鴻章年（日）譜》《李鴻章年譜長編》等傳記年譜對李鴻章與朝鮮領選使的筆談更是隻字未提。

　　近年來，中韓兩國對外交文書越發重視，相關的史料集成規模越發宏大，材料也日漸完備。《舊韓國外交文書・清案》对領選使赴清一行記録較爲單薄，而爲研究領選使回朝鮮後的活動提供了綫索。國内外交史料集成方面，除《清季外交史料》編纂較早，筆談材料較爲少見外，《清季中日韓關係史料》《中國近代史資料叢刊續編・中日戰争》《中國近代外交史資料輯要》中也可見朝鮮校理魚允中與李鴻章的筆談、馬建忠在朝鮮的部分筆談《東行三録》等，但就目力所及，國内尚未有史料集成收録筆談集《天津談草》的全貌。

## 二　筆談文本在歷史研究中的落腳點

　　筆談文本在東亞三國史料集成中雖少見，但作爲跨國交流交涉的産物，學界多將其視爲梳理歷史事件的綫索，對筆談文本本身的研究則較爲少見。《天津談草》也是如此，作爲領選使行中的筆談彙編，往往成爲領選使研究的注腳。

　　至於領選使行，學界既視爲朝美締約中的中朝交涉加以研究，也認爲是朝鮮透過清朝學習西方科技的開始，同時又因爲領選使行中突發的壬午事變、領選使行後的甲申政變[1]而對此多加關注。

　　中日韓三國對於朝鮮近代史的研究用力較勤，通論性著作也很多，大多

---

[1]　1882 年朝鮮"壬午兵變"發生後，朴泳孝、金玉均等人在日本支持下企圖改革國政，保持獨立。1884 年 12 月，朴、金等人採取非常手段襲擊了王宫，殺害事大黨人，并建立了開化派政權，試圖廢除同中國的宗主關係。開化派政權祇維持了三天隨即垮臺，日公使逃至仁川，朴、金等人流亡日本。事大黨捲土重來，中國在朝鮮勢力大振。混亂期間，漢城 30 名日僑被殺。日本要求朝鮮賠禮道歉，嚴懲暴徒，支付賠款。善後事宜的處理結果爲，朝日簽訂了《漢城條約》，中日簽訂了《天津條約》，約定兩國從朝鮮撤兵，停派軍事教官，需要派兵到朝鮮時須事先互相通知，事件平息立即撤兵。此即"甲申政變"。

從介紹朝鮮近代的開化政策出發，簡單介紹朝鮮領選使，將朝鮮設置統理機務衙門、派往日本學習的修信使與派往清朝的領選使并舉，如姜萬吉《韓國近代史》、李基白《韓國史新論》、曹中屏《韓國近代史（1863—1919）》、徐萬民《中韓關係史（近代卷）》等，凡此種種，不勝枚舉。

除通論性著作外，涉及朝鮮領選使的研究大致可分爲四類。

## （一）朝鮮開港期的國際關係問題

第一類旨在關注近代國際關係的演變，將領選使的派遣視爲朝鮮開港過程中的事件進行宏觀考察，有時以特定人物爲中心。這一類研究往往關注朝美條約的簽訂過程、朝鮮壬午事變中清朝的反應與對策、日本的干擾等，對領選使所扮演的角色着墨不多。

20 世紀上半葉，這一時期的研究以日韓學者研究爲主，領選使行尚未得到學界重視，仍停留在簡單介紹狀態，對領選使行後期突發的壬午事變則較爲關注。如田保橋潔《近代日鮮關係的研究》即以壬午事變爲中心，探討日本對此事態的動向與清政府的措施，對領選使的研究則是一筆帶過。[1]

20 世紀下半葉，日韓學者繼續深化前人研究，分別探討壬午事變前後東亞三國的對應措施，也有學者集中探討涉外條約中清"屬邦"地位的調整。宋炳基《近代韓中關係史研究——19 世紀末的聯美論與朝清交涉》作爲這一時期的代表作，較爲全面地介紹了領選使行前後中朝兩國的應對。[2]其利用《陰晴史》《修信使日記》《清季中日韓關係史料》等文獻對前人的研究[3]加以補訂，詳細論述了朝美條約簽訂的過程，包括領選使派遣前的朝鮮輿論、李鴻章對朝鮮外交態度的判斷、李鴻章與金允植就朝美條約中的"屬邦"[4]"不立教堂"等條款的交涉、金允植對屬邦條約的支持態度、清政府對

［1］　田保橋潔，《近代日鮮関係の研究》，朝鮮總督府中樞院，1940 年。
［2］　宋炳基，《近代韓中關係史研究：19 世紀末 의 聯美論 과 朝清交涉》，檀大出版部，1985 年。
［3］　朴日根，《美國의 開國政策과 韓美外交關係》，一潮閣，1981 年。
［4］　據秋月望《三方貿易章程的締結經緯》的研究，李鴻章在這一時期或因受屬邦政策在越法關係中的失利，而提出須在條約中明確"朝鮮係中國屬邦"字樣。參見秋月望，《貿易章程の締結經緯》，《朝鮮學報》第 115 輯，1985 年，第 103—137 頁。

朝鮮壬午事變的處理以及馬建忠在朝鮮的外交活動。

　　這一時期中國學者佳作頻出，從縱向、橫向兩個角度在日韓學者的基礎上繼續深入研究。

　　縱向則拉長歷史研究時段，將江華島事件、甲申政變亦納入考察範圍，但對領選使行的研究仍稍顯不足，如權赫秀、曹中屏兩文。權赫秀《19 世紀末韓中關係史研究——以李鴻章的朝鮮認識與政策爲中心》以江華島事件中中日雙方對"藩屬"的爭議作爲開端，後論述了"屬邦照會"這一特殊產物的誕生過程，對壬午事變後中朝雙方的認識和對策論述得尤爲精彩，但對領選使没有過多書寫。[1] 曹中屏《李鴻章與朝鮮——評甲申政變前後的中朝關係》一文，以甲申政變前後中朝關係的變化爲視角，部分考察了李鴻章對朝政策，并探討了朝鮮開化派的興起淵源及其分裂原因，從朝鮮的内部變化與英國的支持這兩方面解釋了清廷加大對朝鮮事務介入的原因。[2] 但對李鴻章在甲申政變前後的對朝活動描述過於簡略。

　　橫向則拓寬歷史研究視野，注意到朝鮮自身的外交政策，如王明星《朝鮮政府的"決意外交"與〈朝美條約〉——兼論〈朝美條約〉談判中李鴻章的角色錯位》認爲學界對朝鮮自身的外交政策有所忽視，介紹了李鴻章與李裕元書信往來探討朝鮮外交的背景，論及領選使金允植與李鴻章的部分筆談，揭示李鴻章在指導朝鮮締約的過程中逐漸由代爲調停到主持朝美締約的變化。[3]

　　本世紀以來，中日韓三國學者不斷深耕，挖掘史料，各有新見。

　　日本學者集中探討近代中朝關係，并不斷挖掘材料，打破東亞史的視野，如伊原澤周、岡本隆司兩書。伊原澤周《近代朝鮮的開港——以中美日三國關係爲中心》介紹了美方使者薛斐爾對締約過程的記述，補充了一方視角。[4] 岡本隆司《屬國與自主之間：近代中朝關係與東亞的命運》一書視角

［1］　權赫秀，《19 世紀末韓中關係史研究：李鴻章 의 朝鮮認識 과 政策 을 中心 으로》，白山資料院，2000 年。
［2］　曹中屏，《李鴻章與朝鮮——評甲申政變前後的中朝關係》，《浙江學刊》，1988 年第 4 期。
［3］　王明星，《朝鮮政府的"決意外交"與〈朝美條約〉——兼論〈朝美條約〉談判中李鴻章的角色錯位》，復旦大學韓國研究中心編《韓國研究論叢》第 4 輯，上海人民出版社，1998 年。
［4］　伊原澤周，《近代朝鮮的開港——以中美日三國關係爲中心》，社會科學文獻出版社，2008 年。

尤爲獨特，以馬建忠對壬午事變後日朝關係的處理、對朝美條約簽訂事宜的應變等爲中心。[1]兩書都提及了朝鮮的屬邦照會在後續國際關係中的處處碰壁、中朝宗藩關係的脱序等等情況。

中國學者則集中於對領選使行的整體詮釋，領選使行目的的再梳理。以王元崇《清末朝鮮領選使研究》首開研究先河，王鑫磊《帝國斜陽下的親密接觸：論朝鮮官員金允植的天津領選》持續發力，孫衛國《朝鮮朝使臣金允植與李鴻章——以〈天津談草〉爲中心》爲殿軍。領選使行的整體詮釋以王元崇的梳理最爲全面，至於領選使行的主要目的，王元崇認爲是參與朝美締約，王鑫磊認爲是學造，日本學者森萬佑子也持此觀點。

王元崇《清末朝鮮領選使研究》從領選使一行的派遣背景、與李鴻章商議朝美條約、壬午事變後金允植的活動、工匠學造機械等方面，細緻地做了整體上的考述。其認爲金允植使行中，參與朝美締約已經成爲主要的任務，而使行本身也體現了近代中朝宗藩關係的變動。[2]

孫衛國《朝鮮朝使臣金允植與李鴻章——以〈天津談草〉爲中心》[3]《從"尊明"到"奉清"：朝鮮王朝對清意識的嬗變（1627—1910）》對《天津奉使緣起》加以解讀，思考當時的東亞局勢，并簡要介紹了金允植與清洋務派官員的42次筆談，[4]對參與此次朝美締約、壬午事變的周馥、馬建忠加以介紹，認爲此次使臣交流是朝鮮近代洋務和開化思想最重要的來源，也是金允植人生中的重要轉折。

王鑫磊在《帝國斜陽下的親密接觸：論朝鮮官員金允植的天津領選》中，以從鄰國看中國的研究視角，闡述了當時清政府對東北亞局勢的決斷，并介紹了朝鮮領選使一行人眼中晚清機器製造業的發展狀況，認爲金允植的

［1］　岡本隆司，《屬國與自主之間：近代中朝關係與東亞的命運》，黃榮光譯，生活·讀書·新知三聯書店，2012年。
［2］　王元崇，《清末朝鮮領選史研究》，朱誠如、王天有主編《明清論叢》第8輯，紫禁城出版社，2008年。
［3］　孫衛國，《朝鮮朝使臣金允植與李鴻章——以〈天津談草〉爲中心》，《東疆學刊》，2018年第2期。
［4］　參見孫衛國，《從"尊明"到"奉清"：朝鮮王朝對清意識的嬗變（1627—1910）》，臺大出版中心，2018。此文介紹的42次筆談與原文本稍有出入，有筆談時間、主題、人物誤載之處，如孫文記載正月初八金允植與天津海關道周馥筆談，考原稿并無其事，當爲正月十八日筆談，又如十月初八金允植攜金明筆談，考從事官及通事并無金明，當爲金明均。

主要使命是學造，參與朝美締約是適逢其會。[1]

森萬佑子《朝鮮政府駐津大員的派遣（1883—1886）》梳理朝鮮駐津大員的歷史背景時，對領選使行也多有介紹，從《領選使行中節目》、朝鮮國王諮文等文獻，認爲領選使行的主要任務是學習西方科技。[2]

## （二）朝鮮開港期對外學習的案例

第二類則考慮到同一時期朝鮮派出的修信使，將領選使行視作近代朝鮮向外學習的另一案例。學界或對領選使率領的工匠學習情況做一考述，或闡述領選使攜工匠赴清學習的前因，也有學者試圖比較同一時期的修信使與領選使。[3]日本學者菊池謙讓研究較早，韓國學者權錫奉梳理最爲透徹，中國學者戴鞍鋼、賀江楓則從中朝兩方局勢加以補充，賀江楓提供了嶄新的視角，展現出清培養朝鮮工匠的全貌。

菊池謙讓《近代朝鮮史》以較短的篇幅介紹了領選使的派遣背景與選拔過程，更多地描述朝鮮工匠學徒的學習情況與馬建忠到朝鮮的活動。[4]

權錫奉《清末對朝鮮政策史研究》從金允植晚年回憶錄《陰晴史》出發，較爲詳細地訂補了領選使派遣的前提、與清朝交涉的過程（包含李鴻章與卞元圭的筆談）、朝鮮學徒的學習情況、撤還過程，認爲領選使的派遣是由於日本的虎視眈眈，清政府想要强化對朝鮮的影響與朝鮮自身的需要。[5]

戴鞍鋼在《朝鮮工匠天津機器局學藝考述》中，從朝鮮朝野輿論、天津機器局的概況、選派朝鮮工匠與工匠學習情況等方面較爲完整地呈現了朝鮮派遣學徒前往天津學習的始末，呈現了清政府與朝鮮關於派員學造的

［1］ 王鑫磊，《帝國斜陽下的親密接觸：論朝鮮官員金允植的天津領選》，《復旦學報（社會科學版）》，2010 年第 2 期。
［2］ 森萬佑子，《朝鮮政府の駐津大員の派遣（一八八三—一八八六）》，《史學雜誌》，2013 年第 2 號。
［3］ 山田紫《近代朝鮮赴華領選使和赴日修信使比較研究》一文注意到朝鮮同一時期分別派往日本和中國的修信使、領選使，對兩個使團進行比較研究，分析兩類使團對朝鮮近代化的影響，以及中日兩國當時的情況。參見山田紫，《近代朝鮮赴華領選使和赴日修信使比較研究》，北京大學碩士學位論文，2010 年。
［4］ 菊池謙讓，《近代朝鮮史》，大陸研究所社，1940 年。
［5］ 權錫奉，《清末對朝鮮政策史研究》，一潮閣，1986 年。

交涉。[1]

　　賀江楓的《師夷長技以爲師——以天津機器局的朝鮮學徒爲個案研究》則側重考察了清朝對朝鮮學徒的培養過程，并把朝鮮學徒與清朝神機營的學徒的施教方式做了對比，指出清朝對朝鮮學徒的細心施教。[2]

　　郭海燕《近代中朝宗藩關係的實像：朝鮮首批來華"軍工留學生"研究》對領選使所帶領的軍工留學生做了系統考察，指出軍工留學生來華學習外語與軍工的重要意義。[3]

## （三）領選使研究

　　第三類則是從領選使本人出發，對其政治活動、思想加以研究。這一類主要是對金允植本人的開化思想、前期"事大"，後期親日的思想轉變做一梳理。有學者試圖探討儒教思想對金允植的影響，也有學者從《萬國公法》的角度來討論金允植對宗藩關係的看法。近年來，也有學者呼籲抛去單一文獻的視角，從金允植本人的多種論著出發，重新梳理其觀念轉變。

　　儒教思想對金允植的影響方面，以日本學者原田環、李相一、山本隆基爲主。原田環《1880 年代初期的閔氏政權與金允植——以對外政策爲中心》將金允植作爲朝鮮閔氏政權的個案進行研究，梳理了金允植在壬午事變、甲申政變前後的活動，認爲金允植本身受朝鮮儒教文化的影響，看重朝鮮與清朝的宗藩關係，希望以此抵禦西方的衝擊，阻礙了朝鮮的近代化。[4]但全文未過多涉及前期領選使的活動，且受日韓學界的影響，認爲清朝對朝鮮的政策是一種壓迫。李相一《金允植的思想與活動研究》則集中探討金允植師承關係與理念的影響，其中雖然提到金允植的天津使行與筆談，但敍述較

---

[1]　戴鞍鋼，《朝鮮工匠天津機器局學藝考述》，復旦大學韓國研究中心編《韓國研究論叢》第6 輯，中國社會科學出版社，1999 年，第 391—397 頁。
[2]　賀江楓，《師夷長技以爲師——以天津機器局的朝鮮學徒爲個案研究》，《中國經濟史研究》，2009 年第 4 期。
[3]　郭海燕，《近代中朝宗藩關係的實像：朝鮮首批來華"軍工留學生"研究》，《安徽史學》，2022 年第 2 期。
[4]　原田環，《1880 年代前半の閔氏政權と金允植》，《朝鮮史研究會論文集》第22 輯，1985 年。

少。[1]山本隆基《金允植的初期政治思想（一）》深入探討了金允植對儒教的思考、對朝鮮内部政權的想法以及甲申政變後的政治思想，還介紹了日本這一時期關於儒學、政治的思想，但對領選使行與清政府的交涉没有深入研究。[2]

從《萬國公法》的角度來看，金綱德《領選使金允植的在清外交》總結金允植的對清外交既出於其本人的事大主義傾向，也是因爲朝鮮内部需要改革，但是對於朝美條約的談判問題，則主張李鴻章的過度干涉，對公法條約的具體談判、交涉均有所忽視，其所論述的金允植筆談次數内容亦頗可商榷。[3]權赫秀《19世紀末韓國開化派勢力之韓中關係構想研究》認爲金允植是穩健開化派勢力中的一員，過分迷信《萬國公法》，依賴傳統宗藩關係，在壬午事變中引導清軍赴朝鎮壓，接受傳統朝貢關係與近代條約制度并存的國際關係狀態。[4]但此文對金允植"過分迷信《萬國公法》"的觀點，或可商榷。《從國際法的角度探討金允植的外交論》從《朝鮮策略》、朝美條約的屬邦條款等出發，援引《萬國公法》和當時其他屬國的例子，認爲清朝作爲宗主國，這一時期實際上在將朝鮮定位至國際法中的"半主之國"。[5]

重新梳理金允植觀念轉變方面，王奕斐《金允植"屬國自主"觀的形成與實踐（1881—1887）》介紹了金允植的開化思想與對宗藩關係的看重，認爲"屬國自主"觀是調整近代中朝關係的重要理論，也是朝鮮走向斥華自主，朝貢體制逐漸瓦解的内部原因。[6]李昀徽《金允植的對華外交活動及對華觀》介紹出使背景、金允植使行活動、金允植向清政府請求出兵平亂、平亂後金允植在朝鮮的活動，重新解讀金允植在對華外交中的觀念更迭，梳理親華觀對金允植政治外交的影響。[7]張元梃《金允植的事大保國外

---

［1］ 李相一，《金允植的思想與活動研究》，首爾大學博士學位論文，2001年。

［2］ 山本隆基，《金允植の初期政治思想（一）》，《福岡大學法學論叢》，2010年第2期。

［3］ 金綱德，《領選使金允植的在清外交》，首爾大學碩士學位論文，2001年。

［4］ 權赫秀，《19世紀末韓國開化派勢力之韓中關係構想研究》，金健人主編《韓國研究》第8輯，2007年。

［5］ 유바다，《金允植의 外交論에 대한 國際法的 검토》，《한국인물사연구》，2015年第24期。

［6］ 王奕斐，《金允植"屬國自主"觀的形成與實踐（1881—1887）》，山東大學碩士學位論文，2018年。

［7］ 李昀徽，《金允植的對華外交活動及對華觀》，東北師範大學碩士學位論文，2012年。

交（1881—1887）》梳理金允植外交生涯的諸多史料與歷史事件，討論金允植事大外交與自主外交的轉變和嘗試過程，更正了以往對"事大主義"的負面認識，同時也注意到了《領選日記》《陰晴史》《天津談草》諸書筆談次數的差異性。[1]

黃載文《雲養金允植的中國認識——以領選使任職時期爲中心》一文，從《陰晴史》和金允植文集《雲養集》出發，審視金允植在親歷國際形勢變化後，對中國的認識是否有所改變，借此觀察領選使的文學書寫與以往燕行文獻書寫的不同之處，如金允植對李鴻章"屬邦論"的看法。從金允植的視角來看，清朝不再如日中天，不像以往的朝鮮文人提及"華夷論"等。[2]

## （四）對領選使行的整體研究

最後一類多立足於領選使本人論著（《天津談草》《陰晴史》《領選日記》等），對領選使行的整個過程做一通盤研究。

王元崇《清末朝鮮領選使研究》首開先河，亦是迄今爲止，對領選使進行專題研究的扛鼎之作。後繼的研究者或未參考王文，又或因篇幅較短，未能展開研究。

薛瑞冬《〈天津談草〉探微》從金周龍抄本《天津談草》出發，介紹了金允植其人、思想，簡要描述了領選使的出使背景和行進路程，此外也敘述了金允植與李鴻章的部分筆談，朝鮮工匠的學習情況。[3]何燕文以《領選日記》影印本爲主，其論文《金允植〈領選日記〉研究》側重考察了金允植與清政府關於朝鮮與西方開放訂約的交流過程，對金允植當時的外交活動做了講述，以此來探討金允植的外交觀念和當時朝鮮周邊的國際關係。[4]兩文或

[1] 張元梃，《金允植的事大保國外交（1881—1887）》，臺灣大學碩士學位論文，2021年。
[2] 黃載文，《雲養 金允植의 中國 認識：領選使 활동 시기를 중심으로》，《고전과 해석》，2013年第15期。
[3] 薛瑞冬，《〈天津談草〉探微》，内蒙古師範大學碩士學位論文，2010年。
[4] 何燕文，《金允植〈領選日記〉研究——以其中的筆談資料爲中心》，浙江工商大學碩士學位論文，2015年。

因整體性研究爲主，對當時時局變動與宗藩關係的調整失於考察。此外兩文雖注意到版本研究的空白之處，但未能加以利用。

## 三 筆談文本在歷史長河中的流轉

關於這一年多的領選使行，使節金允植留下了許多著作，如《天津談草》《領選日記》《陰晴史》《續陰晴史》《雲養集》等。雖多有前輩學者研究領選使及這一時期的中朝關係，但依據的文本各有不同，因此有必要先對各版本加以説明。此外，學界對《天津談草》的版本情況認識不夠充分，目前探討《天津談草》版本情況的研究内容較少，也未注意到韓國各大學圖書館内的藏本，本文在個人研究後加注説明前人研究情況。

《陰晴史》是金允植晚年修改整理過的回憶記敍性文字，也是流傳最早最廣爲人知的版本。這歸功於韓國國史編纂委員會的辛勤整理、出版以及中國學者劉順利《王朝間的對話——朝鮮領選使天津來往日記導讀》一書的解讀。《陰晴史》以日記的形式記録了 1881 年 10 月到 1883 年 9 月的事件，涵蓋了領選使行出發到回國前的記載，其中包括金允植對天津機器局的考察、與洋務派官員就朝鮮開展洋務等具體事情的筆談、與李鴻章就朝美議約的筆談記録等。至於《陰晴史》原本，暫無下落。據韓國國史編纂委員會申錫鎬的解説，《陰晴史》是 1938 年從金允植後人處訪求而來，朝鮮史編修會雖對《陰晴史》原本加以整理抄寫，但未記録收藏者，出版時抄本無法與原本核對，不得已祇能出版抄本。[1]國史編纂委員會根據净抄本，整理成文字稿，并開放綫上數據庫，[2]1958 年韓國國史編纂委員會據此出版排印本，收入《韓國史料叢書》第六輯，1971 年韓國探求堂再次翻刻出版，成爲市面上最容易接觸到的版本。2006 年，劉順利出版《王朝間的對話——朝鮮領選使

---

[1] 韓國國史編纂委員會編，《陰晴史》序文，《韓國史料叢書》第 6 輯，探求堂，1971 年，第 1 頁。
[2] 參見韓國歷史數據庫，http://db. history. go. kr。

天津來往日記導讀》一書，他在訪韓期間接觸到首爾大學奎章閣藏本《陰晴史》（即國史編纂委員會抄本），後以 1958 年探求堂出版的《陰晴史》爲底本，將國史編纂委員會對原文的注解也收錄書中，并對原文中的特有名詞、事件背景等做了詳細的解釋、補充和訂正。

至於本文論述的重點——《天津談草》，金允植與清李鴻章、周馥、游智開等洋務派官員的系列筆談，是一份有選擇性的談草彙編。據《天津談草》開篇《天津奉使緣起》所言，金允植每次與清朝文官武將筆談後，回到住處，都會及時繕寫筆談內容，準備上呈國王，談草底稿留在行歷中，《天津談草》即是 1892 年金允植被流放時，委託印東植將行歷中談草彙編謄寫的成果。[1] 2001 年林基中編選出版的《燕行錄全集》中收有《天津談草》，據序跋來看，是金允植後人金周龍轉抄印東植抄本的結果。此外高麗大學藏有 1937 年日據時代韓國附巖書社抄寫的題爲《天津談草》的版本，但據内容對比，實爲《陰晴史》的另一抄本。

《領選日記》是新近發現的金允植手稿本，其内容基本涵蓋了《陰晴史》和《天津談草》的内容，是較原始、較完整的版本。《領選日記》原藏韓國銀行知識情報室，2011 年復旦大學文史研究員與韓國成均館大學東亞學術院合作出版的《韓國漢文燕行文獻選編》，收錄了《領選日記》影印本。[2] 2020 年 7 月，王鑫磊整理出版了《領選日記》，做了《領選日記》錄文以及與《陰晴史》《天津談草》文本對比的部分工作。[3]

《雲養集》是金允植的個人文集，并不收錄上述文本，但其中包含《天津奉使緣起》一篇，贈予清朝官員周馥、袁世凱等人的詩歌，針對漢城開棧之弊而撰寫的私議，向李鴻章傳達朝鮮聯美對策的私信，等等，彌補了《陰晴史》中敘事的不足。《雲養集》版本較多，學界多使用 1913 年絳雪山館石印本。

目前學界對《天津談草》的版本利用情況大致爲：主流大多徵引最早

[1]　《天津奉使緣起》可并見於《續陰晴史》1892 年 6 月的記載以及《雲養集》卷十五，其文字稍有不同。
[2]　2013 年林基中在《燕行錄全集》《燕行錄續集》的基礎上編訂電子文獻《燕行錄叢刊》，其中亦收錄了該版《領選日記》。
[3]　金允植撰，王鑫磊整理，《領選日記》，上海古籍出版社，2020 年。

開始流傳的《陰晴史》文本并進行研究；有學者注意到了《天津談草》作爲
筆談彙編的特殊性，對版本源流做了簡單的描述，[1] 做了部分文本對比的工
作；[2] 也有學者以《領選日記》作爲研究底本，重新審視領選使所扮演的角
色。[3] 除了各版本之間的文字訛誤與有意改動外，各版本收錄的筆談次數也
各不相同。《陰晴史》《領選日記》都是日記的形式，儘管如此，這兩者之間
還是有些内容上的差別，《領選日記》相較於《陰晴史》多了兩篇筆談，分
别爲四月二十五日朝鮮尹泰駿與周馥筆談，四月二十六日朝鮮尹泰駿、金允
植與周馥、唐廷樞筆談。據何燕文統計，《領選日記》中共有四十九回筆談。
《天津談草》輯錄的筆談次數相對更少，僅有四十二回，未輯錄的筆談多爲
金允植與天津機器局的官員筆談、文人的簡短交談等。[4]

## 總結

《天津談草》作爲清末與朝鮮交流的直接産物，既可從中窺見中朝兩國
籌劃朝美締約時的動態，也可旁觀朝鮮近代開化的歷程。以往的研究多以

---

[1] 薛瑞冬《〈天津談草〉探微》總結《陰晴史》（内蒙古師範大學碩士學位論文，2010 年）版
　　本有三，即稿本、1958 年排印本、劉順利本；《天津談草》版本有二，即印東植抄本、金周
　　龍抄本。限於時代原因，薛僅使用了劉順利本《陰晴史》和金周龍抄本《天津談草》。葉
　　楊曦《近代域外人中國行紀裏的晚清鏡相——以岡千仞〈觀光紀遊〉爲中心》（南京大學碩
　　士學位論文，2012 年）介紹了《領選日記》影印本收藏情況、《陰晴史》排印本、電子本
　　與劉順利本，《天津談草》版本介紹則沿薛瑞冬説，此外將《雲養集》中的《析津於役集》
　　單獨析出介紹。
[2] 孫衛國《朝鮮朝使臣金允植與李鴻章——以〈天津談草〉爲中心》（《東疆學刊，2018 年第
　　2 期》）認爲《天津談草》應是最接近原始狀態的史料，并對比《天津談草》《雲養集》并
　　收的《天津奉使緣起》，以“中國”改爲“清國”例説明近代韓國文獻整理者對中國的複雜
　　心態。
[3] 王鑫磊《帝國斜陽下的親密接觸：論朝鮮官員金允植的天津領選》（《復旦學報（社會科
　　學版）》，2010 年第 2 期）對領選使在朝美議約中扮演的角色有所質疑。他主張《領選日
　　記》是較原始的日記手稿，可以看出金允植整體使行活動中議約事與學造事的占比。《天津
　　談草》屬於後期彙編的材料，多少有些後見之明的色彩。何燕文《金允植〈領選日記〉研
　　究——以其中的筆談資料爲中心》（浙江工商大學碩士學位論文，2015 年）概述了《陰晴
　　史》《天津談草》《領選日記》的大致區別，并秉王鑫磊説，認爲以往的研究誇大了金允植
　　在朝美締約中的作用。
[4] 何燕文，《金允植〈領選日記〉研究——以其中的筆談資料爲中心》，浙江工商大學碩士學
　　位論文，2015 年。

《天津談草》作爲綫索，爬梳東亞近代史，推進中朝關係研究，探索朝鮮近代開化歷程。近年來，越來越多的學者注意到《天津談草》作爲筆談文獻的獨立性質。本文意在梳理《天津談草》作爲史學研究材料的利用情況，并對其版本流傳情況稍加補充，後另撰文書寫版本間差異問題。囿於學力及篇幅所限，必有疏忽或不當之處，敬請指正。

# 《東亞近世近代筆談記録中的醫學和學術交流》評述[*]

楊易佳

**摘　要**　《東亞近世近代筆談記録中的醫學和學術交流》凝結了筆談研究多年積纍的研究方法和路徑，發掘出筆談文獻的特性及其在歷史研究中的優勢。書中的七章分別利用筆談動態地觀察國際人物往來，揭示了筆談文獻的史料價值，拓展了筆談文獻的長時段研究方法。該書作爲可供參考的研究範本的同時，也爲後來者提供了思考，擴大了研究視野的新起點。

**關鍵詞**　東亞，筆談文獻，研究方法

文化交流對於區域發展的意義不言而喻，特別是在古代東亞地區，存在着以中國文化爲中心的文化疆域，在這片文化疆域中，每次交流的勃發都能推動區域的進步。[1]研究文化交流，當屬研究東亞歷史的重要任務之一。"以'東亞'作爲視域來研究中、日、韓（朝）及其它們的相互關係和影響，這本身就可作爲一種研究東亞地區文化交流的理論和方法，且已被學者們所廣泛地應用。"[2]在醫學和學術的領域，書籍的流布自然是傳播和交流的重要媒介，但人物的國際移動和移動過程中發生的交流，也能在交流中起到推動作用，在特定的歷史時期裏，它的作用或許是最爲重要的。保留了"交流現場"的筆談記録，無疑是研究醫學和學術交流的最好材料。

浙江大學與日本二松學舍大學合作舉辦了"近世東亞地域醫師的國際移動與學術交流——以醫學相關筆談記録爲中心"研討會（2018），并在會議的基礎上編寫而成《東亞近世近代筆談記録中的醫學和學術交流》（《近

---

[*]　楊易佳，浙江大學古籍研究所博士研究生在讀。
[1]　參看王勇，《總序》，《東亞文化環流十講》，上海交通大學出版社，2018年，第1—14頁。
[2]　趙建民，《東亞文化交流研究理論和方法的思考》，《大連大學學報》，2016年第4期。

世·近代期筆談記録が語る東アジアの醫學·學術交流》，汲古書院，2021年）一書。該書擷取多種筆談記錄，發掘出存在於近世近代東亞世界交流中的諸多"歷史現場"。

全書分爲兩個部分：第一部分爲"知識人的國際移動及醫學、學術交流"，由七名學者分別撰寫一章；第二部分爲"醫學相關的筆談記錄"，整理了兩部筆談文獻（《朝鮮人筆談》《朝鮮筆談》），并由整理者撰寫解題。

第一部分的七章，既從日本的角度展開對知識人以及醫師在國際移動中意義的探討，也從中國（明、清）的立場出發，考察了東亞世界的醫學、學術交流和情報收集的諸多情形。

其中第一章《近世東亞儒醫交流之意義》（魏茂堂［Mathias Vigouroux］）提綱挈領地綜述了醫學相關筆談記錄的研究，在此基礎上重新提出筆談記錄在醫學史研究上的重大意義。在筆談記錄中，往來於中、日、朝三國之間的"跨國醫師"們，獲得了僅僅通過書籍很難習得的知識——臨床知識以及海外醫學現狀——和技術，這些知識、技術也都在日後影響着參與筆談的醫師們的臨床治療方法。該章還將東亞醫學筆談記錄與歐洲醫生留下的記錄進行了對照，以更寬廣的視野重新審視筆談記錄在歷史研究中的定位。

第二章《筆談與近世東亞藥物知識的交流》（陳明）提出了研究筆談文獻時需要注意的兩點。一是現存筆談文獻，大多爲東亞漢字文化圈內國家兩兩之間的筆談，但是研究筆談時，視野不能局限於對談國間，而應全面考慮東亞區域的情況，甚至早期全球化的大背景。二是大多數筆談的內容并不是單一的，其中包含了日常信仰、民間習俗、貿易交流、異域觀察等豐富的內容，在研究某一主題時，也需要關照其他內容。該章總結了跨國交流的醫師所著筆談記錄，擷取東亞筆談中醫學、藥物相關話題進行討論，并在章末介紹了與東亞之外的"異文化"的藥物知識交流，如朝鮮燕行使與西方傳教士在北京的交流，被看作朝鮮最早接觸西方醫學的契機；又如中國人與俄國人的筆談。這些筆談既涉及東亞本土的藥用植物，也包含東亞以外的藥物。可以看到在早期全球化的時代，東亞筆談不僅僅是研究中、日、朝三國交流的重要材料，對早期東亞與東亞以外地區交流的研究也是有所補益的。

　　第三章《〈答朝鮮醫問〉與朝鮮通信使的醫學交流》（咸晸植）以《答朝鮮醫問》爲例，明確了中國醫學通過朝鮮醫生的記錄傳入日本，對日本醫學也産生深刻影響的具體情况。以往雖然也有不少三國之間相互交流的文獻，但都很難明確這些文獻到底産生了怎樣的影響，這也正是《答朝鮮醫問》的可貴之處。《答朝鮮醫問》所收録的，是朝鮮於 1621 年派往中國的燕行使團中的質問醫官（負責向中國醫師請教疑難問題）尹知微關於醫學的提問以及中國儒醫王應遴的回答。但此章關注的并不祇是雙方問答的内容，而是以日本人在朝鮮乙亥（1720）通信使赴日後第二年的重刊本《答朝鮮醫問》爲切入點，將同年刊刻的日朝筆談記録《桑韓唱和塤篪集》與之進行對比，發現其中有大量重合的醫學問題，從而推論出《桑韓唱和塤篪集》中日本醫師對朝鮮醫官的提問，很大程度上參考了《答朝鮮醫問》中尹知微所提的問題。由此也進一步確定，在日本近世時期，朝鮮通信使在三國文化交流中充當了重要的“媒介”。

　　第四章《關於清醫趙淞陽與日本醫師的交流記録》（郭秀梅）介紹了滯留日本三年的清朝醫師趙淞陽的醫學、文化活動及其對日本醫學所産生的影響。日本進入享保年間後，喜愛實學的第八代幕府將軍德川吉宗，除了鼓勵書籍、動植物的進口，同樣也對中國醫學表示出巨大關心，因此積極引進中國醫師來日。雖然過程艱難，但終究有像趙淞陽這樣的醫師來到日本。趙淞陽（1713—1786），蘇州昆山縣人，享保十一年（1726）十月赴日，享保十四年（1729）八月回國，事迹見載於《唐醫趙淞陽文録》《趙淞陽醫案》及多種日本醫學典籍、文人別集。這些資料記録了大量有關趙淞陽在日活動的情形，如攜帶哪些書籍進入日本，以及他在日本的醫療記録和治療的成功案例等。他與日本學者、醫師香山牛月的友情，也爲中日兩國交流史添上了精彩的一筆。

　　第五章《明治漢方醫家與清末文人的筆談》（町泉壽郎）介紹了明治時期日本漢方醫界的執牛耳者淺田宗伯與清代首屆駐日公使團參贊黄遵憲的交流，又集中討論了《清客筆話》的内容。《清客筆話》共有四部，分別是岡田昌春與王治本筆談，岡田昌春、松井操、中島撫山與王治本筆談，岡田昌春、岡田玄澄父子與張滋昉筆談，森枳園、岡田玄澄與張滋昉筆談；筆談的場所皆爲岡田昌春宅内，筆談的時間則根據内容可推定皆爲明治十五年（1881）一月。在介紹參與筆談人物的履歷事迹後，章節末尾刊録了《清客筆話》全文。

第六章《近世幕府、薩摩、琉球、清朝交流路徑再考》（沈玉慧）則注目於琉球國兩屬的時期。1609年，日本薩摩藩入侵并占領琉球，但琉球并没有就此中斷對中國的朝貢，對於幕府藩國體制的日本而言，琉球依然是"他國"。而對中國而言，琉球也仍然是保持着朝貢關係的屬國。琉球由此進入兩屬的歷史時期，而日本幕府、薩摩藩也由此開始通過琉球追求與清朝更爲直接的交流。於是在文化交流方面就産生了新井白石與鄭任鑰的詩文交流和木村探元與徐葆光的書畫交流。政治、外交方面，則可以看到三方土通事、册封使等的博弈，也可以看到清朝依賴日本的銅礦，爲了帝國的安定，故而不追究薩摩侵略琉球一事，江户幕府爲了維持通商關係同樣允許琉球繼續對清朝朝貢等諸多糾葛的情況。

第七章《通信使的筆談與大陸情報收集》（程永超）聚焦於朝鮮通信使筆談中關於中國情報的部分。日本一直以來都在積極地收集有關中國的情報，"易地聘禮"以前，朝鮮通信使到達日本（七次）時，日本的文人學者會主動探問中國的情報，而朝鮮方則一直保持着"豈無權辭，熟講以去"的態度，不肯透露實質性的情報。日本方面在"易地聘禮"之前，對於與朝鮮通信使的筆談也有非常嚴格的規定，比如規定參加筆談人員的資質、日朝雙方筆談時須有官員現場監督、雙方的唱和詩文及筆談内容須在事後提交至林大學頭進行審查等。同時，日方在與朝鮮通信使筆談之前，會先擬定"擬問擬答"，即擬定所提問題，并事先設想對方可能的回答，以期更好地應對。關注其"擬問"會發現，日本方面非常關注中國的政治和地理，在"易地聘禮"後，筆談中對於中國北方邊境、政治的關心更甚。究其原因，則是北方俄國的勢力開始南下，引起了日本幕府的注意。

第二部"醫學相關的筆談記録"，刊載了兩種筆談文獻的整理本：第一種,《朝鮮人筆談》(上、下二卷,一册,寫本),是爲日本醫師野間三竹與朝鮮醫員在寬永十三年(1636)十一月十七日進行的筆談。第二種,《朝鮮筆談》(上、下二卷,一册,寫本),寬保元年(1741)五月二十八日,日本本草學者野呂元丈及其子野呂元順與朝鮮通信使李鳳煥、柳逅、李啓命等七人的筆談。

全書構建起近世近代東亞醫學和學術交流筆談的基本面貌,但由於該書并非系統性的論著,因此没有對筆談最基本的介紹,對於尚不了解筆談文獻的讀者來説,或許還不能深刻認識筆談以及該書的創新和意義所在。下面就以介紹筆談文獻的特徵爲軸,試舉幾例説明該書的意義。

筆談開始在東亞世界出現,最早可以追溯至日本向中國派出遣隋使之時,[1]隨着歷史的進展,到了明清時代,這個在東亞世界存在已久的交流方式,也具有了更加豐富的特性。"如果説隋唐兩宋時期的筆談交際圈大致等同於册封圈或文化交流圈,那麼明清時代其影響波及至經濟交易圈全域。"[2]除此之外,正如書中也屢屢提及的,不論是西方人的直接參與,還是西方人的行動對東亞的影響都提醒着讀者,筆談本身就具有全球化的特性。筆談文獻雖然大都零散存世,相互之間關聯性不强,但如果以"長時段"的視角觀察分析,則能發現零散筆談之間的歷史連貫性。特別是明清時期,筆談文獻有許多集中在"燕行録"這樣同一主題的大型文獻中,形成了跨越百年以上的文獻群,這一時期東亞筆談"長時段"的特點也更加明顯。[3]面對這樣內容豐富、涉及全球、跨越長時段的文獻,用什麼樣的視野和方法對其進行研究就顯得格外關鍵。該書所展示出的研究方法,或許不失爲一種範例。

總的來看,該書第一部分的七章雖然看似"各自爲政",但很明顯,不論編者還是章節作者都對如何研究筆談文獻、利用筆談文獻有着一致的傾向,即通過筆談動態地觀察國際人物往來所起到的意義。例如第一章中提到

[1]　王勇,《無聲的對話——東亞筆談文獻研究之二》,《日本研究》,2016 年第 3 期。
[2]　王勇,《燕行使筆談文獻概述——東亞筆談文獻研究之一》,《外文研究》,2013 年第 2 期。
[3]　關於筆談的"長時段"研究,參看張伯偉,《中韓筆談文獻中的衣冠問題新探——兼談東亞筆談的研究方法》,《江蘇師範大學學報(哲學社會科學版)》,2022 年第 4 期。

的，"諸多他國的醫學現狀和臨床知識沒有被記載在醫書上，因此對於近世的醫師而言，國際交往中的交流，是他們獲取這些知識唯一的手段，而這就是近世醫師們的國際交往的意義和作用"（第 18 頁）；第二章中，作者也通過清心丸、落花生、鴉片等數種藥物、作物相關的筆談記錄，展示了在明清時期東亞藥物知識流轉的内外交織、往復迴環的特點。

　　回到該書的題目"東亞近世近代筆談記錄中的醫學和學術交流"，交流是如何發生的？交流所留下的筆談記錄又具有什麼樣的價值？都是值得思考的問題。正如王勇教授所說，"這些（筆談）文獻是即時對話的實錄，相對於經過修飾的正史，具有原始態和臨場感；相對於轉瞬即逝的會話，富有知識性和歷史價值"。[1]發掘出筆談文獻在這兩方面的價值，也是該書所具有的特點之一。比如第三章中，作者沒有將目光局限於中朝問答筆談記錄的內容，而是進一步點出朝鮮通信使赴日時筆談的情形，恰到好處地利用了筆談文獻的原始態和知識性兩大特點。第四章則更多地側重於筆談原始態的方面，將具有臨場感的筆談融入日本醫療社會史的書寫之中。

　　上述章節的研究固然各具特色，但都聚焦於一個單一的領域。上文也提到，明清時期的筆談，不僅僅是"文化交流圈"的，也是"經濟交流圈域"的。在第六章中我們就可以看到，圍繞琉球的政治問題，作者強調筆談和人物往來展現出了東亞世界中彼此連接的各類需要，有詩文、書畫的文化需求，也有貿易、銅礦的經濟需求。筆談內容的豐富性，也沒有被該書忽略。將相關的筆談文獻綜合起來組成文獻群，進行長時段的研究，是張伯偉教授曾提出的，這一點與該書第七章的作者不謀而合。正因爲其廣泛調查了 1643 至 1811 年的朝鮮通信使筆談記錄，對足夠大跨度的歷史時期進行了長時段考察，纔發現了 18 世紀末 19 世紀初東亞世界所發生的變化以及日朝兩國策略的轉變。

　　該書很好地發掘出筆談文獻的特性及優勢，對於方興未艾的筆談研究

---

[1]　王勇，《燕行使筆談文獻概述——東亞筆談文獻研究之一》，《外文研究》，2013 年第 2 期。

而言，邁出了具有表率作用的一步。但我們必須看到，由於筆談文獻的複雜性，相關研究很難做到全面兼顧，而這也正是筆談研究下一步需要攻克的課題。除了參與撰寫的學者之外，該書的完成也離不開參加研討會的諸多學者的努力，這是繼《東亞的筆談研究》[1]之後，中、日、韓及西方學者共同完成的又一部對於筆談研究在方法論層面具有指導意義的著作。

[1] 王勇主編，《東亞的筆談研究》，浙江工商大學出版社，2015 年。

# 投稿須知

  《東亞文獻學》係浙江大學古籍研究所、鄭州大學亞太研究中心主辦半年期專業學術集刊，致力於東亞文獻學研究，旨在爲弘揚中國傳統優秀文化、推進東亞文明交流互鑒貢獻力量。常設"前沿視角""筆談文獻""書籍之路""文化環流""學術動態"欄目，熱誠期盼海内外學者師友惠賜大作。

## 審稿制度

  本刊實行專職編輯三審與編委會終審相結合的審稿制度。

  稿件録用與否，概不退還。投遞本刊稿件一律文責自負，凡採用他人成説務必添加腳注説明，文獻版本均應信實可靠，所有引文均須核實無誤。一經録用，本刊有權對文字進行適度加工，不再另行通知。

  來稿請投遞 word 文檔至 dywxx@163.com。凡賜稿者，務必寫明所在單位、職稱、研究方向和通訊地址。如爲外文譯稿，請附原文，并注明原文作者及刊載信息。

  本刊不收取版面費，一經採用，按照國家標準即致薄酬，并寄樣刊 2 册。因本刊已加入"中國知網"（光碟版）電子期刊出版系統，凡向本刊投稿，默認該文未一稿兩投或多投，并將視同作者已認可其論文统一編入有關電子出版物。

## 來稿體例

  本刊一律採用"宋體—繁體"字體。來稿以 5000—30000 字爲宜，文前須附中文摘要（300字以内）、關鍵詞（3—5個，中以逗號隔開），正文須設引言和結語。

正文應符合現代漢語規範。標題層次建議不超過四級，序號採用一、（一）、1.、（1），不用［1］和①，以便與注釋符和示例符相區别。

如有未盡之意或須進一步解釋處，請置腳注説明，注釋符選用"［1］"。如有基金項目成果須標示，請在文章主標題處置"*"腳注説明，格式爲：本文係 ×××××× 項目"項目名稱"（項目批號）的階段性成果。

參考文獻請置腳注處，文末不再單設"參考文獻"一欄。日韓文獻的文獻名稱（文章名、書名）以原出版物爲準，其他信息請翻譯。必須保持每條文獻信息完備，不刪減，不使用"同上""同注×"等省稱。參考文獻格式請按音序排列，示例如下：

## （一）專著及析出文獻

### 1. 中文專著

韓永愚，《朝鮮王朝儀軌》，金宰民、孟春玲譯，浙江大學出版社，2012年，第17頁。

王勇，《東亞文化環流十講》，上海交通大學出版社，2018年。

楊億口述，黄鑒筆録，宋庠整理，《楊文公談苑》，上海古籍出版社，1993年。

### 2. 中文析出文獻

陳振濂，《西泠印社的掌故、羅振玉亡命日本及與長尾甲、河井筌廬的交往》，《維新：近代日本藝術觀念的變遷》，浙江古籍出版社，2006年。

易惠莉，《日本漢學家岡千仞與王韜——兼論1860—1870年代中日知識界的交流》，上海中山學社編《近代中國》第12輯，上海社會科學院出版社，2002年。

### 3. 外文專著

大庭修，《漂着船物語：江戶時代の日中交流》，岩波書店，2001 年。

古賀十二郎著，長崎學會編，《丸山遊女と唐紅毛人》，長崎文獻社，1995 年新訂版，第 674—675 頁。

市河三陽編，《寬齋先生餘稿》，游德園，1926 年，第 283—327 頁。

Clements, R. (2015) *A Cultural History of Translation in Early Nodern Japan*. Cambridge: Cambridge University Press.

### 4. 外文析出文獻

賴山陽，《次韻江大楣（芸閣）鄒星岩詩》，德富豬一郎監修，木崎愛吉、賴成一共修《賴山陽全書・詩集》卷十一，賴山陽先生遺迹顯彰會，1922 年。

三上喜孝，《東아시아의 法規範 전파의 실태와 出土文字資料》，成均館大學校編《大東文化研究》第 99 卷，成均館大學校大東文化研究院，2017 年，第 137—158 頁。

Ge, Jiyong (2024) Chinese Bamboo Slips Unearthed Abroad and the Book Road in East Asia: On the Bamboo Slips of the Analects. In Michelle C.Wang & Ryan Richard Overbey (eds.), *Beyond the Silk and Book Roads: Rethinking Networks of Exchange and Material Culture*. Leiden, Boston: BRILL.

## （二）報刊、學位及會議文章

### 1. 期刊論文

陳捷，《東京都立中央図書館所蔵『清使筆語』翻刻》，《東洋文化研究所紀要》第 143 號，2003 年。

町泉壽郎，《芳野金陵與首屆駐日公使館員的筆談資料》，張三妮譯，《日語學習與研究》，2019 年第 5 期。

王勇、孫慧恬,《晚清政府對外話語應對與李鴻章東亞筆談外交》,《鄭州大學學報(哲學社會科學版)》,2023 年第 5 期。

Clements, R. (2017) Speaking in Tongues? Daimyo, Zen monks, and Spoken Chinese in Japan, 1661–1711. *Journal of Asian Studies* 76 (3).

### 2. 學位論文

余水秀,《〈日本靈異記〉"美作礦山説話"的比較研究》,鄭州大學碩士學位論文,2014 年。

王紅梅,《許筠論略》,中央民族大學博士學位論文,2007 年,第 1 頁。

Barnett, Suzanne Wilson (1973) *Practical Evangelism: Protestant Missions and the Introduction of Western Civilization into China, 1820–1850*. Ph. D. thesis, Harvard University.

### 3. 會議論文

李鎔賢,《百済の仏教と文字——陵山里寺木簡を中心に》,東亞古典研究研討會第 10 回,2010 年 7 月 17 日。

Yang, Paul Fu-Mien (1989) The Portuguese-Chinese Dictionary of Matteo Ricci: A Historical and Linguistic Introduction. In *Proceedings of the Second International Conference on Sinology*. Taipei: Academia Sinica.

### 4. 新聞報道

鄔焕慶等,《光耀七千年,驚世五十載——河姆渡遺址展現中華文化源遠流長》,新華網,2023 年 11 月 8 日,http://www. news. cn/politics/2023-11/08/c_1129963578. htm。

張京華,《江湘舟中的秦黎筆談》,《中華讀書報》,2011 年 3 月 16 日第 13 版。

Shor, Eran & Filkobski, Ina (2024) Symbolic Boundary Work: Jewish and Arab Femicide in Israeli Hebrew Newspapers. *The British Journal of Sociology*, https://doi. org/10. 1111/1468-4446. 13080.

## （三）古籍及方誌

### 1. 刊刻本

林羅山，《童蒙抄》刊本，武村三郎兵衛刊行，1666 年，第 7 頁。

姚際恒，《古今僞書考》卷三，光緒三年蘇州文學山房活字本，第 9 頁。

釋明河，《日本德始傳》，《補續高僧傳》卷十五，四庫全書本。

### 2. 影印本

趙憲，《質正官回還後先上八條疏》，《重峰集》卷三，韓國文集叢刊標點影印本，第 54 册，景仁文化社，1990 年，第 184 頁。

### 3. 點校、整理本

楊伯峻譯注，《孟子譯注》，中華書局，2005，第 1—2 頁。

朱熹，《四書章句集注》，中華書局，2012 年，第 201—202 頁。

韓國國史編纂委員會，《朝鮮宣祖修正實錄》卷二八，“二十七年（1594）二月庚戌”條，探求堂，1970 年，第 2 頁。

嚴從簡，《日本》，《殊域周諮錄》卷二，王有立主編《中華文史叢書》之十三，臺灣華文書局，1968 年，第 4 頁。

### 4. 未刊本

黎貴惇，《群書考辨》卷二，越南漢喃研究院藏本，典藏號 A. 252，第 82b 頁。

翁廣平，《聽鶯居文鈔》卷五，清葉氏五百經幢館鈔本，上海圖書館藏。

### 5. 地方誌

程國棟纂修，《風俗》，乾隆《嘉定縣誌》卷十二，乾隆七年（1742）刻本，第 7b 頁。

喻長霖等纂修，《台州府誌》，民國二十五年（1936）鉛印本影印本，成文出版社有限公司，1970 年，第 11 頁。

# 編後記

呈現在讀者面前的集刊《東亞文獻學》，是繼《歷代正史日本傳攷注》（五卷）、"新·日中文化交流史叢書"（中日文，計十九卷）之後，我與恩師王勇教授第三度合作的成果。

鄭州大學研究團隊近年來先後主持國家社科基金重大項目"中日合作版《中日文化交流史叢書》"、一般項目"日韓朝三國出土漢文典籍簡牘整理研究""東亞視域下的日本'東坡詩抄物'研究"、青年項目"基於韓日出土木簡的漢字東亞傳播衍變研究"以及國家出版基金項目"亞洲文明交流互鑒研究叢書"等國家級重要項目。重在從文字語言的認知與變異、文獻典籍的環流與再生、文物史迹的生成與流變、文學藝術的理解與對話、文化理念的傳承與創新、文明思想的交融與共生等六大維度，探求中國典籍的海外傳播與東亞漢文漢籍的衍變。

在此期間，我們積纍了豐碩的研究成果，并組建了"鄭州大學東亞文獻研究團隊"，逐步以鄭州大學爲核心搭建起一個高水準、跨學科的學術交流平臺。當然，由於團隊的主要成員畢業於浙江大學，與以王勇教授爲核心的浙江大學東亞文獻研究團隊聯合創辦《東亞文獻學》集刊，理念上自然不謀而合，合作過程也默契天成、流暢如絲。在此要特別感謝浙江大學周妍博士，沒有她的精心巧思，就不會有如此絲滑的前後章節銜接。也要感謝諸晴編輯，沒有她的辛勤勞作，就不會有如此完美的排版定稿出版！

值得一提的是，今年是浙江大學日本文化研究所創設三十五周年。三十五年篳路藍縷，是恩師王勇教授的奠基與探索；三十五年嘔心瀝血，是全所歷屆師生的追尋與奮進；三十五年培根鑄魂育英才，三十五年開拓創新結碩果。謹以此刊慶賀、獻禮！

本輯"前沿視角"中，王勇教授談及目前分別設置在"中國語言文學"一級學科下的"古典文獻學"和"歷史學"一級學科下的"歷史文獻學"學科建設和學科屬性情況。可喜的是，最近出現設置"文學文獻學"的呼聲。

有從事中國語言文學研究的學者呼籲設置"（唐代）文學文獻學""（中國現代）文學文獻學"，也有從事外國語言文學研究的學者呼籲設置"（外國）文學文獻學"。我們期盼文獻學研究迎來更爲光輝燦爛的明天！

雖名爲"東亞文獻學"，但從"文化環流"的欄目設置來看，本刊并未僅僅拘囿於"文獻"維度，而是延伸至"文化"維度層面。這與我們多年耕耘的"文化交流史"研究密切相關，也或許是學術研究發展的必然通路。當然，本刊也將刊發其他"四文"維度的研究成果，將上述"六文"維度的研究落到實處，努力展現東亞漢文漢籍漢文學研究、中華文明在海外傳播研究的新氣象！

本輯作爲創刊號，是《東亞文獻學》集刊問世邁出的第一步。"不積跬步，無以至千里，不積小流，無以成江海。"期待在諸位的呵護、指導和支持下，《東亞文獻學》能"積土成山""積水成淵"，成長爲一棵參天大樹，進一步推動東亞區域文化交流與文明互鑒。

鄭州大學亞太研究中心　葛繼勇

2024 年 8 月吉日　於盛和苑